KB070395

문명 다시 보기

다섯 시선으로 바라본 인류의 역사, 그리고 미래

나남
nanam

포스텍 융합문명연구원
문명학 총서 02

문명 다시 보기

다섯 시선으로 바라본 인류의 역사, 그리고 미래

2020년 11월 5일 발행
2020년 11월 5일 1쇄

지은이   주경철 외
발행자   趙相浩
발행처   (주) 나남
주소   10881 경기도 파주시 회동길 193
전화   (031) 955-4601 (代)
FAX   (031) 955-4555
등록   제 1-71호 (1979.5.12)
홈페이지   http://www.nanam.net
전자우편   post@nanam.net

ISBN   978-89-300-4053-2
ISBN   978-89-300-8655-4 (세트)

포스텍 융합문명연구원
문명학 총서 02

문명 다시 보기

다섯 시선으로 바라본 인류의 역사, 그리고 미래

주경철 외 지음

Rethinking Civilization

Five Perspectives on Human History and Future

by

Jou, Kyung Chul

and Associates

nanam

머리말

‘문명’은 인간과 사회, 환경을 종합적으로 이해하고자 할 때 사용할 수 있는 가장 큰 키워드가 될 것이다. 문명은 오랜 기간에 걸쳐 인류가 쌓아온 유형·무형의 경험이 체계적으로 구조화된, 거대한 성취라고 해석할 수도 있다. 이는 우리가 사고할 수 있는 가장 큰 단위의 그릇이어서 그 안에 실로 많은 것을 집어넣어 사고할 수 있다는 장점이 있다. 이 책에서 우리는 문명에 관해 인류학·중문학·역사학·공학·진화학 등 다섯 방향에서 접근한 내용을 담았다.

이 책은 서울대 자유전공학부의 "주제탐구 세미나 1"이라는 과목에서 강의한 내용에서 유래했다. 이 과목을 간략히 소개하는 것이 이 책을 읽는 분들에게 도움이 될 것 같다. 자유전공학부는 정해진 전공 없이 대학교에 입학한 학생이 과정을 이수하면서 자유롭게 자신의 전공을 찾아 나가도록 하는 학부이다. 학부로서는 학생들이 지적인 꿈을 잘 이룰 수 있도록 다양한 프로그램을 준비하는데, 그중 특히 중요한 것이 바로 '주제탐구 세미나'라는 필수과목이다. '생명', '사랑', '공간', '지식' 등 큰 키워드를 두고 상이한 전공의 교수 세 명이 해당 주제에 관해 강의하고, 또 관련된 자료를 읽고 조교들과 치열하게 토론하도록 유도하는 과목이다.

'문명' 또한 이 과목의 키워드로 설정해 몇 학기에 걸쳐 여러 교수가 강의했다. 어떤 학기에는 서양사·중문학·진화학의 교수가 담당했고, 또 어떤 학기에는 인류학·재료공학(또는 산업공학)·중문학 교수가 담당하는 식으로 여러 조합을 시행했다. 학생들로서는 문·이과를 넘나드는 다양한 학문의 접근방식을 만나고 많은 자료를 읽고 토론하면서 그들 나름의 시각을 실험해 보는 좋은 기회가 되었을 것이다.

이 책은 지난 몇 년 동안 대학교 강의실에서 수행했던 내용을 정리한 결과물이므로, 이 책을 읽는 독자 역시 교실에 참여했던 학생들과 유사한 경험을 추체험할 수 있으리라 기대해 본다.

본문을 읽기 전에 간략히 다섯 장의 내용을 소개하는 것이 독자에게 도움이 될 것이다. 문명이라는 하나의 산이 있다면 다섯 갈래의 길을 소개한 셈이니, 우선 그 각각의 길이 어떤 성격인지 알아보고 출발해야 길을 잃지 않을 것이기 때문이다.

제 1부 "문명과 문화"는 우선 기본용어 정리부터 시작한다. 대개

모든 중요한 개념어가 그렇듯 문명 혹은 문화라는 용어 또한 일상적으로 많이 쓰지만, 막상 이를 정의하는 것은 매우 까다롭다. 이 두 용어가 언제부터 어떤 의미로 사용되어 왔는가를 추적해 보는 것은 이 책을 읽어 나가는 데 필수적이다.

한경구는 '문화'와 '문명'이라는 개념이 근대 서구의 프로젝트라고 불러도 좋을 정도로 유럽에서 부르주아계급의 성장 및 자기주장, 그리고 근대 국민국가의 등장과 깊은 관계를 맺고 발전했다는 니시카와 나가오의 지적을 전적으로 수용한다. 나와 다른 사람을 타자화하고 이들의 생활방식을 야만시 또는 미개시하면서 '문명화' 작업의 대상으로 하려는 시도는 물론 고대에도 존재했지만, 근대 서구에서 사용된 '문명civilization'과 '문화culture, Kultur'는 계급과 국민국가의 이데올로기로 사용되었을 뿐 아니라 제국주의와 식민주의, 인종주의 등을 정당화하는 데 이용되기도 했다.

이렇게 서구에서 사용하기 시작한 이 두 용어는 동북아시아에서 독특한 방식으로 수용되고 활용되었다. 메이지시대 일본에서 이 용어들의 번역어로서 '문화'와 '문명'이라는 말이 정립되었다. 그리고 이 개념들을 대내적으로 또한 대외적으로 적극 사용하면서, 자국의 근대화를 추구하고 식민지 지배를 정당화했다.

동시에 유럽에서는 문화와 문명에 대한 논의가 '문명론'으로 발전했다. 흔히 유럽 문명을 최고의 단계로 설정하고, 이것과 비교하여 역사적으로 존재했던 여러 문명과 현존하는 다른 문명의 특징은 무엇이고 이들과 유럽 문명의 관계 및 차이는 무엇인가, 왜 그리고 어떻게 문명은 성장하고 쇠퇴하는가 등에 대한 거대담론이 등장했다. 유럽 문명의 독특성과 우위를 전제했던 이런 논의들은 이른바 세기 말을 겪으며 유럽의 물질문명에 대한 비판, 유럽 문명의 미래에 대한 우려 및 이를 극복하기 위한 방안 등과 관련한 사고로 이어졌고, 더 나아가 참혹한 1차 세계대전을 겪으며 '서구의 몰락'이라는 문제의식이 퍼져 나갔다.

서유럽 중심의 문명 개념에 반발하며 '문화Kultur' 개념을 발전시켰던 독일과 유사한 고민을 하던 러시아와 터키, 중국, 일본, 한국 등에서도 다양한 문명론이 전개되었고, 서구의 몰락 이후 러시아나 동아시아 등이 문명을 주도하리라는 희망과 기대도 등장한다.

제2부 "중국 문명"은 인류역사에서 유일하게 과거로부터 현재까지 유지되어온, 특이한 사례인 중국 문명을 다룬다. 이 문명은 초기부터 국가형태를 근간으로 유지되어 왔으며, '다원적 문화의 흡수와 변용'이 중심적 기제로 작용하며 형성되고 유지되었다. 이 점은 특히 아편전쟁 이후 150년간 침체에 빠졌던 중국이 하나의 국가이자 문명으로서 재기하고 있다는 점에서 특수하다. 다시 말해 중국 문명은 과거형이 아니라 현재진행형이라는 점에서 다른 어느 지역과도 다른 면모를 보인다.

서경호는 이런 관점을 견지하여 중국 문명의 역사를 고대로부터 현재에 이르기까지 추적하면서, ① 형성, ② 유지, ③ 쇠락, ④ 복원의 단계로 설명한다. 이 장구한 역사에서 특히 눈여겨볼 만한 점

중 하나가 교육 및 인재천거 방식이다. 기본적으로 덕을 갖춘 자가 천하를 통치하는 것을 왕조의 원칙으로 삼지만, 이 체제를 유지하는 데 국가가 직접 설립한 교육기관에서 경전 중심의 교육을 이수한 사람을 관료로 선발하는 방식이 유지되었다. 구체적으로 과거科擧가 기본지도로 자리 잡았는데, 그 결과 모든 지식인이 교과서적 지식을 기반으로 시험준비에 몰두함으로써 사상적 다양성을 제약했고, 통치집단이 내부응집에 주력하여 외부의 변화에 무관심했으며, 또 지리·의학·기술 등 실용분야가 정체되거나 퇴보하는 결과를 초래했다. 이는 결국 근대 서구 문명의 강력한 팽창 앞에서 무력하게 천조天朝가 몰락하는 사태로 귀결되었다. 아편전쟁이라는 충격적 사건 이후 중국이 반식민지로 전락하자 이에 대한 치욕감과 동시에 지난 문명 전반에 대한 강력한 비판, 그리고 서구식 공화정, 입헌군주제 등을 모방하려는 시도가 있었으나 실패로 끝났다.

오늘날 중국은 지난 역사를 딛고 제국문명의 복원이라는 원대한 사업을 개시했다. 1990년대 경제적 발전으로 소강小康을 달성한 후, 이제는 과학기술을 통한 경제발전, 외교 및 군사력 확보, 인민생활 수준의 향상 등을 이루어 서구에 필적할 문명을 완수하겠다는 이상을 제시하고 있다. 그 방식은 당이 영도하는 국가 주도의 사회 발전 방식이다. 현재 우리가 목도하는 바와 같이 정치적 독선, 민족문제, 사회경제적 갈등의 확산 등 많은 문제가 노정하고 있다. 인류사의 유일한 문명의 복원 시도가 과연 성공할 것인가가 우리가 지켜볼 중요한 문제다.

제 3부 "서구 문명과 관련된 세 가지 문제"는 서구 문명을 대상으로 하지만, 서구 문명을 총체적으로 이해하고 서술하는 방식을 취하는 대신 저자가 보기에 중요한 세 가지 문제에 집중한다.

첫째, 서구 문명의 기원이 되는 고대 그리스 문명의 성격은 무엇인가? 초기 그리스 문명(에게 문명)은 이집트나 메소포타미아와 기본적으로 성격이 똑같은 전제정專制政이었으나, '후기 청동기시대 대붕괴Late Bronze Age collapse' 당시 사회질서가 철저히 파괴되는 과정을 겪으며 폴리스polis라는 새로운 단위를 기반으로 문명이 재구축되었다. 동시에 아테네나 스파르타 같은 그리스세계만이 아니라 페니키아 같은 다른 주체도 고려해야 한다는 점 또한 유념해야 한다.

둘째, 산업혁명 이후 폭발적으로 성장한 기술문명은 어떤 식으로 전개되었으며, 이는 세계에 어떤 영향을 미쳤는가? 이 글에서는 산업혁명이 단순히 한 번의 거대한 변화에 그치는 게 아니라 이후 여러 차례 변화의 흐름을 초래했다는 점을 강조한다. 또한, 서유럽의 자본집약적 성장방식이 아시아에 들어왔을 때, 기계를 사용하면서도 여전히 노동집약적 방식을 버리지 않는 특유의 경제성장을 이루었다는 점도 중요한 사실이다.

셋째, 서구 문명의 성장과 자연환경 간의 관계는 어떤 식으로 변화했는가? 지구환경은 수억 년의 진화를 해오다가 지난 500년 동안 급격한 변화를 겪었다. 15세기 이후 가속화된 서구 문명의 글로벌한 팽창이 이런 결과를 초래한 중요한 동인이다. 긍정적이든 부정적이든, 우리가 살아가는 터전 자체의 심대한 변화야말로 근대의 가장 중요한 현상 중 하나일 것이다. 유럽 문명의 성장과 확산은 세계의 자연환경에 지대한 영향을 미쳤고, 때로는 지극히 파괴적인 결과를 가져왔다. 삼림파괴나 동물의 멸종사태가 대표적인 사례다. 현재 '인류가 지구기후와 생태계를 변화시켜 만들어진 새로운 지질시대'라는 의미의 '인류세anthropocene'라는 용어까지 등장했다. 인간활동이 정말로 지구적 차원에서 환경을 근본적으로 바꿀 수 있는지, 그리고 인간의 노력을 통해 다시 회복할 수 있는지, 이에 대한 성찰이 필요하다.

제 4부 "재료와 문명"은 인간이 사용하는 재료라는 관점에서 문명의 여러 문제를 분석하고 더 나아가 문명의 지속성을 묻는다. "커피를 한잔 사서 마시고 컵을 버렸다"와 같은 일상의 행동을 하기 위해서는 "커피가루 + 물 + 컵 + 설탕 + 플라스틱 (컵)"이라는 물질이 필요하고, 이들 각각이 생산되고 소비되고 또 버려지거나 재활용되는 다양한 단계의 활동이 있으며, 또 그 각 단계의 작업을 위해 금속과 플라스틱 또는 나무로 만들어진 다양한 시설과 장치, 에너지가 필요하다. 물론 이 장치들을 만드는 재료도 유사한 과정을 거쳐 만들어진다. 문명의 생존과 발전을 이해하려면 이와 같은 물질재료의 순환을 이해하는 것이 매우 유용하다.

이 경우는 생태계순환과 대비되는 재료순환 시스템과 재료 생태계라는 개념을 제시하고, 또 이런 점들을 공학적이면서 동시에 역사적인 시각으로 분석한다. 예컨대, 도끼를 만드는 재료의 발전이 전제되지 않으면 더 큰 규모의 건축물이 나올 수 없다. 역사적으로 인류는 갈수록 더 많은 재료를 사용하며 복리를 확대하는 방향으로 발전해 왔다. 그 도착점인 현대 문명은 실로 막대한 재료를 생산하고 소비하고 있다. 현대 문명은 앞으로도 계속 이와 같은 방식으로 지속 가능할까?

대개 인류의 복지증가는 자원의 소비증가에 기반을 두므로 소비감축을 유도하기란 결코 쉽지 않다. 단순히 자원의 소비를 줄이자는 결의만으로는 문제해결이 불가능하다. 자원의 절약과 함께 환경충격이 적은 방법을 통한 자원과 재료의 공급이 이루어져야만 한다. 기술발전을 통한 새로운 재료의 개발, 재료효율 증가를 기하는 동시에 올바른 재료선택과 재활용을 활성화할 수 있는 제도의 도입, 재료의 사용을 줄여야 한다는 사회 전체와 각 개인의 인식전환이 같이 진행되어야 한다는 것이 이 글이 시사하는 바이다.

제5부 "문명의 미래"는 인류문명의 문제를 지구사地球史 혹은 생명의 진화와 관련해 훨씬 큰 틀 속에서 보려 한다. 따라서 여기에서 제기되는 질문 또한 근본적이다. 왜 호모 사피엔스만 이처럼 특별한 문명을 이루는 데 성공했을까? 이 질문에 답하려면 호모 사피엔스가 다른 종과 비교해 어떤 측면 — 생태를 잘 활용하는 측면, 도구를 잘 만들고 사용하는 측면, 혹은 집단을 잘 조직하고 활용하는 측면 — 에서 비교우위를 점해 지구의 정복자로 등극했는지를 밝혀야 한다.

장대익은 인간 사회성의 독특성에 주목함으로써, 지구상의 생명체 중에서 오직 우리 조상만이 이룩한 문명 탄생의 사회인지적 기초 socio-cognitive basis에 주목한다. 인간의 뛰어난 '사회적 학습능력'과 동시에 학습한 내용을 전수하는 데 필수적인 '사회적 지능social intelligence'이 마차의 두 바퀴라 할 수 있다. 또 문명을 이루기 위해서는 큰 규모의 인간집단이 전제되는데, 그러려면 집단생활을 위한 적응문제를 해결해야 한다는 점에서 배려·공감·허구의 진화 등이 필요하다는 사실도 지적한다.

또 한 가지 중요한 문제는 사피엔스 문명의 미래다. 이와 관련하여 이 글은 서로 반대방향으로 달리는 인간의 두 가지 욕망, 곧 우리자신을 빼닮은 기계(안드로이드)를 만들고자 하는 욕망 그리고 반대로 인간이 기계가 되고자 하는 욕망(사이보그)을 분석하고, 여기에더해 유전공학을 발전시켜 영속적이고 강화된 삶을 원하는 욕망도사피엔스 문명을 추동하는 강력한 동기로 작용할 수 있다고 본다.또한 전염병의 창궐이 인류사에 미친 영향을 검토하지만 바이러스가 인류를 멸절시킬 수는 없을 것이라 주장한다.

끝으로, 지구가 아닌 다른 행성에서 인류의 문명을 이어가려는'외계행성行星의 지구화 프로젝트'(테라포밍terraforming), 그리고 이와연관하여 나노스케일의 자기복제 나노봇nanobots의 증식가능성 같은색다른 내용을 소개한다.

이상 다섯 필자의 문제의식과 핵심적 주장을 소개했다. 모두 자신의 연구영역에서 걸어온 다양한 접근법을 취하고 있으며, 따라서 글의 구성과 글쓰기 방식도 각기 다르다. 필자들이 이 책을 처음 구상하던 때는 이 내용들을 모두 재편집하여 하나의 내러티브를 만들자는 아이디어가 제시되었지만, 결국 현재 방식대로 유지하기로 했다. 한 필자의 주장을 한 번에 읽는 것이 이해하는 데 편하다는 것이 중요한 이유지만, 동시에 각 필자의 스타일을 그대로 살리는 것이 독자에게 더 도움이 될 것 같다는 판단에서다. 중국 문명에 대한 유장한 서술과 공학자의 치밀한 분석을 따로 맛보는 것도 나쁘지 않다고 생각한다.

이 책은 우선 문명이라는 이 큰 키워드에 대한 다양한 접근을 소개하는 데 만족하고자 한다. 최종결론을 내리는 것은 애초에 불가능한 일이다. 독자들께서 이상의 내용을 읽고 스스로 종합적인 판단을 연습해 보는 것이 매우 훌륭한 공부방법이 되리라는 것이 필자들의 생각이다.

2020년 가을
필자 일동

문명 다시 보기

다섯 시선으로 바라본 인류의 역사, 그리고 미래

1

문명과 문화

한경구

1. 문명과 문화 개념의 등장과 발전

우리는 오랫동안 인간이 다른 동물들과는 다른 인간만의 고유한 특징을 가지고 있다고 믿어왔다. 우리 종種, species의 이름 그대로 슬기롭다Homo Sapiens, 도구를 제작하고 사용한다Homo Faber, 工作人, 언어를 가졌다Homo Loquens를 비롯하여, 사회적 동물이다, 먹지도 않으면서 동족을 살해한다, 놀이한다Homo Ludens, 무리지어 웃는 동물이다 등에 이르기까지 인간을 정의하려는 다양한 시도가 있었다. 동물에 대한 관찰과 지식이 증가하면서 다른 동물도 제한적이나마 이러한 능력을 일부 가지고 있다는 것을 깨닫게 되었지만, 그래도 인간이 독특하다는 관념 자체는 여전히 굳세게 유지되는 것 같다. 심지어 AI (인공지능artificial intelligence) 가 등장하면서 인간의 합리성과 지적 능력이 도전을 받게 되자 최근에는 인간의 특징으로 감정과 비합리성을 강조하는 경향도 나타나고 있다.

문화인류학자에게 인간의 가장 큰 특징이 무엇이냐 물어본다면 아마도 많은 이가 상징할 수 있는 능력, 곧 문화라고 답할 것이다. 이에 관해 일부 학자는 동물도 나름의 문화를 가지고 있다고 반론을 펼칠 수도 있다. 왜냐하면 일부 영장류에게서 도구를 사용하는 것이 관찰되었으며, 심지어는 먹을 것을 씻어 먹는 등 다른 원숭이의 행동을 모방하기도 하기 때문이다. 또한 침팬지는 영역순찰과 집단폭력 등 '사회적' 행동도 하며, 일정수준의 추상과 상징능력을 가진 것으로 판단되는 행동을 한 사례도 보고되고 있다. 인간과 다른 동물은 매우 다른 것 같지만, 자세히 들여다보면 그 경계는 점점 흐릿해진다.

그럼에도 우리는 흔히, 인간은 언제부터 문화를 갖게 되었는가, 문명은 언제 시작되었는가 등의 질문을 던진다. 그런데 이에 대한 답변은 참으로 어렵다. 어쩌면 거의 불가능하다고 해야 할 것 같다. 인간의 문화적 진화는 인간의 생물학적 진화와 함께 서로 영향을 주고받으면서 진행된 것이기 때문이다. 아득한 우리 조상의 행동방식의 변화, 환경 이용방식의 변화, 식단의 변화, 불의 사용 등 조리법의 변화 등은 생물학적 진화와 다양한 방식으로 상호작용하며 현생인류를 등장시키기에 이르렀다.

현생인류의 기원에 관해 다수의 학자는 아프리카 기원설을 따르고 있으나 이에 대한 반론도 상당하다. 새로운 유적지에서 흥미로운 유물과 화석이 발견되는 것은 물론, 분석의 기법이 발전하면서 과거에는 상상도 못할 만큼 많은 정보를 추출할 수 있게 되었다. 그렇지만 정보는 여전히 부족하며 때로는 동일한 정보에 대해서도 다양한 해석이 가능하다. 인류의 진화에 관해 알게 된 것도 많아졌지만, 그만큼 질문도 늘어나고 가능한 시나리오도 늘어났다고나 할까?

문명은 대개 도시생활, 문자의 사용 등과 관련되므로 농경의 시작과 그 기원을 같이한다고 볼 수 있겠지만 이 역시 명확한 것은 아니다. 정주생활은 농경 이전에 시작되었다는 주장도 있으며, 농경으로 인간이 굶주림에서 벗어나 문명을 건설했다거나, '문명'과 '야만'의 대비는 문명이 만들어낸 담론이라는 흥미 있는 지적도 힘을 얻고 있다(Scott, 2017). 수없이 많은 다양한 노력과 시도가 실패와 좌절을 겪으면서 일시 성공하는 듯하다가, 환경파괴, 기후변화, 자연재해, 질병, 전쟁 등 다양한 이유로 종말을 맺고 사라져 버렸을 것이다. 또한 간신히 지식과 기술을 획득하더라도 그 축적과 전수는 매우 아슬아슬했다. 문자와 인쇄술 등 체계적 기록과 전달의 수단이 발전한 오늘날에도 '누군가의 죽음은 하나의 도서관이 불타 사라지는 것'이라는 말은 여전히 가슴에 와 닿는다. 오늘날에도 그러할진대, 얼마나 많은 지식과 기술이 나타났다가 그 소유자의 죽음과 함께 사라져 버렸을 것인가! 현생인류란 여러 다양한 진화의 시도 가운데 살아남는 데 성공한 사람들의 후손이며, 우리가 알고 있는 고대 문명 역시 그러한 것들 가운데 흔적이 남은 것이다.

현생인류로의 진화와 생존의 문턱에서 사라진 사람속Homo은 데니소바인Denisovan, 호모 에렉투스Homo erectus, 호모 플로레시엔시스Homo Floresiensis, 호모 하빌리스Homo Habilis, 하이델베르크인Homo heidelbergensis, 네안데르탈인Homo Neanderthalensis 등 알려진 것만 해도 매우 많다. 또한, 아직 발견되지 않은 유적지도 많지만 이미 발견된 고대 문명의 유적지 아래에도 고대 문명으로 발전하거나, 또는 그러한 노정에서 여러 다양한 요인 때문에 고대 문명으로 성장하지 못하고 사라졌거나, 또는 정복당하고 잊혀 버린 "문명 후보"의 유적지가 다수 존재하고 있을 것이다.

고대의 문명을 식별하고 분류하는 작업과 관련해서도 어떤 것을 독자적 문명으로 볼지, 어떤 것을 다른 것과 함께 묶어 하나의 문명에 속하는 것으로 볼지, 또 문명의 존속시기를 어떻게 볼지 등에 관해 논란이 있다. 현대 문명의 경우는 논란의 여지가 더욱 크다. 현대 국민국가의 정체성 및 자존심 그리고 국가 전략과도 직결되는 문제이기 때문이다.

새뮤얼 헌팅턴Samuel Huntington, 1927~2008은 《문명의 충돌Clash of Civilizations》(1996)에서 서구유럽과 앵글로아메리카, 라틴아메리카, 정교회, 힌두, 불교, 중화, 일본, 무슬림 문명을 구분했다. 헌팅턴의 책은 라틴계 이민과 인구증가로부터 앵글로아메리카를 수호하고 이슬람과 대결하며 중국을 경계한다는 미국의 세계전략을 전개하는데, 주로 종교를 기준으로 한 이러한 문명 구분은 다소 피상적인 것처럼 보인다. 게다가 한국은 중화中華 유교 문명에 포함하고 일본에게는 독자적 문명의 지위를 부여한 것에 상당수 한국인이 불쾌해했다.

여러 상이한 인간집단의 독특한 생활양식은 고대부터 관심의 대상이었으며 그러한 의미에서 문화라는 관념의 역사는 매우 오래되었다고도 할 수 있지만, 문화라는 용어가 등장하고 오늘날 사용되는 의미를 갖기 시작한 것은 근대의 일이다. 문화culture, Kultur와 문명 civilization은 근대에 유럽인이 스스로를 정의하면서 등장한 개념이다. 초기에는 서로 혼용되기도 했으나, 점차 보편적 가치 및 기술, 물질, 제도 등을 포괄하는 영국과 프랑스의 '문명'에 대항하는 개념으로 고유한 정신적 성취를 지칭하는 '문화' 개념이 특히 독일에서 발전했다. 문화는 근대 문화인류학의 핵심개념이 되었으며, 또한 문명과 함께 근대 국민국가의 이데올로기로서 사용되었고, 민족주의, 제국주의, 인종주의, 식민주의 등과 밀접히 관련되어 있다.

1) 문화와 문명: 개념의 등장

(1) 서구의 프로젝트로서의 문명과 문화

오늘날 널리 사용하는 문화文化, culture는 문명文明, civilization과 함께 근대 서구에서 등장한, 지극히 서구적인 개념이다. 한자로 되어 있으니 오래전부터 동아시아에 있던 개념이라고 생각하기 쉽다. 그렇지만 문화와 문명이라는 용어는 메이지시대에 일본인이 서양의 개념을 번역하여 확립한 것임을 유념해야 한다.

《조선왕조실록》 등 동아시아에서 이러한 표현이 사용된 사례가 있기는 하지만 그 의미는 매우 달랐다. 예를 들자면 문치교화文治敎化의 줄임말로서의 문화는 무력을 사용하지 않고 다스리며 백성을 가르치고 이끌어 좋은 방향으로 나아가게 한다는 의미로서, 유교적 정치이념을 담고 있는 말이다.

문명과 문화가 서구에서 등장한 초기에는 그 의미가 서로 혼용되기도 했다. 초기에는 물질적인 것을 지칭하는 데 '문화'라는 용어가 사용되기도 했고 정신적 성취를 의미하기 위해 '문명'이 사용되기도 했으며, 때로는 구분하지 않고 같은 의미로 사용되기도 했다. 문화와 문명 개념은 매우 다양하고 혼란스러워서 이미 1952년에 크로버Alfred Kroeber, 1876~1960와 클럭혼Clyde Kluckhohn, 1905~1960이 이를 비판적으로 검토했을 때 164개에 달했다(Kroeber & Kluckhohn, 1952). 인류학의 고전으로서 교과서에 흔히 등장하는, 문화의 정의를 내린 에드워드 타일러Edward Tylor, 1832~1917의 저서 《미개문화*Primitive Culture*》1

는 1871년에 출간되었는데 여전히 문화와 문명을 구분하지 않고 동일한 의미로 사용하고 있었다.

그러다가 점차 문명은 4대 문명, 기독교 문명, 이슬람 문명, 산업 문명, 중화 문명 등 문자의 사용이나 도시생활과 관련하여 사용하게 되었고, 문화는 더욱 정신적 성취를 지칭하는 오늘날의 용법으로 정착되었다. 특히, 기술이 발달하지 않고 도시생활과도 거리가 멀지만, 나름대로의 성취를 한 이른바 '미개인'에 대해서는 문명보다는 문화라는 용어를 사용하는 것이 적절한 것으로 간주되었다.

물론 오늘날에도 '동양은 정신문명, 서양은 물질문명' 등의 표현이나 '한국 정신문화의 수도' 등의 표현이 여전히 사용되고 있어 그 구분이 명확하지는 않다.

(2) 문명 개념의 등장

문화와 문명 가운데 먼저 등장한 용어는 문명civilisation, civilization이다. 처음에는 단순히 '도시적 삶의 세련됨'이라는 의미를 가졌으나, 이 개념의 등장과 사용은 새로운 사회계급인 부르주아계급의 성장 및 자기주장과 밀접한 관련을 가지면서 의미변화를 거쳤다. '문명'이라는 용어는 시민civis과 도시국가civitas의 형용사인 'civilis' 및 'civilitas' (시민권, 공손함, 예의바름, 세련됨)라는 라틴어에서 유래되었다. 이는 로마시대에 미개한, 야만적인, 군사적인, 형사처벌적인 것에 대

---

1 국내에서는 《원시문화》(유기쁨 역, 2018, 아카넷)로 소개되었다.

한 반대개념으로 사용되었다고 한다.

도시적 삶의 세련됨과 우월성을 당연한 것으로 전제하는 이 용어는 근대 유럽에서 처음에는 단순히 정중함과 세련됨을 가리키는 말로 사용되었으나, 점차 봉건영주의 궁중예절courtoisie보다 더 우아한 것을 지칭하는 말로 그 의미가 변화했다. 즉, 문명은 절대왕정 초기에 서서히 궁중에 진출하기 시작한 부르주아계급의 영향력을 반영했다.

이후 이 용어는 동사화(시빌리제civiliser)와 명사화(시빌리자시옹 civilisation) 과정을 거치면서 궁정귀족의 허례허식과는 달리 학문과 예술, 문학, 종교 등 정신적 영역 및 사회, 정치, 행정의 모든 분야에서 일어난 발전과 개혁을 지칭하기에 이르렀다. 이는 시민사회가 곧 이상적 사회, 즉 문명사회로 간주되었다는 것을 의미한다.

프랑스 혁명 이후에는 하나의 보편적 문명으로서의 유럽 문명이라는 생각이 나타났으며, 특히 프랑스 문명을 유럽 문명의 첨단이자 그 모범이라고 보는 견해가 등장했다. 이러한 과정을 거치면서 '문명' 개념은 동사로서도 사용되기 시작했고, 유럽의 내부 및 외부의 야만적 타자들the others을 도덕적·정신적으로 '교육시킨다', 즉 '문명화시킨다'는 의미를 갖게 되었으며, 진보progress 개념과 밀접히 관련되었다.

(3) 문화 개념의 등장

'문화culture'는 '경작하다'라는 의미의 라틴어 콜레레colere의 수동태 완료형인 쿨투스cultus, 그리고 여기에서 파생된 명사인 쿨투라cultura 에서 유래했는데, 시기적으로는 '문명'보다 뒤늦게 등장했다. '경작된cultivated' 농토와 경작되지 않은 땅 사이의 차이처럼, 인간의 정신은 계발될 수도 있고 그렇지 않을 수도 있었다. '문화'는 인간정신의 발전가능성에 주목하면서도 정치적 공동체인 시민civis이나 도시국가civitas와 관련된 '문명'과는 달리, 개인으로서의 인간활동과 관련되어 있었다. 그런데 기독교가 지배하던 중세 유럽에서는 인본주의적 쿨투라(문화, 양육, 경작) 보다는 신학적이며 종교적인 쿨투스cultus (숭배) 라는 용어가 더욱 널리 사용되었다.

앞서 언급했듯 '문화'는 근대에 들어와 '문명'과 동일한 의미로 사용되기도 하고 때로는 더욱 물질적이고 기술적인 측면을 지칭하는 의미로 사용되기도 하다가, 독일에서 '문명'에 대항하는 의미를 가진 개념으로서 사용되면서 매우 독특하고도 뚜렷한 의미를 갖게 되었다. 즉, '문화'가 더욱 고상한 차원의 정신적 활동을 가리키는 개념으로 정착하게 된 것이다. 독일에서의 이러한 '문화Kultur' 개념의 독특한 발전은 독일 부르주아계급의 사회경제적 토대와 정치력이 프랑스 부르주아계급과 크게 달랐기 때문이기도 하다.

(4) 국민국가와 계급적 이데올로기로서의 문명과 문화

니시카와 나가오西川長夫, 1934~2013는 문명과 문화가 서구에서 국민국가의 등장과 밀접히 관련되어 있다는 사실에 주목하면서 《국경을 넘는 방법》(2001) 에서 '문명'이란 국민국가 영국과 프랑스의 이데올로기, '문화'란 국민국가 독일의 이데올로기라 정리한 바 있다. 영국이나 프랑스보다 국민국가의 형성과 산업화가 늦었던 독일에서 '쿨투어'(문화)는 주로 정신적 성취를 지칭하는 것으로 사용됨으로써, 과학기술의 발전, 산업화, 도시화가 앞섰던 영국이나 프랑스의 '시빌리자시옹'(문명) 개념에 대항하는 의미를 갖게 되었다. 독일에서 등장한 '문화' 개념은 물질이나 기술의 차원에서 또는 기교나 세련됨에서는 못하더라도, 정신적이나 도덕적 측면에서는 대등하거나 오히려 더 나을 수도 있다는 점을 강조하고 있었다.

이와 같이 '문화'라는 개념은 선진국 영국과 프랑스에 대항해 후진국 독일의 독립과 자존심, 민족통일 및 국민국가 건설의 정신적 토대로서 발전했다. 그리고 이후 '문화'는 서구의 이른바 선진국에 대한 비서구 후진국의 자존과 독립을 주장하는 이론적 논의의 핵심개념으로 자리 잡는다.

한편, 영국의 매슈 아널드Matthew Arnold, 1822~1888는 문화를 인류가 성취한 최선의 것이라 정의하면서, 완전함과 아름다움 등의 추구와 관련된다고 보았다. 아널드의 《문화와 무질서Culture and Anarchy》(1869)[2]는 야만인, 속물, 우둔한 군중 등을 문화를 통해 교화할 대상으로 간주했다. 이러한 경우 문화란 산업화・기계화된 현대사회에서 미숙하고 무지몽매하며 피폐한 인간의 삶을 고양해 더욱 완전하고 질서 있고 아름다운 것을 추구하는 것을 의미하며, 이른바 교양주의와 밀접히 관련되어 있다. 기계적이고 타락한 물질문명이나 무질서와 혼란에서 벗어나기 위한 아널드의 '문화'에 대한 강조와 그

---

2 국내에서는 《교양과 무질서》(윤지관 역, 2016, 한길사)로 소개되었다.

시각은 엘리트주의라는 비판을 받기도 하지만, 아직도 상당한 영향
력을 가지고 있다.

2) 개념의 발전과 변화: 고전적인 문화인류학적 '문화' 개념의 성립

(1) 인류학적 문화 개념의 형성

비록 물질적, 기술적, 제도적으로는 뒤떨어진 민족이라도 정신적으
로는 뛰어난 성취를 이룰 수 있다는 독일의 문화Kultur 관념 논리를
확대하면, 산업혁명에 도달하지 못한 민족은 물론 심지어 아직 석기
石器를 사용하는 이른바 미개부족도 정신적으로는 나름대로의 성취
를 이룬 것이라 할 수 있으며, 이들에게 문화 개념을 사용할 수 있을
것이다. 또한 여러 다양한 인간집단의 정신적 성취와 가치는 그 자
체로 이해해야 하며, 물질문명이 발전한 선진국의 척도로 비교하거
나 평가하는 것은 부당하다는 주장도 등장할 수 있다.

다시 말해, 타일러는 '문화'의 개념을 정의하면서 물질적·기술적
발전의 정도는 문제시하지 않았다. 즉, 문화란 "지식, 믿음, 예술,
도덕, 법, 관습 그리고 그 외에도 인간이 사회의 구성원으로서 획득
한 모든 능력과 습관을 포함하는 복잡한 총체"3라고 정의했다. 타일

---

3 that complex whole which includes knowledge, belief, art, morals, law,
custom, and any other capabilities and habits acquired by man as a member
of society.

러는 앞서 언급했듯이 문화와 문명을 구분하지 않았다. 그의 정의는 "문화 또는 문명이란 넓은 민족지民族誌적 의미에서 … "**4**로 시작하는데, 이러한 타일러의 문화에 대한 정의는 근대 인류학은 물론 모든 사회과학의 문화 개념의 기초가 되었다.

(2) 사회적 진화주의자의 문화와 문명 이해

그러나 근대 인류학의 문화 개념은 상당한 긴장과 진통을 겪으면서 등장했다. 인간의 사회도 진화론으로 설명하려 했던 사회적 진화주의social Darwinism는 이른바 지리상의 "발견"으로 유럽에 알려지기 시작한 수많은 인간집단을 몇몇의 공통척도를 사용해 보편적인 문명 발전의 단계에 따라 분류하고 배치하려고 시도했다. 즉, 인류문명의 일반적 발전사를 시도했던 것이다. 현존하는 모든 인간집단과 과거의 문명적 성취를 하나의 직선상에 늘어놓으려는 서구 진화주의자의 시도에서 유럽의 문명은 가장 발달된 단계를 차지하고 있었다.

진화주의자의 시도는 무리한 것이었고 종종 억측과 부정확한 자료에 입각한 것이었지만 사회적 영향은 심대했다. 서구가 가장 발전한 사회이며 생존경쟁에서 열등한 사회(진화론은 개체를 경쟁의 단위로 보았지만, 사회적 진화론은 사회를 단위로 보았다)가 도태되는 것이 당연하다는 우승열패優勝劣敗 관념은 당대의 제국주의와 식민주의를 정당화하는 효과도 있었다.

---

4 Culture or Civilization, taken in its wide ethnographic sense … .

그러나 문화에 대한 논의가 발전하면서 여러 인간집단의 문화는 서로 우열을 비교할 수 없는, 각기 독특한 가치를 가진 삶의 방식이라는 인식이 강화되기 시작했고 사회적 진화주의자의 도식과 자의적 해석은 비판에 직면했다. 문화의 다양성에 대한 인식이 확대되면서 인류학자들은 흔히 단수·대문자로 '문화Culture'라고 쓰던 것을 복수·소문자로 '문화들cultures'이라 쓰기 시작했다.

(3) 전파주의 인류학과 문화특질의 집합으로서 문화

세계 도처에서 발견되는 엄청나게 다양한 문화는 한편으로 상당한 유사성이나 공통점도 가지고 있는 것으로 보였으며, 이러한 유사성이 독립적인 발명이라기보다는 전파傳播, diffusion의 결과로 보려는 사람들이 등장했다. 인류가 창의성을 가지지 않은 것은 아니지만, 이들은 문화적 혁신cultural innovation이 그리 자주 일어나지 않는다고 생각했다. 이른바 전파주의자는 문화 전체를 통합적으로 이해하기보다는 문화를 구성하는 문화적 요소 또는 문화특질culture traits의 관련성과 전파가능성에 주목했다. 이들은 각 문화 간의 접촉과 교류에 비상한 관심을 가지고 있었으며, 초기 전파인류학자의 추측은 진화주의자 못지않게 무리한 것이었다.

그래프턴 엘리엇 스미스Grafton Elliot Smith, 1871~1937는 전 세계의 여러 지역, 심지어는 신대륙에서 발견되는 많은 문화적 실천이 이집트에서 기원했으며 이후 지리적으로 전파되었다는 극단적인 주장을 했다. 관개농업과 피라미드와 미라는 물론, 직조, 야금술, 달력,

항해 선박, 면도, 가발 등이 모두 이집트에서 기원한 것으로 보았으며, 수메르 등 메소포타미아의 문명들이나 신대륙의 문명들도 모두 이집트에서 전파된 것이라 주장했다. 이집트 기원설 등의 주장이 근거가 없다는 것이 밝혀진 후에도 고대 문명의 기원에 관한 추측 가운데 일부는 여전히 형태를 바꾸어 다양한 방식으로 등장하면서 대중을 매료시키고 있다.

프리츠 그래브너Fritz Graebner, 1877~1934 등은 이보다는 훨씬 신중하게 문화권文化圈, Kulturkreis 개념을 제창하면서, 어떤 문화요소가 일정지역에서 독특한 역사적·지리적 관계를 보이는 곳에 주목했다. 이들은 전파과정에 관해 함부로 속단하지 않고 더욱 엄밀하고 객관적이며 과학적으로 접근하기 위해 노력했으며, 이를 위해 형태 규준規準과 양적 규준 등의 기준을 제시했다. 예를 들자면 문화요소의 형태가 서로 비슷하다고 하더라도 이것이 사물 자체의 본질에서 필연적으로 결과한 것이 아니며, 또한 재료나 기후, 지리에 의해 결정된 것도 아니라는 필요조건을 충족하지 못한다면 전파로 설명하기 어렵다는 것이다. 양적 규준이란, 두 문화 사이에 하나의 형태 규준의 존재 이외에도 여러 다른 요소나 현상이 함께 공존하고 있어야 전파를 추정해볼 수 있다는 것이다.

문명의 전파에 관한 논의는 한민족과 한국문화의 기원에 대한 탐구에도 큰 영향을 미쳤다. 1920년대에 최남선1890~1957이 식민사관에 대항하면서 중국, 일본, 만주와 구별되는 한국문화의 독특성을 강조하기 위해 전개했던 불함문화론不咸文化論이나 해방 이후 조지훈

1920~1968의 《한국문화사 서설》 등을 비롯한 다양한 논의는 메소포타미아, 스키타이, 시베리아, 몽골과의 연관성을 강조하는 등 문화적 전파를 중시하고 있다.

이후 전파인류학은 특히 미국에서 더욱 역사적으로 가까운 시기에 관한 정교한 연구로 발전했으며, 과거 문화전파의 경로와 집단 간 접촉을 밝혀내는 데 기여했다. 그러나 진화주의 인류학의 억측과 무리한 단계구분에 대한 반동으로 지나치게 신중한 경향을 보이며 일반화를 주저했기 때문에, 일각에서는 비생산적인 '문화특질 리스트trait list'의 인류학이라거나 역사적 특수주의historical particularism라는 비판을 받았다. 문화나 문명의 전체 모습을 보기보다는 이를 구성하는 각 부분에 주목할 경우, 문명이란 '조각 천의 모음' 또는 '무계획적인 뒤죽박죽planless hodgepodge'이 되어버린다.

(4) 근대 인류학의 등장

쉽게 법칙을 정립하거나 일반화를 거부하는 지극히 신중한 태도 때문에 역사적 특수주의라는 조롱을 받기도 했지만, 프란츠 보아스Franz Boas, 1858~1942는 미국 원주민들의 문화가 서로 많은 문화특질을 공유하면서도 각기 나름대로의 통합을 이루면서 상이한 패턴이나 형상configuration을 가지고 있다는 점에 주목했다. 더구나 문화의 경계가 그리 단순하거나 명료하지 않고 다층적이며 서로 겹치고 상호침투하는 상황에서, 문화적 행위는 일반적 진화단계와의 관련 속에서 설명할 것이 아니라 독특한 문화적 맥락 속에서 파악해야 한다고 했다.

보아스의 제자였던 루스 베니딕트Ruth Benedict, 1887~1948는 대중을 위한 일종의 문화인류학 입문서라고도 할 수 있는 《문화의 패턴 *Patterns of Culture*》(1934) 에서 '전체는 부분의 합보다 크다'는 것을 강조했으며, 각각의 집단은 독특한 문화적 특징을 가질 뿐 아니라 그러한 특징을 통합하는 방식이 독특하다는 점을 강조했다. 인간행동은 매우 다양한데 어떤 가능성이 선택되고 조합되는가에 따라 문화의 패턴이 형성된다고 보면서, 이러한 독특한 패턴의 사례로 주니족, 콰키우틀족, 도부족의 삶을 보여주었다.

한편, '영국 사회인류학British Social Anthropology'도 사회적 또는 문화적 행위를 전체적인 사회적 맥락과의 관련 속에서 이해하려고 노력했다. 에밀 뒤르켐Emile Durkheim, 1858~1917의 영향을 크게 받은, 특히 영국 사회인류학의 구조기능주의structural-functionalism와 기능주의functionalism는 사회 또는 문화의 각 부분이 어떻게 서로 기능적으로 연관을 맺으면서 전체를 구성하는가에 관심을 두었다.

(5) 문화와 개인: 정상과 비정상 그리고 문화의 억압적 측면

비교적 기술수준이 낮고 규모가 작으며 상대적으로 고립되어 있는, 이른바 '단순'사회를 연구해온 인류학자는 문화와 사회 간에 불일치가 있다거나 사회 내에 다양하고 상호모순되거나 경쟁적인 문화적 전통이 있다는 사실을 간과하는 경향이 있었다. '단순'사회에서는 가치 및 규범과 현실 사이에 모순이 없는 것은 물론, 가치와 규범 사이에도 모순이 없는 것으로 간주하는 경향이 있었다.

그러한 가운데 베니딕트는 문화가 인간이 가지고 있는 다양한 가능성 가운데 일부만 선택하여 강조한 결과, 자신이 태어나고 성장한 문화가 강조하는 규범이나 가치에 어울리지 않는 기질을 가진 사람은 상당한 긴장과 고통을 겪을 수밖에 없다는 점에 주목했다. 어떤 문화에서는 정상의 범주에 속하는 것으로 간주되는 행위나 사람이 다른 문화에서는 비정상적인 것으로 간주되기도 한다. 상당수는 자신의 문화에 순응하며 살아가지만 그러지 못하는 사람도 있으며, 문화가 억압적이고 관용적이지 않을 경우 비정상으로 간주되는 사람은 큰 고통을 겪는다. 다른 문화의 존재는 이러한 점에서 매우 중요하다. 또 다른 삶의 방식이 가능하다는 것을 보여주기 때문이다.

이후 현대 인류학은 사회 또는 문화 내에 존재하는 갈등과 경쟁, 다양한 목소리에 주목하기 시작했으며 더 이상 하나의 사회에 하나의 문화가 존재한다고는 보지 않는다. 문화 자체가 경쟁과 대결, 타협의 장場이며, 규범과 가치는 때로는 이에 순응하는 것처럼 보이지만 종종 자신의 이익을 전략적으로 추구하는 개인이 동원하거나 호소할 수 있는 자원으로 작용하기도 한다.

그러나 이러한 현대 인류학의 문화개념이 다른 사회과학이나 인문학, 국제기구, 비영리조직 등에 확산되는 데는 오랜 시간이 걸렸다. 국제연합의 전문기구인 유네스코조차도 '인류가 성취한 최고의 것'이라는 문화개념에서 벗어나 인간의 총체적 삶의 방식이라는 문화인류학적 문화개념을 공식적으로 도입한 것은 1982년 문화정책에 관한 멕시코시티 회의 때이다. 유네스코의 문화다양성 선언이나 문화다양성 표현에 관한 협약 역시, 문화의 내적 다양성에 주목하기보다는 문화다양성을 단순히 여러 상이한 문화가 만들어 내는 다양성 diversity of cultures으로 이해하고 있는 것으로 보인다.

3) 맺음말

'문화'와 '문명'은 근대 서구의 프로젝트라고 불러도 좋을 정도로 유럽에서 부르주아계급의 성장 및 자기주장 그리고 근대 국민국가의 등장과 깊은 관련을 맺고 발전한 개념이다. 나와 다른 사람을 타자화하고 이들의 생활방식을 야만시 또는 미개시하면서 '문명화' 작업의 대상으로 하려는 시도는 고대에도 존재했던 것으로서, 제임스 스콧James Scott, 1936~ 은 《농경의 배신Against the Grain》(2017)에서 억압적이고 착취적이며 지속가능하지 않았던 농경에 기반을 둔 사회들이 스스로를 '문명'으로 자처하면서 농경 이외의 생계기반을 가진, 더욱 건강하고 덜 억압적이며 덜 착취적인 사회들을 '야만'로 규정했으며, 이는 고대 이래 근대에 이르기까지 지속되었음을 지적한다. 근대 서구에서 등장한 '문명'과 '문화'는 계급과 국민국가의 이데올로기로 사용되었을 뿐 아니라 제국주의와 식민주의, 인종주의 등을 정당화하는 데 이용되기도 했다.

다음 2절에서는 근대 서구에서 등장한 '문화culture, Kultur'와 '문명 civilization' 개념이 동북아시아에서 어떻게 수용되고 활용되었는지 살펴볼 것이다. 일본은 메이지시대에 이들 용어의 번역어를 확립한 것은 물론, '문화'와 '문명' 개념을 대내적으로 또한 대외적으로 적극 사용하면서 근대화를 추구하고, 식민지 지배를 정당화하며 정체성을 모색했기 때문에 2절의 논의는 일본을 집중적으로 다룰 것이다.

한편, 유럽에서는 문화와 문명에 대한 논의가 발전하는 가운데 '문명론'이라고 불러도 좋을 논의가 등장하기 시작했다. 유럽 문명을 최고의 단계라고 보는 시각에서 고대의 문명, 역사적으로 존재했던 여러 문명, 그리고 현존하는 다른 문명들의 특징은 무엇이고 이들과 유럽 문명의 관계 및 차이는 무엇인지, 왜 그리고 어떻게 문명은 성장하고 쇠퇴하는지 등에 대한 거대담론이 등장하기 시작한 것이다. 물론 그 저변에는 "독특하고 우월한" 유럽 문명의 발전원인은 무엇인가라는 질문이 있었다.

다른 한편, 세기말을 겪으며 산업화와 기계화, 물질문명과 계급 갈등이 진전되는 가운데, 유럽 물질문명에 대한 비판, 유럽 문명의 미래에 대한 우려 및 비판과 함께 이를 극복하기 위한 모색이 등장했다. 그러다가 1차 세계대전이라는 끔찍한 상황은 많은 사람으로 하여금 오스발트 슈펭글러Oswald Spengler, 1880~1936의 '서구의 몰락'이라는 문제의식에 공감하게 했다. 서구 문명의 엄청난 위력을 절감하면서도 이에 반발하고 의문을 제기하며 '문화Kultur' 개념을 발전시켰던 독일과, 어떤 의미에서는 유사한 고민을 하던 러시아와 터키, 중국, 일본, 한국 등에서도 다양한 문명론이 전개되었다. 서구의 몰락 후에는 러시아 또는 동아시아가 문명을 주도할 것이라는 희망과 기대도 등장했는데, 이에 대해서는 3절에서 언급할 것이다.

2. 문화수용 전략으로서의 중체서용과 동도서기, 문명개화와 화혼양재

1) 일본의 문명개화와 이중전략

일본은 메이지시대 초기에 문명개화文明開化를 슬로건으로 내걸고 서구화를 추진했다. 메이지유신을 단행하고 새로이 국민국가를 건설하려는 일본의 지도자들은 서구 문명 도입의 필요성을 절감했다. '문명개화'라는 말은 후쿠자와 유키치福澤諭吉, 1835~1901가 저술한 《문명론의 개략文明論之槪略》(1875)에서 'civilization'의 번역어로서 사용했다고 한다. 후쿠자와는 철저한 서구화를 강조했으나, 문명개화는 대내적으로는 문명을 강조하면서도 대외적으로는 서구에 대해 문화를 강조하는 이중적 성격을 지닌 말이기도 했다.

(1) 대내적으로는 문명

메이지정부는 식산흥업殖産興業, 부국강병富國强兵, 탈아입구脫亞入歐 등의 정책을 추진하면서 정부의 조직, 군대제도, 법률, 교통과 통신, 건축과 도시, 두발과 복장, 교육, 언론과 출판, 식품, 역법, 예술 등에 이르기까지 광범한 변화를 시도했다. 특히, 메이지정부는 자신들이 도입한 서구 문명을 전유專有하면서 스스로 문명화 작업의 주체를 자임했다. 대내적으로 정부는 스스로 문명개화의 주체가 되었으며, 국민을 문명화의 대상으로 간주하고 강력한 근대화 정책을 추진했다. 정부는 국민을 교육하고 과학과 기술을 보급하고 사회기반 시설에 투자하고 위생 관념과 근대국가에 대한 충성을 가르쳤다. 정부는 국민을 문명의 길로 이끌어야 한다는 사명감을 가지고 있었고, 서구에서 수입한 우월한 지식과 기술과 제도를 보급하여 국민을 문명의 길로 이끌었다.

그리고 동아시아지역 내에서는 서구에서 수입한 문명을 자신의 깃으로 만들어 스스로 문명국을 자처하고, 역내城內의 다른 국가와 민족을 미개로 규정했다. 문명을 자처한 일본은 청淸과 조선을 후진적이고 야만적인 습속을 지닌 나라로 규정했다. 오랫동안 중화를 자처하던 중국과 소중화小中華를 자처하던 한국은 그동안 오랑캐로 여기던 일본에 의해 졸지에 미개한 나라로 규정되었고 군사적으로도 굴욕을 당했다.

일본인은 서구 문명의 우수성을 예찬하고 전면적으로 받아들이는 것에 한편으로는 모멸감을 느꼈지만, 다른 한편으로는 오랫동안 열등감의 원인을 제공하던 중국과 한국이 사실은 아무것도 아니며 일본이 오히려 우월하다는 인식에 커다란 위안과 기쁨을 느낄 수 있었다. 급속한 근대화의 성과로 청일전쟁(1894~1895)에서 승리하면서 근대 국민국가로서의 자신감을 획득한 일본은 한국을 식민지화하여 본격적인 '문명화' 작업의 대상으로 만들었고, 중국에서는 다른 열강들과 제국주의적 침략의 경쟁을 벌였다.

서구의 문명의식이 제국주의를 정당화해 주었듯, 일본 역시 문명담론을 통해 동아시아지역 내에서 제국주의적 침략을 정당화했다.

조선에 대한 식민통치는 조선을 문명의 길로 이끄는 것이라는 강변이 그러한 사례이다.

(2) 대외적으로는 문화

대내적으로, 또한 동아시아지역 내에서는 스스로 문명국임을 자처했으나 일본은 압도적인 선진문명을 가진 서구에 대해서는 일본의 문화를 강조하기 시작했다. 즉, 일본문화의 특수성과 독특한 가치를 강조하고 이에 대한 이해와 존중을 요구하기 시작한 것이다. 마치 독일이 문명적으로는 프랑스나 영국과 견줄 수 없지만 고유하고 더 우월한 문화를 가지고 있다고 자부했던 것처럼, 일본 역시 고유한 일본의 문화를 '발견'하고 이를 서구의 물질문명과 대비했으며 심지어는 일본의 정신문화가 더 아름답고 나은 것이라 주장하기 시작했다.

오카쿠라 덴신岡倉天心, 1863~1913의 《차 이야기The Book of Tea》(1906)나 니토베 이나조新渡戶稻造, 1862~1933의 《무사도Bushido: The Soul of Japan》(1899)는 일본인을 독자로 한 것이 아니라 처음부터 영어로 쓰인 책이다. 이들은 서구를 향해 일본문화, 특히 동양문화를 대표하는 일본문화에 나름대로 우수한 점이 있다는 사실을 강조했다. 서구와는 대비되는 일본적인 것의 발견과 예찬은 일본이 서구가 되기 위해 노력해야 하는 것이 아니라 독자적으로 세계사의 발전에 기여할 수 있고 또 기여해야 한다는 주장으로 발전했다. 이른바 문화주의의 등장이다.

메이지시대 후기에 등장한 '일본주의' 또는 '문화주의'는 물질주의적 '서양'에 대해 스스로를 정신주의적 '동양' 또는 그 대변자로 규정하면서, 서구의 '문명'에 대해 동양 또는 일본의 '문화'를 강조했다. 이러한 과정에서 문화의 상대성 및 다선적多線的 진화를 주장했으며, 또한 독특하고 유서 깊은 국민문화와 국사國史를 창출invent하기 위해 본격적인 노력을 경주했다. 일본은 이렇게 "동양"을 "발명"함으로써 서양과 대비되는 동양문화의 챔피언으로 스스로를 자리매김하려 했다.

(3) 문화주의에서 고쿠타이(國體)의 찬양과 일본문화론으로

여기에는 러일전쟁(1904~1905)에 승리하면서 문명개화와 부국강병에 어느 정도 성공했다는 긍지와 자신감이 높아진 가운데 위기감이 점차 감소했다는 사실과 함께, 점차 문명개화 노력에 따른 '피로감'이 증대한 상황도 크게 기여했던 것으로 보인다. 특히, 메이지 천황의 사망 이후 '순사殉死'라 간주된 노기 마레스케乃木希典, 1849~1912 장군의 자살은 일본사회에 커다란 문화적 충격을 주었다고 한다. 이는 일본의 정체성에 대한 질문을 던지는 동시에 해답도 제시했다는 것이다.

또한 사회주의의 등장에 대한 두려움은 일본사회와 서구사회가 근본적으로 다르기 때문에 일본에서 사회주의 혁명이 불가능할 것이라는 주장이 등장하는 기반이 되었으며, 계급갈등과 사회주의를 물질주의적 서구 문명의 탓으로 돌리려는 경향을 강화했다. 그러한 만큼 정신주의적이며 조화와 상호의존을 특징으로 하는 일본 문명의 특수성에 대한 강조는 이른바 '일본적인 것의 추구' 노력에 더욱 힘을 실어 주었다.

여기에 1900년대 초부터 시작된 미국의 일본인 이민배척과 금지는 일본 내에서 미국에 대한 상당한 분노를 야기했다고 한다. 1900년 샌프란시스코에서 일본 노동자 유입에 반대하는 최초의 반일시위가 발생했다. 1905년 샌프란시스코에서는 67개 노동조합이 아시아배제 연맹을 설립했으며 참여노조는 200개로 늘어났다. 1907년 일본 외무성은 반일감정의 고조에 대응하여 미국과 캐나다로 향하는 노동자에 대한 여권발급을 중단하기로 미국 외무성과 "신사협정"을 맺었다. 1913년 캘리포니아가 외국인의 토지매입을 금지하는 법률(Webb-Haney Act)을 제정한 이후 여러 주에서 유사한 일이 일어났으며, 1917년 하원에서 아시아지역 출신자의 이민을 금지하는 법률이 통과되었고, 1924년에 이르자 이민금지는 더욱 강화되었다.

한편, 1919년 파리 강화회의에서 일본이 제안한 인종적 차별철폐 제안(보편적 차별철폐가 아니라 일본인 등 국제연맹 회원국에 국한)이 미국과 오스트레일리아 등의 반대로 좌절된 것에 일본은 격분했다. 또한 1922년과 1930년 워싱턴 및 런던 해군군축조약에 따른 일부 해군장교와 민중의 굴욕감과 분노 등은 이러한 경향을 더욱 강화했다.

일본인과 일본문화의 특수성에 대한 논의 및 그 예찬을 주된 내용으로 하는 니혼진론日本人論(일본인론) 또는 니혼분카론日本文化論(일본문화론)은 이러한 다양하고 복잡한 과정을 거치며 등장했다. 1937년에 출간된 수신修身교육의 참고서 《국체의 본의國体の本義》는 단순히 만세일계萬世一系의 천황지배와 국체명징國體明徵을 주장하는 군국주의 이데올로기에 불과한 것이 아니었다. 일본인이 보기에 1차 세계대전으로 분명히 드러난 서구문명의 파탄, 그리고 지금까지의 서구에 대한 굴욕감에 관련한 반발과 분노, 일본문화에 자긍심을 갖고 싶다는 열망, 그리고 새로운 문명을 일본이 주도할 것이라는 희망 등이 합처저 만들어낸 결과였던 것이다.

2) 서구문화의 선택적 수용과 거부

동아시아의 근대화는 다른 곳도 그랬지만 대단히 폭력적인 과정이었다. 일본과 중국, 그리고 한국은 서구의 군사력, 산업능력과 자본, 과학기술의 우위를 인정하지 않을 수 없었으며 생존을 위해 서구의 것을 받아들이지 않을 수 없었다. 그런데 문화수용은 전면적인 것일 수도 있지만 선택적 수용과 부분적 거부가 동반되기도 한다. 특히, 새로운 제도나 기술의 도입은 기존의 권력과 이익의 균형을 크게 변화시킨다.

한국의 동도서기東道西器나 중국의 중체서용中體西用, 그리고 일본의 화혼양재和魂洋才는 어느 정도 주체적 입장에서 외래의 것을 수용하겠다는 의지의 표현으로 보이며, 그 수용이 선택적이고 서양적인 것의 일부는 거부하겠다는 의지를 내포한 것으로 보인다. 또한 이들은 각각 '도道'와 '기器', '체體'와 '용用' 그리고 '혼魂'과 '재才'라 규정한 것이 분리 가능하다는 가정에 입각해 있다.

이러한 선택적 수용과 거부라는 태도는 압도적 힘을 가진 외세에 직면해 생존을 모색해야 하는 인간집단에서 공통적으로 나타나는 일반적 대응의 하나라고 볼 수 있다. 즉, 낯설고 위협적이지만 동시에 생존에 필요한 것처럼 보이는 요소를 어떻게 받아들일 것인가, 또한 그러한 과정에서 자신의 변화를 어느 정도까지 감당할 수 있을 것인가라는 문제로 파악할 수 있다.

영국과 프랑스가 강조하던 보편적 문명civilization의 설득력을 전적으로 받아들이기보다는 고유한 문화Kultur를 통해 이에 부분적으로 대항하려 했던 독일과 러시아 등의 경험은 많은 시사점을 준다. 독일은 비록 경제적, 기술적, 제도적, 물질적 측면에서는 열세라 하더라도 정신적 차원에서의 우위를 주장하며 독특하고 고유한 문화를 강조했다. 국민국가 건설과 산업화에 성공한 후에도 독일의 '문화'는 퇴폐적이고 물질주의적이며 비인간적인 서구 문명으로부터 스스로를 방어해야 하는 것처럼 간주되었다. 1차 세계대전은 '문화'와 '문명'의 대결로 간주되기도 했다.

중체서용과 화혼양재, 위정척사衛正斥邪 및 동도서기는 중국과 일본, 그리고 한국을 각각 대표하는 담론이라고 확신하기는 어렵다 (문중양, 2016). 중체서용과 동도서기는 중국과 조선 국내에서도 상당한 저항과 비판에 직면했으며, 위정척사는 유림의 광범한 지지를 받았다고는 하지만 역시 상당한 비판을 받았다.

한편, 화혼양재는 중체서용이나 동도서기와는 달리 메이지유신

이후에는 일본 국내에서 큰 저항을 받지 않았던 것으로 보인다(박훈, 2016). 중국이나 조선과는 달리 지켜야 할 것의 범위나 실체가 명확하지 않았기 때문이기도 했고, 메이지유신이라는 정치적 변동 자체가 결국은 서구의 기술과 제도를 받아들일 것을 주장한 세력에 의해 주도되었기 때문이기도 했을 것이다. 매슈 페리Matthew Perry, 1794~1858 제독의 압력에 굴복한 막부幕府의 개항조치를 비난하면서 존황양이尊皇洋夷를 부르짖던 세력 다수도 사츠에이薩英전쟁(1863)과 시모노세키下關전쟁(1863~1864) 등을 거치면서 양이攘夷를 위해서라도 양이洋夷의 것을 받아들여야 한다는 사실을 인식하게 되었다.

화혼양재는 이러한 난감하면서도 불가피한 상황에서 서구문물의 도입을 찬성하는 사람만이 아니라 불만을 가진 사람에게도 통용될 수 있는 슬로건이었다고 볼 수 있다. 화혼양재는 어떤 의미에서는 문명개화의 추진방식과 관련해 상대방의 방식을 주체성이 없다고 비난하면서 자신들의 방식은 더욱 도덕적으로 우월하고 올바른 것이라고 정당화하기 위해 등장한 것일 가능성도 배제할 수 없다.

3) 화혼양재란 무엇이었는가

동아시아는 물론 유럽 이외의 지역에서 오직 일본만 근대 국민국가의 건설과 산업화에 성공했고, 부국강병을 통해 열강의 하나로 등장했다. 일본의 성공을 설명하는 여러 논의 가운데 자주 등장하는 것이 화혼양재이다. 런던정경대학London School of Economics의 교수였던 모리시마 미치오森嶋通夫, 1923~2004는 일본의 경제성장을 서구인에게 설명하는 책, 《왜 일본은 성공하였는가?Why Has Japan "Succeeded?"》(1982, 이기준 역, 일조각)를 펴내며 부제를 "화혼양재(모리시마는 'Western Technology and Japanese Ethos'라 표현했다)"라고 했을 정도이다.

동도서기나 중체서용과 달리, 화혼양재가 일본 내에서 심각한 도전을 받지 않았다는 사실은 주목을 요한다. 도쿠가와시대 말기에 대두했던 존황양이 세력은 앞서 언급했듯 양재洋才를 양이攘夷의 방편으로 인식했으며, 문명개화와 부국강병의 문화적 수용전략으로 제시된 화혼양재는 동도서기처럼 위정척사라는 강력한 반대에 직면하지는 않았다.

물론 화혼양재의 의미나 내용에 대한 이해는 다양했다. 메이지시대에 등장한 단팥빵(속은 전통적 단팥이고 겉은 서양의 빵)을 화혼양재의 전형으로 보는 단순한 태도가 일반적이었다고는 하지만, 일부 정치가와 지식인은 서구의 학문과 기술, 제도와 규범 등을 무비판적으로 그대로 이식하는 것이 아니라 일본에 필요한 것을 골라 일본의 실정에 맞게 토착화하는 것으로 이해하는 경향이 있었다. 화혼양재라는 슬로건은 압도적인 서구의 발전된 문물을 도입하는 과정에서 자칫 상처받기 쉬운 일본인의 심리적 긴장과 모멸감, 정체성에 대한 불안감과 위기의식을 진정시켜 주는 효과도 있었던 것으로 보인다.

일본의 성공이 화혼양재 때문이며 화혼양재야말로 성공적인 문화수용 전략이라는 평가(김태유, 2016)는 일견 상당한 설득력을 가진 것처럼 보인다. 한국이 산업화 물결에서 소외됨으로써 열강의 침탈

대상이 되고 결국 나라를 잃는 고난의 근대사를 겪었던 반면, 일본은 산업화에 재빨리 편승함으로써 근대국가로 발전하고 북방의 홋카이도에서 남방의 오가사와라 제도에 이르도록 영토를 확장했다. 2차 세계대전의 패배를 겪기도 했지만 전후戰後복구에 신속히 성공해 세계적 경제대국으로 성장했다.

그런데 화혼양재는 성공사례로서 빈번한 인용과 예찬의 대상이 되었을 뿐이며 화혼양재가 실제 서구제도와 조직의 도입이나 기술의 도입과 개발현장에서 어떠한 역할을 했는가에 대한 진지한 연구는 찾아보기 어렵다. 히라카와 스케히로平川祐弘, 1931~의 《화혼양재의 계보和魂洋才の系譜》(1974)를 제외하면 화혼양재에 대한 체계적이며 진지한 연구는 찾아보기 어려운 것이 사실이다. 또한 필자가 연구책임자로 수행했던 공동연구 〈문화수용전략에 관한 융합적 연구: 화혼양재와 위정척사의 과거와 미래〉(2016)의 참여자들도 일본의 회사조직, 철강산업, 해군의 건설과정 등을 검토했으나 화혼양재의 역할은 확인할 수 없었다. 화혼양재는 현장에서 사용될 수 있는 문화수용의 지도원리라기보다는 구호와 상징으로서 더욱 중요했던 것이 아닌가 한다.

화혼양재는 적극적이며 전반적인 타문화수용의 태도와 전략으로 이해될 경우 매우 긍정적으로 평가된다. 일본의 성공적 산업화와 근대국가 건설이 일본의 전통을 유지하면서 서구의 근대적 지식과 기술과 제도를 받아들였기 때문이라고 판단할 경우, 화혼양재는 본받아야 할 자세가 된다. 산업화와 근대국가 건설에 있어 한국과 중국의 실패는 일본의 '성공'을 더욱 빛나는 것으로 보이게 만들었으며, 일본의 천황제 및 '일본문화' 등 '전통의 창출invention of tradition'은 화혼 양재를 현실적으로 성공한 사상처럼 보이게 만들었다.

화혼양재는 비판적·선택적·주체적 문화수용의 태도로 이해되기도 한다. 특히, 한국에서는 근대화를 서구화나 미국화와 동일시하고 전통을 낡은 것이라 여기면서 선진문물을 그대로 도입하려는 태도를 비판하기 위해 자주 등장한다. 이른바 맹목적 서구화나 사대주의를 문화적 예속과 굴종이라 비판하는, 주체적이며 독립적인 정신을 지칭하기도 한다. 아무리 우수한 것이라도 외부의 것은 선택적으로 도입하며 토착화를 통해 이를 자신의 것으로 만들어 새로운 것을 탄생시키거나 발전시키는 것을 화혼양재라 예찬하기도 한다.

한편, 화혼양재는 불완전한 서구화라는 부정적 의미로도 이해할 수 있다. 서구의 제도와 지식, 기술을 급속도로 받아들이면서도 이를 운영하고 사용하는 사람들의 의식은 변화하지 않은 것이 아닌가 하는 우려를 표현하기도 한다. 정신의 변화가 없었다는 의미로 화혼양재를 해석할 경우, 일본의 근대화와 근대국가 건설은 의식수준에서의 근대적 각성이 결여된 불완전한 것이었으며 결국은 군국주의화 및 2차 세계대전의 패배로 귀결되었다는 주장도 가능하다. 이는 서구화에 대한 저항과 자신의 정체성에 대한 불안 및 위기의식을 반영하는 용어이기도 하다. 화혼양재는 이러한 경우 자민족 중심주의, 국수주의, 배타적 민족주의 등과 관련된다.

한편, 화혼양재는 의미 자체가 확정되지 않고 모호하기 때문에 상징과 슬로건으로서 적절했다는 생각도 가능하다. 즉, 화혼양재는 그 의미를 다양하게 해석할 수 있었으며 각자가 편리하게 해석할 수 있었기 때문에 오히려 효과가 있었던 것이 아닌가 한다. 화혼양재는 매우 복잡하고 또한 불안한 상황에서 모두가 자기나름의 해석을 간직한 채 일단 합의할 수 있었던 슬로건으로서 잠재적 갈등을 표출시키지 않도록 하는 역할을 했던 것이 아닌가 한다. 이는 화혼양재가 담론으로서는 중요했으나 실제 근대화현장에서는 화혼양재가 실천의 지도원리로 사용된 증거가 발견되지 않는다는 사실로도 뒷받침된다.

3. 문명의 현재와 미래

1) 근대화와 오리엔탈리즘, 그리고 문명론과 문화론의 전개

1차 세계대전과 《서구의 몰락Der Untergang des Abendlandes》(1918)의 출간, '대영제국의 평화Pax Britannica'의 쇠퇴, 그리고 자본주의의 위기는 량치차오梁啓超, 1873~1929를 비롯한 많은 아시아인에게 동양 문명의 재기나 서양의 물질문명과 동양의 정신을 아우르는 신문명 등장에 대한 기대와 꿈을 품을 계기를 제공했다. 꿈은 실현되지 않았지만 그 유산은 아직도 강력하게 남아 있다.

한편, 1980년대에 일부 일본인은 '미국의 평화Pax Americana'의 후퇴가 '일본의 평화Pax Japonica'로 이어질 것을 확신했고 그에 대한 대비를 걱정하기도 했다. 오늘날 일부 중국인은 신문명의 건설을 외치면서 '중국의 평화Pax Sinica'의 도래를 꿈꾸고 있는 것으로 보인다.

여기에서는 문화와 문명에 대한 탐구를 바탕으로, 이러한 논의의 저변에 깔려 있는 오리엔탈리즘orientalism과 옥시덴탈리즘occidentalism을 검토하고 문명논의의 방법론적 문제를 이해한다. 제국과 국가 또는 민족의 흥망성쇠에 관한 논의는 고대에도 이미 존재했고, 다른 국가나 민족구성원의 삶의 방식을 비하하거나 이상화하는 행동도 근대에 와서야 비로소 등장한 것은 아니지만, 이러한 논의는 문명과 문화라는 근대적 개념을 중심으로 활발히 전개되기 시작했다.

(1) 근대화, 문명과 문화, 그리고 새로운 문명

산업혁명 이후의 사회적 변화는 너무나 광범위했으며 새로운 시대가 시작되었다는 인식이 등장하기에 충분했다. 한편, 서구에서 시작된 산업혁명과 그 성과로 뒷받침된 서구의 경제력과 군사력, 과학과 기술은 중국과 동아시아를 비롯해 다른 모든 지역에 엄청난 충격을 주었으며 이들 지역은 서구를 모델로 하는 근대화에 나서게 되었다.

그런데 산업화와 근대화는 엄청난 내적 긴장과 갈등, 고통을 수반했다. 산업화와 근대화의 발상지인 서구에서도 그러했을진대, 동아시아에서는 오죽했을 것인가. 서구가 가진 것과 같은 경제력과 군사력, 과학과 기술에 대한 욕구는 절실했지만, 기존의 사상과 제도, 권력과 이해관계를 유지하면서 발전시키기는 너무 어려웠다.

일본의 경우 후쿠자와 유키치는 기존의 질서를 일신一新하는 철저한 서구화를 주장했고, 막부를 타도하고 권력을 장악한 메이지정부는 문명개화를 추진했다. 화혼양재라는 구호는 일본의 전통 가운데 가장 중요한 것은 보존하면서도 나머지는 모두 바꾼다는 것을 가능하게 하고 또 정당화하는 기능을 했다. 일본 정부는 대내적으로는 서구에서 수입한 문명을 전유하여 스스로 문명화 작업의 추진자임을 자부하고 동아시아지역 내 다른 국가와 민족을 야만시했지만, 대외적으로는 일본으로 대표되는 동양이 서구 문명과는 다른 독특한 문화를 가지고 있음을 강조하면서 문화의 상대성과 다선적 진화를 강조하는 이중전략을 구사했다.

한편, 기존질서는 유지하면서 서구의 과학기술과 군사력을 선택적으로 수용하기 위해 중체서용을 내걸었던 양무운동洋務運動(1861~1895)은 청프전쟁(1884~1885)과 청일전쟁(1894~1895)을 통해 그 약점을 드러냈으며, 결국은 다양한 제도개혁을 추진하는 무술변법운동戊戌變法運動(1898)이 일어났으나 반개혁파의 반격에 실패로 돌아갔다. 동도서기도 전반적 서구화, 즉 서구 문명을 통째로 받아들이는 변화가 아니라 기존의 것을 유지하면서 서구를 선택적으로 받아들이려는 것이었으며 그나마 위정척사의 벽이 너무나 높았다.

이렇게 서구에서 수입한 문명과 문화개념을 활용하면서 고통스러운 근대화 작업을 추진하던 동아시아인에게 '서구 문명의 몰락'이라는 주제는 반가운 것이었다. 앞서 언급했듯 서구에서 등장한 문명론은 유럽의 선진성과 우월성에 대한 논의이자 정당화였던 반면, 동아시아 등 비非서구지역에서 등장한 문명에 관한 논의는 서구의 문명과 자신의 문명을 비교하면서 그 특징을 발견하거나 규정하고, 미래에 대한 모색과정에서 자신의 문명을 어떻게 활용하고 변화시킬 것인가 등의 문제의식을 가지고 있었다. 모델로 삼았던 서구 문명이 그 절정을 지나 쇠퇴를 맞이하고 있다는 것은 한편으로는 분명히 당혹스러운 일었지만, 다른 한편으로는 굴종과 모멸감에서 벗어나는 동시에 자신의 문명이 그 자리를 대신할 것을 기대할 수 있다는 의미에서 반가운 일이기도 했다.

일본은 압도적으로 우월한 물질문명을 가진 서구에 대해 문화를 강조하면서 서구의 반대모습mirror image으로서의 일본문화 또는 일본이 대변하는 동양문화를 정의했다. 서양이 물질주의적이라면 일본 또는 일본이 대변하는 동양은 정신주의적이었으며, 서양이 개인주의적이라면 일본은 집단주의적(나중에는 간인間人주의적)이었다. 서양사회가 계급갈등과 투쟁을 특징으로 한다면, 일본은 상호의존적이며 화합을 특징으로 하고, 서양이 다수결로 의사를 결정한다면 일본은 합의의 도출을 중시한다는 식이었다.

일본은 스스로 동양문화의 대변자를 자처하는 과정에서 중국을 지나支那라 부르며 중국의 중심국가 지위를 부정했지만, 중국 역시 서양에 대해 일본문화의 독특성을 구축하는 일본의 방식과 유사한 방식으로 중국문화를 구축하려 시도했다. 글럭이 지적했듯(Gluck, 1985) '메이지 이데올로기'를 만들어낸 메이지시대 일본인에게 현실의 서구는 아무래도 좋았다면, 1차 세계대전의 참상을 목격한 량치차오 등의 중국인과 다른 동아시아인에게 현실의 서구는 서구와 대조되는 중국문화나 한국문화 또는 새로운 문명을 건설하는 좋은 자료가 되었다. 서구가 상상 속의 오리엔트를 사용해 오리엔탈리즘을 발전시키면서 오리엔트를 지배했다면, 동아시아는 상상 속의 서구를 사용해 옥시덴탈리즘을 발전시키면서 서구의 지배에 대항하기도 하고 내부에서 개혁의 방향을 둘러싸고 권력에 도전하거나 상대방을 억압하려 했다.

(2) 오리엔탈리즘과 옥시덴탈리즘

1970년대 말 이후 오리엔탈리즘 논의를 통해 명확히 드러난 문제는 문화와 권력의 관계였다. 문명과 문화의 개념 자체가 서구 근대의 프로젝트라는 1절의 고찰은 오리엔탈리즘 논의와도 직결된다. 문명은 다른 이질적 문명의 존재를 부인하는 것은 아니지만, 무엇보다도 문명이 아닌 것, 즉 야만의 존재를 전제로 한다. 문명이라는 의식은 문명되지 못한 존재를 문명화의 대상으로 삼을 수 있으며 자신이 아닌 것을 단순히 '다르다'가 아니라 '틀리다'로 규정한다. 이러한 타자는 열등하고 뒤떨어지고 나쁘고 추한 존재로 규정되고 인식되며, 나아가 문명을 위협하는 존재로 간주된다.

이는 유럽의 문명의식이건 중화주의라는 고대 중국 이래의 문명의식이건 마찬가지이다. 개인의 정신적 성취를 지칭하던 문화가 당대의 후진국이었던 독일에서 당대의 선진국이던 영국과 프랑스의 '문명'에 대항하는 독특한 의미를 가지면서 독일 민족주의의 중요한 기반이 되었으며 이후 그 용례가 확대되어 문명담론에 대항하는 피

지배계층, 지방, 제3세계의 항의와 자존감의 구심점이 되었지만, 그러한 문화는 여전히 오리엔탈리즘의 대상이기도 했다.

문화를 누가 어떻게 규정하고 표상하고 소비하는가는 매우 정치적인 문제이기도 하다. 오리엔탈리즘이라는 용어는 서구가 오리엔트지역의 사람과 이들의 문화를 어떻게 인식하고 표상하고 소비했는가, 이러한 방식이 어떻게 지속되고 당연시되는가, 이러한 인식과 표상과 소비가 어떻게 권력과 관련되는가를 드러내 보여주기 위해 사용된다. 그리고 오리엔탈리즘은 서구의 전유물이 아니다. 고대의 중국에서도 오리엔탈리즘과 유사한 실천의 작동을 찾아볼 수 있다. 중국이 중국을 종종 군사적으로 위협하는 이웃의 다른 민족과 문화를 기술하고 표상하고 소비하는 방식은 기본적으로 서구의 오리엔탈리즘과 상당한 유사성을 갖는다. 조선사회 역시 이러한 오리엔탈리즘을 내면화하여 여진女眞과 일본을 바라보기도 했다.

근대에 들어오면 중국과 한국 그리고 일본도 서구 오리엔탈리즘의 대상이 된다. 그러한 가운데 일본은 스스로 문명국을 자처하면서 중국과 한국을 오리엔트화하기 위해 노력했고, 다른 한편으로는 일본에 대한 서구의 오리엔탈리즘 시각을 특정목적을 위해 이용하기도 했다. 동아시아에서 옥시덴탈리즘이라 부를 수 있는 것들이 등장한 것은 이러한 상황을 배경으로 했으며 1차 세계대전은 여기에 커다란 자극을 주었다. 있는 그대로의 서구, 현실의 서구가 아니라 주로 일본이나 중국의 국내적 소비를 위해 상상되는 서구에 대한 담론이 나타나 발전했다.

이런 오리엔탈리즘과 옥시덴탈리즘은 예술과 미학의 분야에서 광범위하게 나타나기 시작했지만, 권력의 문제, 정치의 문제와 깊이 관련되어 있다. 특히, 비서구 내에서 이용되고 소비되는 옥시덴탈리즘은 또 하나의 심각한 문제를 가지고 있다. 지배세력이 상상 속의 서구를 이용해 서구 문명의 실상을 왜곡하고 문제점을 과장하면서, 자신들의 문명을 그 반대인 것처럼 미화하고 정치적 억압과 사회적 불평등 등을 정당화하는 경향이 있기 때문이다. 물론 그 반대도 가능하기는 하지만 '한국적인 것'이나 '일본의 고유한 전통'이라는 이름으로 보편적 가치인 인권이나 민주주의나 양성평등을 '서구적인 것'으로 규정하는 일이 더욱 빈번히 발생했던 것이 사실이다.

2) 문명론의 전개

선진국 영국과 프랑스의 '문명'에 대항해 당대의 후진국 독일이 '문화'개념을 강조했다는 사실은 1절에서 언급했다. 독일은 문화Kultur를 주장했지만 이는 어떤 의미에서는 서구 문명에 대한 일종의 부정적negative 문명론이었다. 한편, 독일보다 산업화와 국가체제의 정비가 더 늦었던 러시아에서는 독일과 영국, 프랑스 모두를 서구로 인식하는 문명론이 등장했다. 러시아에서 등장한 문명론은 서구 문명의 몰락을 전제하고 그 대안을 러시아에서 찾았다.

서구 문명의 몰락에 관한 논의는 독일에서도 등장했다. '문명'에 대항해 '문화'를 강조하기도 했으나, 이후 독일은 산업혁명과 국민국가 건설에 성공하여 '문명'을 달성했다고 할 수 있다. 그러나 독일의 상당수 지식인은 1차 세계대전을 '문명 대對 문화의 대결'로 보았으며 슈펭글러는 《서구의 몰락》을 출간했다.

아널드 토인비Arnold Toynbee, 1889~1975는 역사의 단위를 국가와 민족이 아니라 문명으로 할 것을 주장했으며, 필립 백비Philip Bagby와 앨프리드 크로버Alfred Kroeber 등도 국가와 민족이라는 개별단위를 넘어서는, 더욱 큰 단위로서의 문명에 관한 과학적 연구를 시도했다. 개별단위의 역사를 넘으려는 노력은 매크로 히스토리macro history, 글로벌 히스토리global history 등 다양한 방식으로 나타났으며, 일본에서는 1980년대에 비교문명론이라는 이름으로 시도되기도 했다. 빅 히스토리big history는 문명 중심의 역사를 넘어 인류와 우주의 관계에 관심을 둔다.

(1) 러시아의 문명론

범슬라브주의자였던 니콜라이 다닐렙스키Nikolay Danilevsky, 1822~1885는 《러시아와 유럽Russia and Europe》(1869)을 통해 슬라브 문명이 쇠퇴하는 다른 문명들을 구원할 것이라 주장했다. 다닐렙스키는 목적지향성Zielstrebigkeit, singleness of purpose 개념에 매료되어 있었으며 문명연구에서 생물학적·형태학적 은유를 개척하여 슈펭글러와 토인비에게 영향을 주었다. 다닐렙스키는 모든 민족과 문명이 마치 생물학적 종種과 같으며, 문명들은 서로 공유하고 있는 것이 없고, 언어와 문화로 통합되어 있다고 했다. 그 결과, 다른 민족에 이전移轉은 불가능하며 문화수용은 가능하지 않다.

서구를 낮게 평가하면서 서구에 강한 거부감을 가졌던 다닐렙스키는 표트르 대제Peter the Great, 1672~1725의 개혁이 슬라브세계에 이질적 가치를 강요하는 것으로서, 반드시 실패할 것이라 전망했다. 그는 10대 역사적·문화적 유형을 제시했으며, 각 유형은 청년기, 성년기, 노년기 단계를 거친다고 했다. 그 가운데 슬라브 문명은 청년기로서, 쇠퇴하는 다른 문명들을 구원할 것이라 기대했다.

한편, 《새로운 중세The New Middle Ages》(1933)를 저술한 니콜라이 베르댜예프Nikolai Berdyaev, 1874~1948 또한 러시아, 특히 러시아 동방정교의 관점에서 서구의 기독교 문명을 비판했다. 볼테르Voltaire, 1694~1778를 흠모했던 베르댜예프는 동방교회를 비판한 불경죄로 시베리아 유형에 처해질 위기에 놓인 일도 있었다. 그는 《새로운 중세》에 이어 발표한 《현대 세계의 인간 운명The Fate of Man in the Modern World》(1934) 등을 통해 문명사에 관한 해답을 그리스도교의 역사관과 종말론에서 구하면서 문명의 부활을 예언했다. 역사의 순환과 동시대성에 대한 믿음을 가지고 있었으며 근대사회의 문화, 정치, 경제체계를 비판했다. 르네상스 이후에 시작된 근대는 19세기에 종언을 맞이했으며 현대는 새로운 중세의 시작이라고 주장했다. 마르크스주의Marxism와 파시즘fascism은 새로운 중세의 시작을 알리는 것이며 근대에는 신이 없었으나 새로운 중세는 새로운 신을 갈구한다고 보았다. 그에 의하면 근대의 문제는 인간이 자유를 대담하게 행사할 수 있게 되었으나 신의 매개 없이 행사하면서 창조력이 고갈된 것으로서, 사회주의, 산업주의, 모더니즘 등을 모두 근대 종언終焉의 징후로 보았다.

(2) 슈펭글러와 《서구의 몰락》

슈펭글러는 세계사의 형태학으로서 문명론을 제창하며, 인식의 개념이나 법칙이 아니라 비교Vergleichen, 공감Nachfuehlen, 직관Anschauen의 방법을 강조했다. 원상징原象徵, Ur-symbol과 문화영혼Kulturseele은 직관에 의해 유비적類比的으로 파악해야 하는 것이었다. 슈펭글러는 문화를 살아 있는 유기체로 파악했고 역사를 생성되는 것Werden, becoming으로 보았다.

슈펭글러의 저작에는 서구중심주의에 대한 비판이 담겨 있었다. 유럽의 18~19세기, 인류라는 보편개념과 진보라는 이상은 서구 중심의 편협한 오만이라고 보았으며 용감한 비관주의가 필요하다고 했다. 그는 문명단계의 비교가 가능하다고 보았는데, 문명은 독자적이며 이질적이지만 동일한 단계를 거치기 때문이었다. 슈펭글러는 또한 상동성Homologie 또는 동시대성Gleichzeitigkeit의 개념을 통해 그리스의 몰락과 서구의 몰락을 비교했다.

(3) 토인비의 문명론

우리에게도 《역사의 연구A Study of History》(1934~1961)로 잘 알려진 토인비는 1차 세계대전 이후 서구의 몰락에 대한 불안감 속에서 과거문명을 연구하면서 문명의 흥망성쇠를 분석하고 문화유형을 제시했다. 특히, 그가 주창한 '도전과 응전'이라는 개념은 한국에서도 매우 인기가 있었다. 토인비는 역사연구의 적절한 단위와 관련해 이해 가능한 단위는 국가나 민족이 아니라 문명이라 주장했다. 토인비에게 국가란 1천 년을 지속하는 사회로서, 문화적 통일체인 문명의 일부에 불과했다.

토인비는 문명의 병행과 동시대성을 강조했으며 이른바 투키디데스Thucydides적 체험, 즉 문명의 좌절이라는 동일한 경험을 제시했다. 즉, 투키디데스의 과거는 토인비의 현재인 것이다. 또한 문명단계의 비교를 통해 문명의 성장, 좌절, 해체라는 단계의 병행을 검토했고, 문명의 공간적 만남encounter과 시간적 만남을 제시했다.

(4) 크로버의 초유기체

인류학자인 크로버는 문화를 초유기체superorganic로 볼 것을 제안했다. 크로버는 전체를 부분으로 설명할 수 없으며, 문화는 문화의 담지자인 개인의 심리나 행동으로 설명할 수 없다고 보았다. 즉, 사회는 사회를 구성하는 개인의 심리나 행동으로 설명할 수 없는 것이라며 환원주의reductionism에 반대했다.

《문화 성장의 형상Configurations of Cultural Growth》(1944) 및 《스타일과 문명Style and Civilizations》(1957)을 통해 크로버는 문명사회에서 문화적 창조에 대한 연구를 수행했고, 특히 고대 그리스를 집중적으로 연구했다. 초유기체인 문화는 스스로 독특한 스타일패턴을 발전시키며 그러한 스타일패턴의 결과 특정한 문화적 목적, 이상, 지향이 등장하는데, 이들은 일단 형성되면 상당히 고정적이며 구조화된다고 보았다. 사회는 스타일 패턴에 순응하면서 이 이상들을 실현하고 발현시키며 성장하는 것으로서, 스타일 패턴이 완전히 실현되는 것이 문화적 절정이며, 그러고 나면 필연적으로 피로가 오고 문화는 쇠퇴하기 시작한다고 보았다.

3) 일본에서 문화론과 문명론의 전개

(1) 니혼진론과 니혼분카론

일본에서 중국이나 한국과 다르고 서구와도 다른 고유한 일본문화를 찾으려는 노력은 미학적 취미를 넘어 국민국가의 정체성과 직결되는 문화민족주의의 노력이었다. 전전戰前에 등장해, 장차 일본이 미국을 추월하고 인류문명을 선도할지도 모른다는 기대에 부풀었던 1980년대에 절정에 달했던 이른바 니혼진론日本人論과 니혼분카론日本文化論을 서구학자는 '일본인과 일본문화의 일본성'에 대한 논의라고 정의하기도 했다. 니혼진론과 니혼분카론은 전후戰後, 특히 고도 경제성장을 일본인과 일본문화의 특징으로 설명하려는 경향이 나타나면서 마치 하나의 산업처럼 성황을 이루었으며, 이에 대한 비판적 연구도 나타났다. 이어령1934~ 의 《축소지향의 일본인》(1982) 도 그러한 니혼진론 가운데 하나라고 볼 수 있다.

전후 등장한 다양한 니혼진론, 니혼분카론 가운데 매우 흥미로운 것으로 가토 슈이치加藤周一, 1919~2008의 《잡종문화론雜種文化》(1956)

이 있다. 이는 어떤 의미에서 일본문화에 대한 매우 새로운 담론이
며, 그 이전의 일본문화에 대한 여러 비판에 대한 대응이기도 하다.
일본은 비서구국가 가운데 한동안 유일하게 산업화에 성공한 국가
라는 지위를 자랑했지만, 서구는 물론 중국과 한국의 지식인 몇몇은
일본의 성취를 인정은 하면서도 일본의 성공은 추격과 모방(공학에
서는 '리버스 엔지니어링reverse engineering'이라는 표현을 쓰기도 한다)을
잘한 것에 불과하며 스스로 창조해낸 것, 즉 오리지널original은 없다
고 비판했다. 가토는 이에 대해 '그래서 어떻다는 말이냐?'고 응수한
셈이다.

　모방할 뿐 창조적이지도 고유하지 않다는 비판에 대해 가토는 일
본문화의 가장 큰 특징이 오히려 '잡종성'이라고 주장했다. 잡종성
이란 이질적인 것을 포함한 여러 문화에 대한 수용력과 그와 관련된
감수성을 의미하며, 일반적으로 잡종이 순종보다 더 강하고 아름답
다는 점을 강조했다. 이는 일본의 성취를 기반으로 둔 주장으로, 역
설적으로 설득력 있는 주장이다. 이는 흔히 접할 수 있는 일본 특수
성론보다는 일본의 미래에 대해 열린 자세를 보여준다.

(2) 비교문명: 독자적인 하나의 문명으로서의 일본

이러한 가운데 일본문화라는 수준에서 벗어나 일본을 하나의 독자
적 문명으로 인식하려는 사람들이 등장했다. 특히, 일본경제가 눈
부시게 성장하고 1970년대와 1980년대에 섬유, 자동차, 반도체 등
의 분야에서 미국을 이긴 경험은 1차 세계대전 이후 본격화된 '서구

의 몰락'과 이를 대신해 인류를 이끌 새로운 문명에 대한 기대와 희망과도 합쳐져 일본 문명을 정립하고 그 특징과 가능성을 모색하려는 작업으로 나타났다.

그 가운데 대표적인 것이 《문명의 생태사관文明の生態史觀》(1957), 《문명으로서의 이에イエ(家) 사회文明としてのイエ社會》(1979), '아이다가라間柄(관계) 사회' 논의 등이며, 비교문명이라는 집단을 결성하고 학술지를 발간하기에 이른다.

그 저변에는 에즈라 보겔Ezra Feivel Vogel, 1930~ 의 《넘버원 일본Japan as Number One》(1979)이나 폴 케네디Paul Kennedy, 1945~ 의 《강대국의 흥망The Rise and Fall of the Great Powers》(1987)과 같은 서적의 출간과 일본형 경영의 성공으로 인한 이른바 일본시스템의 우수성에 대한 찬양과 함께, 로마의 평화Pax Romana에 대한 기억, 대영제국의 평화를 계승한 미국의 평화가 몰락하고 일본이 드디어 미국을 대신해 일본의 평화를 실현할 것이라는 기대 속에서 지금까지 모방과 추격에 열중했던 일본이 인류의 선두에서 문명을 선도할 준비가 되어 있지 않다는 자각도 중요한 역할을 했던 것으로 보인다.

일본을 하나의 문명으로 상정한 저작으로 전후에 가장 먼저 등장했으며 유명한 작품으로 《문명의 생태사관》이 있다. 이는 우메사오 다다오梅棹忠夫, 1920~2010라는 문화인류학자가 전개한 문명론으로서, 아주 거칠게 이야기하자면 '일본은 실은 서구였다'는 이야기가 되는데, 어떤 의미에서는 일본의 대중이나 지식인이 듣고 싶어하던 이야기를 들려준 것이기도 하다.

그는 지리적 환경을 살펴보면 유라시아대륙은 아시아와 유럽으로 나누기보다는 생활양식과 역사발전 형태의 차이에 주목해, 대륙의 중심부와 동서의 주변이란 두 가지 부분으로 나누어 생각해야 한다고 보았다. 일본은 지리적으로는 동아시아에 위치하지만 생태적 조건을 생각한다면 서구와 함께 제1지역에 들어간다고 주장했다.

또한 문명론적 주장도 전개했는데, 서양과 생태적 환경이 유사했던 일본은 유럽과 역사발전의 양상 또한 공통적인 것들이 있었다. 예를 들자면 카롤링거 궁정에 기사도가 등장했다면, 일본은 무사도가 발전했다. 또한 근대화가 가능했던 것은 일본이 사실은 서양문화권에 속했기 때문이기도 하다는 것이다.

비교문명학회比較文明學會는 1983년에 야마모토 신山本新이 중심이 되어 1978년에 결성한 문명론연구회를 모체로 설립되었다. 초대회장은 현 명예회장인 이토 슌타로伊東俊太郎였고, 고문에는 우메사오 다다오梅棹忠夫, 에가미 나미오江上波夫, 구와바라 다케오桑原武夫 등 다양한 인사가 포진했다.

설립의 목적은 환경파괴, 자원고갈, 국가나 민족의 대립 등 심각한 문제를 안고 있는 현대에 글로벌화가 진행 중인 인류사회의 미래를 진지하게 생각하고, 인류가 걸어가야 할 새로운 도표를 만든다는 것이다. 즉, 그 어떤 문명도 스스로의 배타적 절대성을 주장하거나 단일한 가치 또는 생활양식을 강요하는 일이 있어서는 안 되며, 또한 다양한 문명의 존재방식을 존중하고, 각각의 문명이 배양해온 가치관이나 지혜를 살려 가면서, 인류가 나아가야 할 방향을 생각해야 한다는 것이다. 이를 위해 비교문명학회는 지구상에 형성된, 동서고금의 다양한 문명의 비교연구를 행하고 그 지혜에 기초해 인류문명의 미래를 구상해야 한다고 천명하고 있다.

주변문명론을 주장한 야마모토는 비교문명학 흐름의 개척자로 간주되며 이른바 '비교문명학의 3부작'이라고 일컫는 《문명의 구조와 변동文明の構造と変動》(1961), 《토인비와 문명론의 쟁점トインビーと文明論の争点》(1969), 《토인비トインビー》(1978) 등을 저술했다. 주변문명론은 인류학자 백비가 주장했던 것으로, 주변문명은 대문명의 주변에 위치하여 독자적인 응전을 시도해 역동성이 높은 문명이다. 야마모토는 일본 문명을 그러한 주변문명으로 자리매김하려는 노력을 했다.

일본의 비교문명학은 매우 흥미로운 시도이다. 2020년대에는 실감하기 어렵지만, 1970년대 후반 1980년대 초반에는 머지않은 장래에 일본이 인류의 문명을 주도할 가능성과 이에 대한 대비의 필요성이 실감되고 있었으며, 그런 맥락에서 비교문명학은 중요한 문제의식이었다.

(3) 맺음말

문명 논의는 이미 다닐렙스키와 슈펭글러 등에 의해 시도되었고 토인비는 국민국가가 아니라 문명이 역사적 연구의 단위가 되어야 한다는 뚜렷한 의식을 가지고 있었다. 서구중심주의에서 탈피하며 문명의 몰락보다 흥기興氣에 관심을 둔 것으로 보이지만, 일본의 비교

문명학은 엄밀한 학술적 탐구임을 자부했음에도 서구 문명의 몰락을 기정사실화하면서 다음 차례는 일본이라는 인식을 가지고 있었던 것으로 보인다. 결과적으로는 미국의 쇠퇴가 현실화되지도 않았고 일본이 문명을 선도할 기회도 없어 비교문명학은 활기를 잃었지만, 아무튼 이를 계기로 일본 스스로가 하나의 문명이라는 인식이 확산된 것은 사실이다.

이와 관련하여 중요한 것은 비교문명학 같은 시도가 출범한 계기이다. 즉, 현대 미국으로 대표되는 '서구 물질문명'이 안고 있는 문제, 그리고 서구 물질문명이 이러한 문제를 해결하지 못할 것이라는 비관적 전망과 새로운 문명의 도래에 대한 기대이다. 비교문명학은 1차 세계대전 직후 량치차오를 비롯한 동아시아의 지식인이 느꼈던 1920~1930년대의 설렘과 흥분과는 다르지만, 1980년대 역시 미국의 쇠퇴를 기대하며 일본 문명의 역할을 모색했다는 점에서 유사성도 있다고 하겠다. 그리고 이와는 맥락도 다르고 명칭도 다르며 때로는 종교적 성격을 갖기도 하지만, '서구의 물질문명'을 대신해 인류를 구원할 새로운 문명에 대한 시도와 기대는 우리 주변에서도 종종 목격할 수 있다.

또 다른, 현대 문명 논의의 가장 큰 문제 중 하나는 새롭거나 뚜렷한 방법론이 부재한다는 것이다. 환경의 중요성에 대한 인식도 있고 역사연구의 축적도 있으나, 국가나 민족이라는 개별단위를 넘는 문명사를 이해하고 기술하는, 새롭고 획기적인 방법론은 아직 등장하지 않고 있다.

참고문헌

김태유(2016). "왜 화혼양재인가". 한경구 외(2016), 〈문화수용전략에 관한
　　융합적 연구: 화혼양재(和魂洋才)와 위정척사(衛正斥邪)의 과거와 미
　　래〉(SNU 브레인퓨전 연구보고서), 99∼110쪽.

문중양(2016). "이질적 두 과학의 만남의 양상". 한경구 외(2016), 〈문화수용전
　　략에 관한 융합적 연구: 화혼양재와 위정척사의 과거와 미래〉, 48∼69쪽.

박 훈(2016). "메이지 국가건설과 봉건/군현론". 한경구 외(2016), 〈문화수용
　　전략에 관한 융합적 연구: 화혼양재와 위정척사의 과거와 미래〉, 38∼
　　47쪽.

한경구 외(2016). 〈문화수용전략에 관한 융합적 연구: 화혼양재와 위정척사의
　　과거와 미래〉.

比較文明學會. "學會紹介". http://www.jscsc.gr.jp/article.do?a=799096918-
　　38484575. 최종접근 2020. 1. 4.

森嶋通夫(1984). *Why Has Japan "Succeeded?"*. 이기준(역)(2000), 《왜 일본은
　　성공하였는가?: 서양의 기술과 일본의 정신(和魂洋才)》. 서울: 일조각.

西川長夫(2001). 《國境の越え方》. 한경구·이목(역)(2006), 《국경을 넘는
　　방법: 문화·문명·국민국가》. 서울: 일조각.

靑木保(1990). 《日本文化論の變容》. 최경국(역)(2000), 《일본 문화론의 변
　　용》. 서울: 소화.

ハルミ ベフ(1987). 《イデオロギーとしての日本文化論》. 東京: 思想の科學
　　社.

Benedict, R.(1934). *Patterns of Culture*. 김열규(역)(1980), 《문화의 패턴》.
　　서울: 까치.

Garvarino, M. S.(1983). *Sociocultural Theory in Anthropology: A Short
　　History*. 한경구·임봉길(역)(2011), 《문화인류학의 역사: 사회사상에
　　서 문화의 과학에 이르기까지》. 서울: 일조각.

Gluck, C.(1985). *Japan's Modern Myths: Ideology in the Late Meiji Period*.
　　Princeton: Princeton University Press.

Kroeber, A. L. & Kluckhohn, C. (1952). *Culture: A Critical Review of Concepts and Definitions.* New York: Vintage Books.

Scott, James C. (2017) *Against the Grain: A Deep History of the Earliest States.* 전경훈(역) (2019), 《농경의 배신: 길들이기, 정착생활, 국가의 기원에 관한 대항서사》, 서울: 책과함께.

2

중국 문명

서경호

1. 중국 문명의 의미

문명이라는 단어의 쓰임새는 다양하다. 흔히 볼 수 있는 것은 옛날에 번성했다가 사라져 버린 공동체를 지칭하는 것으로, 이집트 고대 문명, 또 스페인 정복자에 의해 파괴된 아스텍 문명, 그리고 전설로만 알려진 아틀란티스 문명 등을 예로 들 수 있다. 지중해 문명, 메소포타미아 문명과 같이 넓은 지역의 활동을 이야기할 때도 문명이라는 단어를 사용한다. 그런가 하면 서구의 과학 문명, 21세기의 디지털 문명처럼 최근, 혹은 현재 진행 중인 상황에 대해서도 이 단어가 사용된다.

그렇지만 지금의 어느 국가에 이 단어를 쓰지는 않는다. 미국 문명, 독일 문명과 같은 말은 쓰는 사람이 별로 없다. 이런 면에서 보면 중국은 예외적이다. 특정국가를 대상으로 하면서도 중국 문명이라는 단어를 보편적으로 쓰고 있기 때문이다. 중국 문명은 유라시아 동쪽의 넓은 영토를 차지한 한 국가가 예전부터 지금까지 이루어온 것을 총괄하는 뜻으로 쓰이며, 3천 년 전부터 시작해 지금까지 유지되고 있는 역사적 진행과정의 흔적을 가리킨다.

지금까지 중국 문명의 파악은 두 단계에 걸쳐 이루어졌다. 근대 이전의 중국인은 중국을 사방이 야만인으로 둘러싸인, 세상에서 유일하게 문명을 갖춘 '섬'이 오랫동안 왕조의 개체를 거치면서 존속되어 왔다고 생각했다. 이런 인식은 기원전 1세기 사마천司馬遷이 저술한 《사기史記》에서 시작된 25종의 공식 역사기록('이십오사二十五史')

을 통해 구체화되었다. 그러나 20세기에 서구에서 고고학이 도입된 후에는 이런 역사적 인식이 부분적으로 수정되었다. 역사기록과 고고학적 발견을 종합하면, 중국 문명은 핵심적 공동체가 세력을 확장해 주변을 흡수해 형성되었다고 보기 어렵다. 이 문명은 다양한 지역 문화공동체가 융합하여 공동의 문화영역을 형성한 후, 강력한 정치체계를 발전시키는 과정을 통해 형성되었다고 보는 것이 오늘날의 일반적 견해로 자리 집고 있다.

이 문명에서 중요한 것은 일단 '중국'이라는 국가체계가 만들어진 후 2천여 년에 걸쳐 일정한 규모의 영토(시기에 따라 차이가 있기는 하지만), 왕조라는 일관성을 유지하는 정치체제, 그리고 한자漢字사용을 통한 문화적 통합이 흔들림 없이 유지되었다는 점이다. 이 문명은 세계문명사에서 비교대상을 찾기 어려운 연속성을 유지함으로써 과거의 중국이 오늘의 중국으로 연결되는 모습을 보여준다.

이 글에서는 중국 문명을 네 단계에 초점을 맞추어 서술한다. 첫째, 문명발생 이전부터 초기국가의 출현을 거쳐 문화적 통일체로서의 '중국'이 확정되는 과정을 고고학적 자료와 역사기록을 조합하여 설명한다. 둘째, 중국이 통일국가로 확정된 후 거듭되는 왕조교체를 거치면서도 2천 년 가까이 유지되는 동력이 무엇인가를 설명한다. 여기에서는 지식인 중심의 정치체제와 그것을 제도적으로 뒷받침한 과거科擧제도에 주안점을 둘 것이다. 셋째, 19세기 유럽의 동양진출로 인해 터진 아편전쟁을 통해 중국이 국제적 질서에 편입되어 중국이 100년의 혼돈기를 거치는 과정을 관찰한다. 그리고 마지막으로 20세기 말부터 중국이 보여주는 대국굴기를 통한 제국몽帝國夢의 현상을 관찰할 것이다. 제국몽은 단순히 강대국을 향한 움직임이 아니라 문명의 복원을 뜻하며, 그것은 인류사에서 유례를 찾기 어려운 사례이다. 우리는 지금 중국이 어디로 향하는가를 지켜보는 입장에 놓여 있다.

2. 문명의 발생과 중국의 형성

문명의 발생여부를 판단하는 지표는 지역에 따라 다르다. 중국 문명의 발생에 관해서는 국가체제의 성립과 문자의 발생이 가장 중요한 지표로 사용된다. 국가체제의 성립은 이를 달성한 공동체가 스스로를 다른 공동체보다 우월하다고 주장하면서 사상과 기술, 사회체제의 초기표준을 마련했다는 증거이다. 문자는 그런 공동체의 구성원을 하나의 문화적 집단으로 묶어 주는 역할을 했을 뿐만 아니라, 그 문자를 받아들인 다른 공동체가 같은 문화권으로 끌려 들어오도록 작용했다. 중국에서 국가체제의 기원은 기원전 15세기의 상商 왕조까지 거슬러 올라가는데, 이는 근대 이전의 역사기록과 최근의 고고학적 발굴성과를 종합한 결과이다.

1) 황하기원론과 고고학적 발견

중국인은 기원전 7~8세기부터 스스로를 주변의 야만부족과 대비하며 자신의 문명을 주장하기 시작했으며, 이런 관점은 기원전 1세기에 사마천이 저술한 《사기》를 통해 공식적 이념으로 완성되었다. 사마천은 전설적인 오제五帝의 시기부터 그가 살았던 한대漢代에 이르기까지의 역사전개 과정을 기술했다. 이는 한 제국의 정통성을 확립하는 동시에 자신이 속한 공동체의 성격을 정의하려는 시도였다.

그의 논리에 따르면 중국 문명은 성인聖人의 출현으로 시작되었다. 원래 사람은 이기적이어서 싸움이 끊이지 않아 약육강식을 일삼는 금수禽獸와 다를 것이 없었는데 성인이 출현해 양보와 공존의 덕을 갖추도록 가르쳐 독특한 인간의 사회가 만들어졌다는 것이다. 황제黃帝, 전욱顓頊, 제곡帝嚳, 요堯, 순舜의 다섯 성인이 차례로 나타나 황하유역에서 활동하면서 주변지역을 교화敎化했다고 한다. 성인의 교화를 받은 중국은 야만부족을 가르치는 천하의 중심이 되었으며, 그것이 한漢 제국의 시절까지 이어지는 역사발전 과정의 기본이 되었다는 것이 사마천의 논리였다.

사마천은 문명이라는 개념을 사용하지 않았지만 그의 논리가 19세기 유럽에서 일어난 문명이론과 크게 다르지 않다는 점은 흥미롭다. 문명을 앞선 자와 뒤처진 자의 구분으로 정의하며, 앞선 자가 뒤처진 자를 가르침으로써 전파된다는 이론적 틀이 2천 년 이전 중국의 역사기술에 이미 갖추어져 있기 때문이다.

사마천은 황하 일대에서 발생한 문명이 사방으로 전파되었다고 생각했는데, 이는 후대에 '황하기원론黃河起源論'이라는 일원론적 문명발생 이론이 만들어지는 바탕이 되었다. 이 논리에 따르면 중국 문명은 중심부의 작은 핵에서 출발해 사방으로 퍼져 나가 주변지역을 문명권으로 끌어들임으로써 중국이라는 거대문명의 형성에 이르게 되었다는 것이다.

오제는 국가성립 이전, 전설적인 신격을 갖춘 인물들이었다. 다시 말해 그들의 시대는 인간이 인간을 다스리는 것이 아니라 신격을 갖춘 성인이 인간을 다스리는 시대였다. 인간에 의한 통치는 우禹가 세운 하夏 왕조에서 시작되었다고 사마천은 기술했다. 하 왕조가 쇠락한 후에 상商 왕조와 주周 왕조가 뒤를 이었고, 주 왕조가 붕괴한 후 진秦 왕조가 천하를 통일하고 그것을 한漢 왕조가 이어받음으로써 중국이라는 문명의 모습이 분명해졌다.

근대 이전 중국의 역사가들은 주 왕조 이전의 역사에 불신을 품었다. 하·상 왕조에 관해서는 믿을 만한 기록이 없었기 때문이었다. 그러나 20세기 들어 고고학적 발견이 거듭되면서 사마천이 기록했던 상 왕조의 실체가 상당부분 드러났을 뿐만 아니라, 그 이전에 중국 문명발생의 전 단계가 진행되는 모습도 상당부분 파악되었다. 다만, 하 왕조의 실체는 아직 고고학적으로 증명되지 않고 있다.

고고학의 중요한 성취는 우연한 발견에서 시작해 체계적 발굴로 이어지는 경우가 많은데, 중국도 예외가 아니었다. 19세기의 끝자락, 북경北京의 약재시장에는 정체불명의 문자가 새겨진 동물의 뼛조각이 유통되고 있었다. 약재상들은 이를 신비한 효능이 있는 용골龍骨로 선전하며 팔았다. 당시 학자들은 이 약재에 새겨진 문자를 해독하지 못한 채 그 모습을 수집해 자료집으로 만들기만 했다. 그런데 1920년대에 스웨덴 출신 측량기사 안데르손Johan Gunnar Andersson, 1874~1960이 하남성河南省 안양현安陽縣에서 측량활동을 하다가 문자가 새겨진 뼛조각을 발견했다. 밭을 갈다가 뼛조각이 쟁기에 걸려 나온 일이 많았다는 주민의 이야기를 들은 안데르손은 주변을 탐사했고 마침내 뼛조각 수만 개가 묻혀 있는 곳을 발견했다. 이 소식을 접한 정부가 본격적인 발굴을 진행해, 이 지역이 기원전 17세기경부터 5세기 남짓까지 유지된 상 왕조의 도읍지였으며 뼛조각에 새겨진 문자가 점을 치는 용도로 사용된 문자체계라는 것이 밝혀졌다. 은허殷墟라고 불린 이 도읍지는 기원전 13세기경부터 멸망하기까지 마지막 전성기의 도읍지였다. 이것이 중국 고고학의 첫 단계였다.

두 번째 단계는 중화인민공화국 성립 후 1957년부터 시작되었다. 공산당 정부가 대약진운동의 일환으로 전국적인 토목공사를 벌였는데, 이 과정에서 예상하지 못했던 유적과 유물이 곳곳에서 발견된 것이다. 그로부터 20년 이상 축적된 출토자료의 해석으로 고대 문명에 대한 시야가 넓어진 동시에 종래의 가설假說도 부분적으로 수정되었다.

2) 문명발생의 단계

역사기록과 고고학적 발굴성과를 종합할 때, 중국 문명의 발생은 전 단계와 본 단계로 나누어 설명할 수 있다. 전 단계는 신석기시대 말기에서 청동기시대로 접어드는, 기원전 7천 년에서 2천 년까지의 시기에 해당된다. 신석기시대 말기는 식량생산 방식이 수렵과 채집에서 식물재배로 바뀌어 가던 시기였다. 기원전 5천 년경부터 양자강 유역에서 쌀농사가 시작되었고 황하 이북에서는 수수를 재배했던 흔적이 나타나, 마을공동체를 단위로 하는 정주사회定住社會의 출현을 예고했다. 이는 문명발생의 중요한 씨앗이었다. 농업을 통한 물질적 수요의 충족과 이를 바탕으로 하는 정착생활의 가능성을 보이는 동시에 공통적인 생각과 관습, 생활방식을 가진 공동체의 존재를 의미했고, 더 나아가 이런 공동체들이 합쳐져 더 큰 공동체로 발전하는 과정이 문명발생의 중요한 과정이었기 때문이다.

가장 유명한 초기공동체의 자취는 기원전 5천 년경으로 추정되는 서안西安 부근 반파촌半坡村의 집단거주 유적이다. 이 유적은 타원형 모습의 거주지가 도랑으로 둘러싸인 모습을 하고 있었다. 마을 한가운데의 큰 집을 중심으로 80호 정도의 가옥이 있었는데, 모든 집의 문이 가운데의 큰 집을 바라보게끔 되어 있었다. 고고학자들은 이 큰 집이 공공건물로 주민의 생활에 중요한 역할을 했다고 추측한다.

이 마을에서는 생사生死의 관념을 보여주는 흔적도 발견되었다. 마을을 벗어나 서북쪽으로 약간 떨어진 곳에서 발견된 집단매장지는 이 시기에 삶과 죽음의 경계를 뚜렷하게 인식했음을 가리킨다. 또 마을 안의 집터에서도 커다란 독에 들어 있는, 크기로 봐서 어린 아이로 추정되는 유골이 발견되었다. 학자들은 이것을 당시의 저승 세계에 대한 인식을 반영한다고 본다. 즉, 어른이 되어 죽은 사람은 저승에서 혼자 지낼 수 있지만 어린아이는 저승에서도 부모의 보살 핌을 받아야 하므로 집 안에 묻었을 것이라고 추측했다. 그런 추측 이 반드시 옳다고는 할 수 없지만 적어도 이 마을사람들이 일정한 생활방식과 사유형태를 공유했음은 분명하며, 그래서 이 유적을 문 명의 씨앗이 될 만한 초기공동체의 흔적으로 간주한다.

기원전 4천 년~5천 년으로 추정되는 발굴자료는 석기의 형태와 도기陶器의 문양에서 뚜렷한 지역적 경향성을 드러냈다. 그런데 이 런 경향성의 발견은 종래의 황하기원론을 재검토하는 계기를 만들 기도 했다. 황하기원론에 따르면 황하유역에서 발생한 특징적 경향 은 다른 지역에서 더 늦게 발견되어야 한다. 그러나 발굴자료는 지 역적 경향성이 한 지역에서 출발해 다른 지역으로 퍼져 나간 것이 아니라 중국전역에서 동시다발적으로 발생했음을 나타낸다.

20세기 말 고고학자들은 고대 문명의 발생과정과 그에 따른 중국 의 형성과정에 관한 이론을 만들었는데, 그 내용은 대략 다음과 같 다. 기원전 5천 년경에는 일정한 경향을 공유하는 소규모의 지역문 화가 중국전역에서 동시적으로 발생했다. 시간이 흐르면서 이런 소 지역문화 사이의 접촉과 상호영향이 증가해 경향성을 공유하는 중간 규모의 지역으로 확대되었고, 시간이 더 흐르자 중규모지역 문화 사이의 접촉과 상호영향이 증가해 대규모 지역문화가 발생했다.

기원전 3천 년경에는 중국전역에 4~5개의 대규모 지역문화가 생겼으며, 이들도 상호접촉을 지속했다. 이에 따라 황하와 양자강 사이의 넓은 지역에서 대규모 지역문화 사이의 접촉이 활발해져서 문명발생 전 단계의 정점을 이루는 동시에 이 지역이 문명발생의 중심지가 되었다. 중국 문명은 한 지역에서 시작되어 사방으로 퍼져 나간 결과가 아니라, 동시다발적으로 발생한 지역문화가 융합되어 '만들어진' 결과였다.

그러나 모든 지역문화가 문명으로 진화한다는 보장은 없으며, 문명발생의 문턱을 넘는 지역문화는 소수였다. 문명발생에는 대규모 집단거주의 흔적, 일정한 사회적 조직을 통한 운영이라는 특징으로 정의할 수 있는 공동체의 존재가 보여야 한다. 그런 공동체는 자신의 정체성을 나타내는 대형건축물, 성곽에 둘러싸인 집단거주지, 자신의 존재를 입증하는 문자기록의 흔적을 보인다. 그런 흔적이 나타나기까지에는 다양한 사회적 변화가 있었는데, 발굴성과의 대부분을 차지하는 매장자료가 그 변화의 모습을 포착하는 데 큰 도움을 준다.

신석기시대의 매장은 사람과 동물을 뚜렷이 구별하는 습속을 나타낸다. 무덤은 사람들이 죽은 동료를 동물처럼 방치하지 않는다는 기본원칙을 구현한 것이다. 이 시기에 이미 공동묘지 구역을 설정해 생사의 경계를 분명히 했다. 매장에도 다양한 방식이 생겨서, 시신을 곧장 묻지 않고 어느 정도 부패된 후 뼈를 모아 집단적으로 매장하는 이차장二次葬의 습속이 여러 지역에서 발견되었다.

　기원전 4천 년경부터는 무덤의 구조와 부장품副葬品에서 계층화가 두드러지게 나타났다. 무덤 내의 벽에 목재구조물을 설치한 목곽묘木槨墓와 부장품을 함께 묻어 주는 습속이 퍼져 나갔다. 목곽묘에 들인 정성과 부장품의 숫자는 이 시기에 빈부격차가 발생했음을 보여준다. 도기 몇 점을 묻어준 무덤과 100여 점 이상의 부장품, 특히 실용적 기물 이외에도 장식품을 함께 묻어준 무덤의 공존은 사회계층화의 지표로 간주된다.

　기원전 3천 년경부터는 폭력의 흔적이 증가했다. 목이 잘린 채, 또는 두 팔이 뒤로 묶인 채 묻힌 무덤은 정상적 죽음이 아니라 처형당했을 가능성을 가리킨다. 그것은 이 시기에 진행된 지역문화의 융합이 반드시 평화적 과정은 아니었을 가능성을 보여준다. 또 매장의 사치도 늘어나서, 목곽묘의 내부가 2층으로 발전하고 부장품의 숫자도 대폭 늘어났다. 특히, 산 사람을 저승으로의 동반자로 함께 묻어 주는 순장殉葬의 습속이 발견되었다. 나이 든 사망자를 젊은 여성과 함께 묻었고, 남성 한 명을 가운데에 두고 여성 두 명이 양쪽에 묻힌 무덤도 있었다. 매장에서의 사치는 당시의 보편적 사후세계에 대한 관념을 시사하며, 나아가 중국 문명을 특징짓는 공통적 사유체계가 만들어지고 있음을 가리킨다.

3) 은허: 최초의 국가체계

문명발생의 본 단계는 앞서 언급한 은허의 발굴로 모습을 드러냈다. 발굴결과는 근대 이전에 역사가들이 지녔던 상 왕조의 존재에 대한 불신을 완전히 불식했다. 은허는 대형건축물의 기초가 남아 있는 궁실, 예전의 왕과 대신(즉, 선왕先王 및 선공先公)에게 제사를 지내던 종묘, 일반인의 거주구역과 외곽에 있는 왕릉 13기와 수천 기로 이루어진 공동묘지로 이루어져 있었다.

함께 발견된 문자가 새겨진 뼛조각들은 훗날 갑골문甲骨文이라 부르게 되었는데, 발굴 당시에는 이것이 어떤 기록인지 알지 못했다. 갑골문은 국민당 정부가 1949년에 대만으로 가져가 해독작업에 착수했고, 수만 편의 쪼개진 조각을 모아 1960년대 초기에 해독을 완료함으로써 상 왕조가 이룩한 문명의 성격이 분명해졌다. 갑골문의 해독으로 사마천이 《사기》에서 기술한 왕족의 계보가 사실이었음이 밝혀졌으며, 이에 따라 상 왕조는 최초의 국가체제를 갖춘 왕조로 해석되었다.

4) 상 문명의 성격: 초기문명

상 왕조는 당시 하남성 일대에서 유일하게 왕조체제를 확립한 공동체였다. 갑골문에는 주변부족의 사절을 맞이하거나 적대적 부족을 정벌한 기록이 보이며, 포로를 처형한 기록을 보면 상당한 군사력을 갖춘 것으로 판단된다. 이 왕조는 고도의 물질적 부를 이룩한 청동기 문명에 속했다. 왕릉에서 발굴된 도기와 청동기 기물의 상당수가 실용적 목적보다는 의례를 위한 사치품에 더 가깝다는 사실이 이를 뒷받침한다.

상 왕조에는 자신의 존재를 주장하고 공동체를 단결시키는 이념적 수단이 있었다. 왕조는 강렬한 샤머니즘 색채를 지닌 사유체계를 통해 정통성을 확보했다. 갑골문은 상제上帝를 상대로 점을 치는 내용이 대부분을 차지하는데, 이것은 상제라는 신앙의 대상이 있었음을 의미한다. 중요한 사업을 앞두고 점을 쳐서 상제의 의견을 물어 결정을 내렸는데, 갑골문을 통한 상제와의 대화가 왕조의 특권이자 지배를 정당화하는 지렛대 역할을 했다. 조상도 신앙의 대상이었다. 죽은 왕과 대신이 상제 옆에서 왕조를 보호한다는 믿음 때문에 그들에게 지내는 제사가 국가적 사업이었다. 정확한 제사날짜를 맞추기 위해 십간十干과 십이지十二支를 배합한 음력을 사용했고, 이는 자연의 시간을 인간의 시간으로 가공하는 문명의 중요한 지표 중 하나였다.

강렬한 신앙은 제사와 매장의 습속에서도 분명히 드러난다. 제사를 지낼 때는 사람을 희생으로 바치는 혈제血祭를 거행했는데, 희생된 사람 중에는 전쟁포로가 많았다. 3층 목곽묘로 지어진 왕릉에서는 수많은 유물이 대규모 순장의 흔적과 함께 발견되었다. 왕릉은 20세기 전반기 발굴 당시 대부분 도굴당한 상태였지만 온전하게 남아 있는 왕릉 한 군데에서는 유물 수천 점이 250명이 넘는 순장과 함께 발굴되었다. 순장은 단순히 죽은 왕을 위한 순장에 그치지 않았다. 왕비와 후궁을 순장할 때 그들의 몸종도 함께 묻었고, 대신을 순장할 때 하인도 딸려 보낸 것으로 추정된다.

이런 순장의 모습은 지배세력의 정치적 위상과 위계질서, 그리고 사유체계의 절대적 권위를 상징한다. 그런 상징은 지배계층에 국한된 것이 아니었다. 민간인의 것으로 추정되는 무덤에서도 비슷한 상징체계가 구현되었기 때문이다. 왕릉에는 제일 밑에 놓인 왕의 시신 밑에 구덩이가 있고 여기에 창을 든 사람이 앉은 자세로 묻혔다. 이 사람은 저승세계에서 왕을 호위하는 근위대장으로 추측되는데, 많은 민간의 무덤도 시신 밑 구덩이에 개를 묻어 그 의례를 모방했다. 왕릉에서 발굴된 청동제 향로(鼎)를 민간무덤에는 도기로 복제해 묻었다.

상 왕국의 영역은 은허를 넘어 정주鄭州를 비롯한 여러 근거지를 연결하는 네트워크를 통해 하남성 일대로 뻗어 있었다. 또 왕족의 계보를 가졌다는 점에서 그 국가체계가 씨족에서 출발해 확장된 결과였을 가능성이 높다. 그것은 강력한 씨족이 지배권력을 위로부터 아래로 선포하고, 여기에 주변세력이 흡수되어 더 강력한 공동체를 만드는 과정을 통해 국가체계에까지 도달했을 가능성을 나타낸다. 물질적 재화의 집중을 통해 권력을 장악한 지배세력이 점복占卜과 제사를 통한 이념적 사유체계를 통해 권력의 정당성을 주장함으로써, 자신이 이룩한 문명의 체계를 유지했다는 가설이다.

이 가설은 세력의 흐름이 위로부터 아래로 향하는 모습을 그림으로써 다른 문명권에서 언급되는 가설, 즉 교역을 통해 형성된 공동체의 유지를 위해 권력이 발생했다는 가설과 방향을 달리한다. 이는 중국 문명의 중요한 측면을 결정짓는 출발점이었다. 상 왕조 이래 3천 년에 걸친 역사에서 중국사회는 국가가 민간사회보다 우위에 놓이고, 왕조는 재화를 국가에 집중했으며, 사회의 유지에서 국가가 주도적 입장을 취하는 경향을 꾸준히 유지해 왔다. 이런 의미에서 볼 때 상 왕국이 이룩한 문명은 중국이라는 문명체의 정치문화적 DNA를 형성했다고 할 수 있다.

당시 상 왕조 이외에 다른 국가가 있었는지는 알 수 없다. 역사기록은 그 이전에 하 왕조가 있었다고 하지만, 이 왕조가 실재했다는 증거는 아직 발견되지 않았다. 중국의 역사학자들은 상 왕조보다 연대가 앞서는 유적이 발견될 때마다 하 왕조의 존재를 주장했지만 학술적으로 인정받지는 못했다.

5) 정복과 계승

상 왕조는 기원전 1027년 서북쪽에서 발원한 주周 민족의 침입을 받아 멸망했다. 다른 문명권에서는 왕조의 멸망이 문명의 소멸을 의미하는 경우가 많았지만 중국에서는 그렇지 않았다. 정복자가 주민을 이주시켜 은허의 기억을 지우기는 했지만, 상 왕조의 기억을 완전히 소멸시키지는 않았다. 하남성에서 서쪽으로 멀리 떨어진 호경鎬京(지금 서안 부근으로 알려져 있음)에 도읍을 정한 주 왕조는 상 문명의 규범 두 가지를 계승했다.

첫째는 갑골문을 계승해 그 사용처를 상제와의 대화가 아니라 인간의 대화를 매개하는 문자체계로 발전시킨 것이다. 이로써 갑골문의 글자들이 지금의 한자에 한 발자국 다가서서 한자문화권 형성의 기초를 다졌다. 그것은 여전히 같은 문자를 사용한다는 의미를 뛰어넘는 것이었다. 이는 지배자가 바뀌어도 같은 문자로 쓰인 기록이 예전부터 전해져온 지혜와 사유체계를 유지한다는 규범을 확립하는 계기가 되었으며, 장기적인 관점에서 중국문명이 오랜 생명력을 유지하는 결정적 요소가 되었다. 동시에, 사람끼리의 의사소통 매체로 전환된 문자는 언어를 달리하는 종족이 같은 공동체 속으로 편입되는 기회를 만들었다. 문화적 뿌리가 다른 여러 종족이 서면어書面語를 통해 소통하면서 중국이라는 문명체 속으로 빨려 들어가 한자문화권을 형성한 것이다.

주 왕조가 상 문명에서 계승한 또 다른 규범은 지배자가 초월적 존재의 위임을 받아 세계를 지배한다는 관념이었다. 주 왕조는 자신이 천명天命을 받았다고 주장했는데, 이것은 상 왕조가 의존했던 상제의 변형이었다. 주 왕조는 공평성을 유지하는 하늘이 도덕을 갖춘 인물에게 세계를 지배할 권한을 주며, 그렇게 위임받은 지배세력이 도덕성을 상실할 때는 권력을 거두어 다른 인물에게 준다는 논리구조를 만들었다. 이는 공동체가 도덕을 갖춘 현자에 의해 '통치'되어야 하며, 동시에 통치자는 언제나 교체될 수 있다는 원칙이었다. 한 시대를 다스린 성인이 다음 성인으로 교체되는 전설적 역사로 뒷받침되는 이 논리는 도덕을 갖춘 군주에게 백성이 복종해야 하는 당위성을 강조하는 동시에, 국가와 백성의 관계를 규정하고 사회적 위계질서를 굳히는 역할을 수행했다.

국가권력이 최고의 권위를 확립한 반면, 다른 문명에서 흔히 나타난 종교권력의 대두는 보이지 않았다. 중국은 세계 역사에서 유일하게 제도종교를 탄생시키지 않은 문명체이며, 불교와 이슬람교와 같은 외래종교는 모두 국가권력에 복속되었다. 이슬람교나 기독교와 같이 종교가 왕권을 압도하는 현상은 일어나지 않았다.

주 왕조는 천하라는 개념을 만들고 왕을 천자天子라 불렀다. 하늘이 세상을 통치하며 그중에서 인간사회는 하늘이 선택한 왕이 다스린다는 의미였다. 따라서 주 왕실은 천하의 중심이 되어 스스로를 사방이 야만으로 둘러싸인 문명으로 규정했고, 그 중심에서 멀어지는 정도에 따라 야만성의 위계를 정했다. 이것이 중심과 주변을 설정하고 일원론적으로 발생한 문명이 사방으로 퍼져 나간다는 관념 설정의 바탕이었다.

왕조는 황하유역 일대로 문명의 영역을 넓혔지만 아직은 각 지역의 세력자를 제후諸侯로 임명해 분할 통치하는, 느슨한 연맹의 맹주였다. 이 연맹은 정치적·군사적 유대를 중시하는 상징적 제도였다. 제후들은 일정한 시기에 천자를 알현하기 위해 도읍지에 모임으로써 왕실의 권위를 뒷받침했다. 또한, 군사적으로는 야만족의 침략을 받을 때 여러 제후국이 천자의 명령에 따라 연합군을 편성해 공동으로 방어하는 체제였다.

이 시기에 정치적·지역적 의미를 동시에 지닌 국國이라는 용어가 등장했다. 국은 일반적으로 한 지역에서 세력이 큰 가문이 제후로 임명되어 지배하는 단위였다. 천자는 각국의 통치에 직접 관여하지 않고 정기적으로 각국이 잘 다스려지고 있는지를 살피기만 했다. '중국', 즉 '한가운데에 있는 나라'라는 말은 여기에서 생겼다. 이 시기에는 14개 나라가 있었고, 그중에서 주 왕실이 있는 곳이 중국이 되었다.

주 왕조는 세련된 의례를 통해 자신의 문명과 정치적 권위를 유지했다. 제사에서 사람을 희생으로 바치는 상 왕조의 혈제를 야만으로 규정해 배척하고, 모든 의례에서 동물을 희생으로 바쳤다. 여기에 덧붙여 복잡한 의례절차와 규정을 마련해 권위를 확립했다. 천자는 일정한 기간에 제후를 소집해 맹약을 거행하고 하늘에 제사를 지내는 의례를 주관했다.

천자와 제후 사이에는 엄격한 위계질서가 있었다. 제사에서 사용하는 향로의 숫자가 그 위계질서를 상징했다. 천자가 향로 9개를 사용하고, 제후는 7개, 그 밑의 대부는 5개만 사용해야 했다. 제후는 매년 지역의 특산물을 천자의 조정에 공물로 보냈고 이에 대한 답례로 천자는 제후의 지위를 상징하는 도장과 장식품을 하사했는데, 이 절차도 중요한 제도였다. 제후가 천자의 부름에 응하지 않거나 의례의 규범을 어기면 질책을 받았고, 심한 경우에는 천자의 명령에 따라 여러 제후가 연합해 징벌하는 규정도 있었다.

주 왕조의 의례에서는 특별한 언어의 사용이 강조되었다. 궁정에서는 민간의 언어와 구별되는 화법을 썼고, 천자와 제후의 대화는 직설적 의미전달을 피하고 은유를 차용하는 언어로 진행했다. 이런 대화체를 훗날 공자孔子는 '아언雅言'(전아한 언어)이라고 불렀다. 언어의 장악에서 가장 중요한 것은 천자가 문자사용의 권한을 독점했다는 점이다. 문자로 기록하는 행위는 관리에게만 허용했을 뿐 민간인에게는 금지했다. 이를 통해 통치자는 역사와 정보, 지혜를 모두 상악했을 뿐만 아니라 시먼이를 통헤 자신만의 독특한 언어를 사용할 수 있었다. 이는 지배층과 민간인을 문화수준의 차원에서 구분하는 경계선이었다.

문자는 신비한 작용을 하는 매체였으며 문자사용 능력은 권위의 상징이자 존경의 대상이었다. 문자기록의 매체도 변화했다. 천자의 포고내용이나 제후의 회동과 맹약 등 중요 사건을 청동기의 바닥에 새긴 금문金文이 출현했고, 기억의 소멸을 방지하기 위한 석각石刻도 만들어졌다. 더욱 간편한 기록매체로 죽간竹簡과 백서帛書가 출현했다. 글자의 모양도 변화했다. 금문은 갑골문의 원형을 탈피해 지금의 한자에 접근하는 모습으로 쓰였으며, 기원전 500년경에는 지금 한자의 모습이 완성단계에 들어섰다.

영토의 확장과 제후국을 통한 교류를 통해 주 왕조는 자연조건과 물질자원에 대한 지식을 많이 축적했다. 《서경書經》의 '우공禹貢' 편에는 각 지역의 지형, 특산물, 특별한 풍속 등이 기록되어 있다. 이 시기 기록에서는 수렵이 갑골문에서처럼 자주, 그리고 중요하게 언급되지 않는다. 농업이 발달하고 가축을 사육했기 때문에 수렵은 육류획득보다는 의례적인 행사로 변하고 있음을 짐작할 수 있다. 사육한 동물의 육류섭취가 야생동물의 육류섭취를 넘어서는 것은 문명 발생의 중요한 척도이며, 중국 문명에서는 주 왕조의 시기에 이 단계를 넘은 것으로 보인다.

그렇지만 주 왕조는 정치적·군사적 측면에서 절대적 우위를 유지하지 못했다. 천자는 상징적 권위를 통해 제후의 세력균형을 유지하는 조정자에 불과했을 뿐, 절대권력을 지닌 지배자는 아니었다. 그의 권위는 제후들이 복종할 때는 유지되었지만 그렇지 않을 때는 쉽게 흔들렸다. 주 왕조는 서북쪽의 초원지역 유목민으로부터 지속적 압박을 받았다. 약탈이 생존의 한 수단인 유목민이 농업이 발전하고 정주사회가 정착된 황하유역에 침입하는 일은 문명사에서 예외적인 사건이 아니었다. 주 왕조는 제후들과 연합군을 편성해 방비하는 전략으로 유목민족의 침략에 맞섰다. 그러나 제후는 천자의 권위 때문에 군대를 동원하는 것이 아니었다. 그들은 군대동원의 대가를 원했고 천자는 영토를 조금씩 얹어 주면서 이들을 활용했지만 언제까지나 이런 방법에 의존할 수는 없었다. 주 왕실이 직접 거느리는 근왕병勤王兵의 힘이 약해져 천자가 점점 더 제후의 힘에 기대자 천자와 제후의 관계에 변화가 생겼다. 제후가 명령을 무시해도 이를 징벌할 힘이 없음이 분명해지자 천자의 권위는 추락했다.

여기에 주 왕실의 도덕적 타락이 제후들로 하여금 명령을 무시할 명분을 더했다. 유왕幽王의 총애를 받은 경국지색傾國之色 서시西施의 이야기는 주 왕실의 도덕적 타락을 상징했다. 결국 제후들의 무관심

속에서 유목민족의 침략을 혼자 물리치지 못한 천자가 왕실의 보전을 위해 수도를 동쪽으로 옮겼지만, 이는 결과적으로 왕실몰락의 계기가 되었다. 이 사건을 중심으로 그 이전을 서주西周, 이후를 동주東周 시기로 나누는데, 동주시기는 주 왕실이 주도권을 상실한 시기였다.

6) 질서의 붕괴와 혼란

천도遷都로 인해 새로운 정치상황이 전개된 한편, 문명의 발생도 새로운 단계를 맞이했다. 동주시기는 주周라는 이름이 붙어 있지만 주 왕실이 주도하는 시기는 아니었다. 이 시기는 다시 춘추春秋와 전국戰國 시대로 나뉜다. 500년간 지속된 춘추전국 시대는 문명발전의 지표인 정치질서, 사회체제, 경제력과 군사력에 이르기까지의 모든 분야에서 역동적 변화가 일어난 시기였다.

이 시기는 문명의 발생이라는 고전적 시기를 벗어나 본격적인 문명의 시대로 들어서는 단계에 해당한다. 초기 문명을 지배하던 관념적 요소, 다시 말해 상 왕조의 샤머니즘이나 주 왕조의 천하사상은 실용적 목표를 추구하는 지배자들에 의해 변용되면서 점차 과거의 기억으로 밀려 나간 반면, 새로운 지식과 사유에 의해 만들어진 제도와 생산력 등이 주도적 위치를 차지했다. 이렇게 새로 만들어진 관념이 그 후 2천 년에 걸쳐 중국 문명의 핵심요소로 작동했다. 따라서 춘추전국 시대는 초기의 느슨한 중국이 조밀한 중국으로 태어나는 돌파구와 같은 시기였다고 할 수 있다. 오늘날 중국이 가진 물질적·문화적 유산의 상당부분이 이 시기에 만들어졌다.

춘추春秋시대는 패권覇權의 시대로 알려져 있지만 그 이면에는 다양한 공동체가 모두 국國이라는 명칭을 걸고 정체성을 주장하는 변화가 있었다. 주 왕조의 천하에서는 14명의 제후에게만 허용되었던 이 명칭을 120여 개에 달하는 개별공동체가 모두 사용한 것이다. 이들 중 일부는 서주시기부터 내려온 가문이었지만 새로 성씨姓氏를 얻거나 스스로 만들어 국가를 칭한 경우도 많았다. 성씨는 천자가 하사하거나 인정해야만 했지만 춘추시대에는 세력을 갖춘 가문이 주 왕실의 눈치를 보지 않고 마음대로 성씨를 정할 수 있었다. 성씨를 확보한 후에는 조상의 계보를 구축하고, 그 계보의 정당성을 주장하기 위해 가문의 시조를 전설시대의 지역신까지 소급하기도 했다. 이는 주 왕실의 쇠락을 틈타 벌어진 평준화와 난립이었다. 국가의 규모는 천차만별이었다. 수십 개의 성으로 연결되는 영토를 자랑하는 나라가 있는가 하면, 성 하나에 의지하는 도시국가 형태의 나라도 있었다.

비록 국가를 칭하기는 했지만 개별국가를 왕이 다스리지는 않았다. 유일한 왕은 이름뿐인 주 왕실의 몫이었고, 개별국가의 우두머리는 여전히 제후였다. 패권은 중심권력의 공백이라는 상황에서 나타난 정치질서였다. 이는 특정제후가 — 명목으로는 천자가 임명한 — 천자를 대리해 천하를 통치하고 질서를 유지하는 제도였다. 패권을 얻은 제후(패자覇者)는 천자의 도장을 사용해 포고령을 내리고 제후의 소집을 명령했다. 패권은 거저 얻는 것이 아니라 치열한 경쟁을 통해 뺏어야 했다. 패자가 싸움에 져서 패권을 넘겨주는 과정이 춘추시대에 다섯 번 일어나, 이 시기를 오패五覇의 시대라 부른다.

그러나 아직은 도덕성을 강조하는 흐름이 남아 있었다. 그래서 패권의 쟁취에서 군사력의 우세가 항상 절대적 요소로 작용하지는 않았고 명분이 더 중요했다. 패자기 아무리 세력이 커도 도덕적 흠결이 있으면 다른 제후들이 명령에 따르지 않았고, 그러면 다른 제후에게 도전할 기회가 생겼다. 패권을 쥔 제후의 여자문제, 패륜에 의한 가문의 분열, 차세대의 무능이 치명적인 도덕적 흠결이었다. 그래서 패권질서는 주 왕조가 개창한 천명사상의 연장선에 놓여 있었다고 할 수 있다.

패권의 교체는 전쟁을 통해 이루어졌지만 이 시기 전쟁은 그리 살벌하지 않았다. 전쟁은 대부분 상대방의 항복을 목표로 했을 뿐이고 영토와 인구의 병탄竝呑은 드물었다. 전투에도 의례적 요소가 많았다. 양측이 진영을 갖춘 후 파견한 대표들이 의논해서 전투시간을 결정했으며, 정해진 시간에 전투를 벌여 약세가 드러난 진영이 일정 거리 후퇴하는 것이 관습이었다. 패배를 인정한 측이 성 몇 개를 양도하거나 앞으로 복종하겠다고 선서하면 그 이상의 살상은 없었다. 문명화된 사회 내부에서 치르는 전쟁에서 지켜야 한다고 믿었던 관습이었다.

국가의 난립과 평준화는 사회문화에도 커다란 변화를 일으켰다.

제후가문이 120여 개로 늘어나자 대폭 증가한 지배계층의 구성원은 특별한 의례를 통해 자신을 평민으로부터 차별화하려고 노력했다. 차별화의 출발은 주 왕실의 의례를 계승해 특별한 복장을 하고 예절을 갖추어 행동하는 것이었다. 시간이 지나면서 차별화 노력은 생활의 여러 분야로 퍼져 나갔고, 그 결과 지배계층과 평민은 생활문화에서 점점 양극화의 길로 들어섰다.

특히, 이 시기 지배계층의 문화는 새로운 대화방식을 탄생시켰다. 그것은 부시賦詩라는 외교적 대화술로, 주 왕실의 아언雅言을 확장한 결과라 할 수 있다. 이는 국가 간 협상에서 발언자가 자신의 의도를 직설적으로 이야기하지 않고, 민간가요의 가사인 시詩에 기탁해 간접적으로 전달하는 방식이었다. 예를 들면 어떤 사람이 "귀하의 영토에는 사방의 강물이 흘러들고 많은 짐승이 물을 마시러 오는데, 그중에는 나쁜 승냥이를 피해 도망쳐 온 토끼도 들어 있습니다"라는 시구를 읊으면, 이를 들은 제후도 "우리나라에는 우수한 사냥꾼이 많으니 7월이 되면 내가 말과 수레를 앞세우고 사냥을 떠나리라"라는 시구로 답한다. 이것은 망명객이 자신의 처지를 호소하며 도와 달라는 부탁에, 제후가 때가 되면 군사를 일으켜 복수해 주겠노라고 다짐하는 대화이다. 쌍방이 망명과 복수를 언급하지 않음에도 각자 인용한 시구가 함께 해독할 수 있는 코드로 작동해 의미를 전달한 것이다. 이런 대화는 협상이 결렬될 때도 적용되었을 것이다. 상대방에게 "안 됩니다"라고 하지 않고 애매한 시를 인용해 딴전을 피우면, 상대방의 체면을 구기지 않으면서도 반대의사를 전달할 수 있었다.

부시는 단순히 대화의 기술이 아니었다. 이는 쌍방이 수많은 시구를 숙지하고 인용된 것이 은유적으로 전달하는 의미를 이해하는 능력을 갖추어야 가능했다. 그래서 부시는 시에 대한 학식을 갖춘 소수집단의 특수언어였다. 부시를 통해 대화할 수 있다는 것은 쌍방이 동일한 문화적 계층에 속하며 서로를 대화상대로 인정할 수 있음을 의미했다. 이는 춘추시대 의례와 명분을 중시하는 지배계층의 문화를 상징적으로 보여주는 사례였다. 또한, 중국에서 오래 유지되어온, 물리적 힘보다 학식에 더 비중을 둔다는 패러다임의 초기형태였다.

패권의 시대가 오래 가지는 못했다. 패자가 교체되는 경험이 쌓이자 누구든 세력을 확보하면 패자가 될 수 있다는 각성이 일어나 힘의 경쟁을 촉발했다. 이 경쟁에서 당면과제는 군사력 증강이었지만, 이를 달성하기 위한 노력은 다양한 문명의 발전을 촉진했다. 군사력을 키우기 위해서는 인구와 영토의 확대를 통한 자원확보가 필수적이다. 영토가 넓으면 농업생산성이 높아져 대규모 군대를 유지할 수 있으며, 그 군대를 동원해 영토와 인구를 늘리면 더욱 규모가 큰 군대를 확보할 수 있다. 패권을 향한 경쟁은 점차 부국富國과 강병強兵의 쌍둥이 목표를 추구하게 되었다. 이런 변화 속에서 작은 나라는 설 자리를 잃었다. 종래에는 항복하면 나라를 유지할 수 있었지만, 이제는 항복이 영토를 뺏기고 나라를 잃는 결과를 낳았기 때문이다. 작은 나라는 합병당하고 큰 나라는 갈수록 몸집을 불리는 과정이 100년 가까이 지속되면서, 기원전 5세기 중반에는 황하유역에서 양자강유역에 이르는 지역에 7개의 국가가 출현했다. 이로써 춘추시대가 끝나고 전국戰國시대가 시작되었다.

이 과도기의 변화는 춘추시대 말기 제후들의 경쟁에서 의례와 도덕적 명분이 점점 빛을 잃은 데서 시작되었다. 그 변화를 압축적으로 보여주는 것이 전쟁방식의 변화였다. 전투에 동원하는 병력규모는 수천 명 수준에서 수만 명 수준으로 늘어났으며, 전투는 의례가 아니라 무자비한 살육으로 변했다. 승자가 패자의 체면을 살려 주는 관습이 사라져 점령한 국가의 영토와 인구를 모두 승자가 차지했고 패망국의 지배층은 평민이나 노비로 전락했다.

전쟁의 변화는 송宋과 초楚가 벌였던 전투에서 압축적으로 드러났다. 먼저 도착해 진영을 갖춘 송의 제후는 초의 군대가 맞은편 강둑을 내려오고 있으므로 당장 공격하자는 대부大夫의 제안을 거절했다. 상대방이 진영을 갖추기 전에 공격하는 것은 예의가 아니라는 이유에서였다. 초의 군대가 한참 강을 건너고 있을 때 공격하자고 대부가 다시 제안했지만, 제후는 그들이 진영을 갖출 때까지 기다려야 한다고 했다. 전투는 초의 군대가 강을 건너 진영을 완전히 갖춘 후에야 벌어졌고, 송의 군대는 대패했다. 송의 제후는 사람들 사이에서 시대변화를 읽어 내지 못한 바보가 되었다. 그것이 춘추시대 끝자락의 과도기적 분위기였다.

전국시대는 몸집을 불린 일곱 국가의 지배자가 모두 왕이라고 칭하면서 시작되었다. 유일하게 왕의 칭호를 누리던 주 왕실은 소리

없이 사라졌고, 독립적인 제후국도 없어졌다. 같은 위계의 일곱 국가가 서로 전쟁을 벌이는 관계에 놓인 것이 전국시대라는 명칭의 유래였다.

이 시기 각국의 왕은 씨족집단의 확장판인 제후국과 같은 방식으로 국가를 통치할 수 없었다. 국가조직이 씨족집단의 범위를 넘어서는 조짐은 춘추시대 말기에 제후가 임명한 대부와 참모의 출신배경의 변화에서 드러났다. 춘추시대 중엽까지 대부는 거의 모두가 제후와 같은 가문 출신이었지만, 말엽에 이르면 점차 혈연관계가 없는 인물로 교체되었다. 전국시대에 들어서면 혈연관계를 지닌 사람이 거의 사라지고 외부에서 초빙한 인물이 대부를 맡았다. 그것이 커다란 사회변화를 일으키는 연쇄반응의 시작점이었다.

경쟁에서 살아남기 위해 모든 국가가 부국강병을 추구했지만 이는 생산력을 높여 강력한 군대를 유지한다는 단순한 사업이 아니었다. 부국강병을 통해 국가를 유지하려면 인구와 토지를 파악해 적절한 세금을 거둘 조직이 필요했고, 다른 나라의 정보를 파악해 외교전략을 수립해야 했으며, 전투에서 이길 수 있는 전략을 수립해야 했다. 개인의 의지가 아니라 조직을 갖춘 집단이 체계적으로 수행해야 하는 복합적 사업이었으며 대대적 개혁을 통해서만 가능한 일이었다. 이 시대의 살벌한 분위기가 국가의 지배자를 개혁으로 내몰았다.

기원전 5세기부터 여러 국가에서 개혁이 일어났다. 개혁은 인재를 초빙해 계획을 세우고 집행하는 방식으로 시작되었다. 인구와 토지를 조사해 기록하고 이를 토대로 생산인구를 일정한 단위로 묶어 세금부과와 징병의 대상으로 삼았다. 이에 따라 중국은 완전한 의미의 영토국가로 탈바꿈했다. 토지와 주민의 정보가 행정체계의 촘촘한 그물망 속으로 편입되었고, 국가 간 경계도 예전보다 훨씬 분명하게 획정되었다.

이런 작업을 위해 국가는 많은 사람을 고용해 관료조직을 만들었다. 관리가 되는 것은 안정적 수입원 확보와 동시에 민간인을 향한 권력행사를 의미했기 때문에 선망의 대상이 되었다. 특히, 관직은 출신에 관계없이 능력만 있으면 얻을 수 있어서 사회적 신분상승의 기회를 제공했다. 많은 사람이 능력을 갖추기 위해 학식이 있는 사람 주위에 모여 가르침을 받을 기회를 찾았다.

춘추시대 말기 공자孔子는 이런 가르침을 제공한 교육자의 한 사람이었다. 공자의 교육은 대화로 이루어졌지만 예전부터 전해지는 서적을 읽지 못하면 가르침을 받을 수 없기 때문에 문자해독 능력이 교육의 기본요건으로 정착했다. 전국시대 중엽이 되자 이렇게 가르침을 받은 사람이 여러 학파의 지식인집단을 이루었다. 이들은 특정 국가에 매이지 않고 자신을 기용할 군주를 찾아 돌아다녔다. 그들 중 일부가 높은 관직을 받아 출세하자 더 많은 사람이 기회를 찾아 사회적 교육열을 일으켰다. 잘 알려진 맹모삼천지교孟母三遷之敎는 그런 교육열의 사례였다. 교육열로 문자해독 인구가 급격히 증가했으며, 문자사용의 국가독점도 완전히 무너졌다. 지식인은 자신의 견해를 저술해 책으로 남겼고, 농업과 의학, 수리 등의 실용적 지식을 다룬 서적도 출현했다.

지식인집단의 출현은 다른 분야에도 영향을 끼쳤다. 국가를 지배자 개인의 취향을 떠나 이념적 원칙에 근거해 통치해야 한다는 믿음이 강해졌다. 전쟁의 모습도 변했다. 다양한 병법兵法이 소개되면서 힘으로만 싸우던 전쟁이 사라지고 머리로 싸우는 전쟁이 대세를 이루었다. 양측 진영이 맞붙어 싸우기보다는 기만, 기습, 매복, 공성攻城과 수성守城 전략으로 승패를 결정짓는 일이 더 많았다. 외교도 전쟁의 중요한 요소였다. 군대만으로는 절대적 우위를 차지할 수 없었기 때문에 가장 위협적인 상대를 저지하기 위해 다른 나라를 연합세력으로 끌어들이는 합종合從과 연횡連橫이 중요했다. 국가 간 연합은 군대를 합쳐 직접 싸우기보다는 상대방의 배후에 위협세력을 포진하기 위한 경우가 더 많았으며, 실제로 다른 국가의 전쟁에 지원군을 보낸 사례는 흔하지 않았다. 연합세력 구축을 위한 교섭은 명분을 강조하는 수사修辭로 장식했지만, 정작 성사시킨 것은 실리적 계산에 가까워서 연합이 이루어져도 언제까지 지속된다는 보장은 없었다.

전국시대 초기에는 절대적 강자가 없었고, 개혁방향도 국가에 따라 제각각이었다. 지식인집단은 유가儒家, 도가道家, 음양가陰陽家 등의 원칙론과 법가法家, 농가農家 등의 실용론으로 갈라졌다. 도덕성 회복을 주장한 유가는 존경을 받았지만 통치자의 호응을 얻지 못했고, 실용적 사유에 근거한 정책을 채택한 나라가 더 많았다. 따라서 정세는 시간이 갈수록 간교한 자가 점잖은 자를 이기는 쪽으로 기울었다.

　서북변방에 위치한 진秦이 황하유역에서 강력한 세력으로 등장하자 위협을 느낀 여섯 나라가 연합했다. 병력이 우세한 연합군이 수도인 함양咸陽 입구에까지 쳐들어갔지만 마지막 순간에 진의 이간질로 인한 내부분열로 연합이 무너졌다. 또 갈라진 천하가 오래갈 수 없으며, 오랜 전쟁으로 피폐한 천하를 구제하는 길은 어느 하나가 통일하는 길밖에 없다는 절박감이 지식인집단을 지배했다. 하늘에 태양이 하나밖에 없듯 세상도 단일통치자가 나와야 평화를 회복한다는 대일통大一統의 개념이 등장하면서 전쟁은 통일을 목표로 격화되었다.

　여섯 국가의 연합공격 실패 후 반격에 나선 진이 황하유역의 국가를 하나둘 무너뜨려 북방을 평정하자, 정세는 동서대결에서 남북대결로 번졌다. 양자강유역의 초楚가 최후의 대항세력으로 남아 있었지만 결국에는 진秦의 공격에 무릎을 꿇었다. 진은 천하를 통일한 최초의 제국으로 탄생했다. 이는 중국이 지리적으로 황하와 양자강을 잇는 영토에 자리 잡았다는 것을 의미하는 동시에, 하나의 통일국가가 광대한 지역에 퍼져 있는 문명을 대표하게끔 만든 사건이었다. 진 제국의 성립으로 중국은 거대한 문명체의 실체적 모습을 드러냈고, 스스로를 하늘 아래 하나밖에 없는 문명화된 세계라고 생각하게 되었다.

7) 중국이 만들어지기까지

중국 문명은 다양한 지역문화가 합쳐져서 '만들어진' 추상적 개념이다. 그것은 넓은 땅덩어리를 바탕으로 해서 여러 부분을 전체 속으로 끌어들이는 기제를 보여주는 문명의 사례이다.

상 왕조부터 진 제국까지의 발전과정은 다양한 씨앗이 모여 상호작용을 거듭하면서 지속된 내부진화의 과정이었다. 주 왕실의 동천東遷을 야기한 유목민족의 침략을 제외하면 외부적 요소의 개입이 비중을 차지하지 않는다는 점이 세계의 다른 문명과 차이를 보이는 점이다. 이 진화의 과정은 의례와 도덕을 중시하는 명분 중심의 사회에서 물질과 실용을 중심으로 하는 사회로의 변화를 보여준다.

문명이 이런 과정을 통해 형성되었기 때문에 이후 중국인들은 외부세계에 대해 상대적으로 무관심했고, 그런 생각이 19세기 이전까지 중국을 '문명의 섬'으로 만드는 데 큰 작용을 했다. 중국이 문명의 섬으로 오랫동안 지속되었던 것은 구성원을 동일한 이념과 문화로 묶어둘 수 있는 역량을 발휘했기 때문이었다. 중요한 것은 문명의 초기에 나타난 명분-실리의 패러다임이 2,000년의 역사에서도 계속 작용했고, 심지어 21세기 현재에도 여전히 작용한다는 점이다.

문명은 실체가 아니다. 그것은 무수한 요소를 한 그릇에 담는 개념화의 도구이며 언어유희의 결과물이다. 그러나 언어를 통해 정립된 개념은 자신을 구체화할 제도를 만들어 공동체를 향해 복종을 강요한다. 그런 문명의 속성이 진 제국의 성립 이래 2천 년 가까이 발휘되면서 중국 문명의 연속성을 뒷받침했다.

3. 중국을 유지한 동력: 과거와 문인관료

제국은 다양한 지역문화를 흡수해 새로운 문화를 빚어내는 용광로와 비슷했지만 저절로 굴러가는 문명체는 아니었다. 제국과 그 문명의 유지에는 동력이 필요했으며, 제국은 지식인집단이 황제를 대리해 통치하는 제도를 마련했다. 이는 엄격한 위계질서에 기반을 두고 재능을 갖춘 인재를 선발해 그 질서의 최상부에 배치함으로써 이루어졌다. 이 제도를 서구의 학자들은 황제가 전권을 행사하는 전제권력의 형태로 파악했지만, 중국의 학자들은 '집단지도체제'라고 정의한다. 황제는 상징적 존재이자 최종결정자에 불과하며, 실제로는 모든 권력이 전국 곳곳을 관장하는 관리에게 위임되어 있었기 때문이다.

  이 인재들은 통일적 이념으로 교육받았으며, 관리로 임용된 후에는 부와 명예를 보장받았다. 이에 따라 제국의 선택을 받는 것이 대다수구성원의 희망이자 관심사가 되었는데, 이것이 중국 문명을 지탱하는 동력이 되었다. 이는 원심력을 줄이고 구심력을 강화해 사회를 내부적으로 탄탄하게 묶어 두는 장치였기 때문에 중국 문명의 영속성을 유지하는 기제로 작용했다.

1) 중화제국: 새로운 경험

진 제국의 성립은 상 왕조 이전부터 이어져온 내부진화 과정의 종착
점이었지만 동시에 앞으로 이어나갈 전통의 출발점이었다. 한 번도
경험하지 못한 제국의 세계는 구심력과 원심력이 맞서 긴장감이 도
는 세계였다. 제국은 단순히 군사력과 행정력에 기대는 제도적인 실
체에 그치지 않았다. 제국은 언어유희에 가까운 수사修辭를 통해 스
스로를 문명의 주체로 정의하고, 그렇게 정의된 개념을 제도를 통해
구체화하여 구성원의 복종을 강요하는 속성을 띠고 있었다. 천하를
통일한 후 종래의 왕을 황제皇帝로 바꾸어 지배자의 위계를 높이고,
영원한 지속을 염원하여 첫 번째 황제에게 시황始皇이라는 명칭을 헌
정한 것이 그런 개념화의 사례라 할 수 있다.

그러나 제국으로서의 진 왕조는 허무할 정도로 단명했다. 시황의
후계자를 이세二世라 불러 왕조가 만세萬世에 이르기를 기원했지만
제국은 이세二世에 무너졌다. 그러나 30년의 짧은 역사에도 제국은
계승한 문명을 확고히 정착시키는 흔적을 여럿 남겼다. 진 제국은
춘추전국 시대에 자리 잡았던, 지식인을 통치자의 대리인으로 세워
국가가 사회체제의 유지를 주도한다는 규범을 유지했다.

진시황의 분서갱유焚書坑儒와 협서지금挾書之禁, 즉 민간인의 서적
보유를 금지한 조치는 사실이지만 이는 역사의 한 단면에 불과했다.
그는 혈연관계가 없는 지식인을 기용해 학술기구를 만들었고, 농학
과 의학 등의 서적을 수집해 아방궁阿房宮의 도서관에 보관했다. 특

정분야의 전문가에게 박사博士라는 칭호를 주고 후속세대를 양성하게 한 것도 이 시기의 일이다. 그것은 국가가 정보를 독점해 사회적 이념을 일정한 방향으로 통제하는 정책이었다.

사회체제의 유지 측면에서 진 제국은 뚜렷한 업적 두 가지를 남겼다. 첫째는 전국적인 도량형 단위의 통일이었다. 지역별로 달랐던 무게와 길이의 기준을 표준화했고 수레 차축의 길이를 표준화해서 다량생산과 부품의 교환을 가능하게 했다.

둘째, 더욱 중요한 것은 문자의 통일이었다. 제국성립 이전에는 지역마다 다른 언어 — 지금은 이를 방언이라 부르지만 — 를 사용했을 뿐만 아니라 그 언어를 표기하는 글자의 모습도 서로 달랐는데, 진시황이 문자의 모습을 통일해 전국적인 소통의 매체로 사용하도록 했다. 이에 따라 갑골문에서 금문과 전서篆書를 거쳐 변화하던 한자의 모습이 고정되었고, 서면어가 방언의 장벽을 넘어서 어디에서나 소통할 수 있는 매체로 정착되었다.

이 두 가지 정책으로 단명한 제국은 북쪽의 만리장성에서 남단의 광동에 이르는 광대한 영토를 하나의 문명권으로 묶어 지금까지 지속되는 중국의 실체를 만들었다.

진 제국은 내부분열로 무너졌다. 제국을 무너뜨린 농민봉기의 주역은 영웅으로 불렸지만 사실 이들은 문명의 파괴자나 다름없었다. 제일 먼저 수도 함양에 들이닥친 항우項羽의 군대는 아방궁에서 보석과 여인을 약탈하고 불을 질렀다. 뒤이어 들어온 유방劉邦의 군대도 남아 있는 보석과 여인을 약탈했을 뿐 문화적 유산에는 관심이 없었다. 아방궁이 전소되면서 도서관에 있던 서적 수천 권이 불타 없어졌다. 문화적 암흑기는 항우를 물리친 유방이 한고조漢高祖로 등극한 이후에도 한동안 계속되었다. 천하를 다시 평정했지만 제국의 통치는 예상 밖으로 무거운 짐이어서 조정은 방향을 잡지 못하고 허둥대며 시간을 보냈다. 혼란이 가라앉은 것은 진 제국 멸망 후 80년이 지나 한무제漢武帝가 등극한 후였다.

2) 문명의 복원과 이념통일

한무제가 채택한 정책 중 중국 문명에 가장 큰 영향을 끼친 것은 통일된 이념의 확립이었다. 그가 등극하기 이전 궁중에서는 여러 학파의 지식인이 세력을 얻기 위해 혼전을 벌였다. 황실은 도가道家에 기울어졌고 일부 대신은 법가法家를 옹호했다. 이런 상황에서 한무제는 "파출백가罷黜百家, 독존유술獨存儒術", 즉 유가를 제외한 모든 학파를 축출하는 조치를 취해 유가사상을 통치이념으로 선택했다.

그는 태학太學을 세워 경전 중심의 교육을 실시하려 했지만 진시황의 협서지금으로 서적을 구하기 어려웠다. 이에 동중서董仲舒의 건의를 받아 헌서지로獻書之路라는, 민간인이 감추고 있던 서적을 헌납하면 포상하는 제도를 만들었다. 어제는 처벌하던 행위를 오늘은 상을 주는 행위로 바꾼 이 조치로 유가경전을 비롯한 많은 서적이 수집되어 교육의 바탕을 마련했다. 이는 단순한 학술부흥 정책에 그치지 않았다. 태학설립은 유가의 교육을 통해 도덕적으로 무장한 인재를 관리로 활용하는 정책이었다. 여기에서 주 왕조가 강조했던 도덕성이 다시 핵심가치로 떠올랐고, 인재선발에서 전문지식보다 덕성과 사고력을 더 강조하는 문명의 특성이 두드러지게 나타났다.

태학의 설립으로 중국은 여러 문명 중 최초로 국가가 설립한 교육기관에서 양성한 인재를 관료조직의 중심집단으로 활용하는 사례를 만들었다. 이에 따라 전국시대에 촉발된, 관직에 대한 선망이 더욱 커졌고 사회적 신분상승의 기회도 늘어났다. 또 글을 배우고 책을 읽는 사람이 늘면서 서면어가 퍼져 나가 한국과 일본, 베트남 등 주변국가가 그 영향권에 들어왔다. 한무제의 개혁이 한자문화권을 완성한 것이다.

그러나 이 제도가 모든 사람에게 신분상승의 기회를 제공한 것은 아니었다. 태학에 입학하려면 지방관리의 추천을 받아야 했기 때문에 추천받는 사람은 지방관리와 가까운 사람으로 국한될 수밖에 없었다. 사람들이 추천권을 가진 사람에게 자신을 알리려고 노력하는 과정에서 부작용이 따랐음은 물론이다.

게다가 시간이 흐를수록 이 제도는 정치적 파당을 부추기는 역할을 했다. 고위관리가 휘하인물을 추천해 관리가 되면 자신의 지지세력을 키울 수 있었기 때문이다. 3세기에 한 왕조가 무너진 후 이런 현상이 심해져 문벌門閥이라는 말이 생겼다. 세력 있는 가문의 추천을 받아 임용된 사람들이 정치적 집단을 형성해 황제의 권한을 압도하는 지경에까지 이르렀다. 위협을 느낀 황실이 대책을 찾았고, 수

양제隋煬帝가 관리의 일부를 시험으로 선발하는 제도를 만들기에 이르렀다. 이것이 과거제도의 시작이었다.

3) 과거제도의 확립

시험제도는 사실 그 이전부터 있었다. 한漢 왕조 시절 태학에서 과정을 마친 학생의 지격을 심사할 때 경전의 암기여부를 측정하는 시험을 실시했고, 과거제도는 이를 계승한 것이다. 애초 이 제도는 보조적 성격을 지니고 있었다. 수대隋代에서 당대唐代에 이르기까지 추천과 음서蔭敍를 통해 선발한 인원이 70％를 차지한 반면, 과거를 통한 선발인원은 30％에 지나지 않았다. 그러나 당대 후반부터 비중이 높아졌고 송대宋代에 들어서서는 관리후보를 모두— 정원 외의 음서를 통한 선발을 제외하면— 과거를 통해 선발했다.

과거라는 명칭은 분과별로 시험을 쳐 인재를 선발하는 데서 유래했다. 과거의 분과는 시대에 따라 변화를 겪었지만 대개 ① 경전 중심의 학술분야, ② 군인을 뽑는 무과武科, ③ 의약학, 치수治水, 수리數理, 행정 등의 실용적 분야로 나누어져 있었다. 이 중에서 학술분야의 합격자는 최고위직까지, 무과합격자는 장군까지 오를 수 있었지만 실용적 분야의 합격자는 최고위직에 오르지 못하고 중간관리에서 만족해야 했다. 이런 정책은 공부한 사람 모두를 학술분야에서 합격해 최고위직에 오르는 출세의 꿈에 빠뜨린 반면, 실용분야를 경시하게 만들었다. 그래서 다양한 분과에도 불구하고 과거는 최고위직 후보를 뽑는 시험이 되어 1천 년 이상 중국의 지식인을 옭아매는 그물망으로 작동했다.

학술분야는 진사과進士科와 명경과明經科로 나뉘었다. 이 제도의 초기에는 수재과秀才科가 있었지만 시험내용이 너무 어려워 지원자가 별로 없어서 폐지되었다. 진사과는 시험관이 지정한 운韻에 맞추어 시를 짓는 시험을 쳤고, 명경과는 유가경전에서 뽑은 구절을 해설하는 시험을 쳤다.

이 제도에는 유가철학을 바탕으로 하는 논리가 깔려 있었다. 공자의 "시라는 것은 한마디로 말하자면 사악함이 전혀 없는 생각의 표현이다"(詩者, 一言以蔽之曰, 思無邪) 라는 구절이 드러내듯 시는 사람의 가장 순결한 성정을 표현하는 기제였다. 시를 짓는 사람은 순결한 성정으로 다른 사람을 감화시키며, 그 시의 이해도 마찬가지로 성정이 순결한 사람에게서만 가능하다. 시는 도덕적인 사람의 집단을 만들어 그렇지 못한 사람, 즉 교육받지 못한 민간인을 감화시키는 문명의 기제였다. 명경과의 시험대상인 유가경전도 도덕을 강조하기 때문에 이를 학습하고 실천에 옮길 수 있는 사람은 민간인을 감화시켜 조화롭게 통치할 자격을 갖추었다고 생각했다.

이것은 통치행정에서 국가의 교육기능을 강조할 뿐만 아니라 포괄적 이해와 도덕적 성정을 갖춘 사람은 어떤 일을 맡아도 잘할 수 있다는 생각을 나타낸다. 그래서 진사과와 명경과에 합격해 임용된 관리는 특정분야에 국한되지 않고 여러 분야의 일을 맡았다. 그들은 일정한 연수기간이 지나면 대부분 지방정부에서 행정관으로, 사법관으로, 그리고 재정관으로 일했고, 황하의 치수나 기근의 해결과 같은 특수임무를 맡기도 했다. 여러 경험을 쌓은 후에는 성省 단위의 행정책임자나 수도에서 황제의 측근으로 일하는 것이 경력에서 절정이 되었다. 반면, 실용적 분과에서 합격한 전문인력은 이들의 지휘를 받아야 했고, 최종적인 의사결정 과정에는 끼지 못했다. 정치적 측면에서 볼 때 진사과와 명경과는 미래 통치집단의 구성원을 신빌하는 제도인 동시에, 한 개인이 권력과 부를 한꺼번에 획득할 수 있는 기회여서 세속적 가치의 중심이 되었다.

과거는 수도에서 성을 거쳐 현縣 단위까지 사다리 모양으로 이어진 전국적 체계였다. 시험은 네 단계로 구성되어 대개 3년에 한 번 시행했다. 가장 낮은 단계로 현 단위에서 후보를 뽑아 성 단위 시험의 응시자격을 주었고, 성 단위 시험의 합격자는 수도에서 거행하는 시험에 응시했으며, 이 시험의 합격자는 황제의 면접을 통과해 급제에 도달했다. 현과 성 단계의 합격자가 상위시험을 포기하면 지방정부의 낮은 관직이나 고위관리의 막료로 취직할 기회가 있었다. 그러나 시험에 뜻을 둔 사람은 모두 꼭대기에 도달하는 것을 목표로 했기 때문에 중도에 뜻을 접고 낮은 관직을 얻는 것은 실패이자 불명예로 여겼다.

사다리 모습의 전 과정을 하나하나 밟아 올라가는 데에는 시간도 오래 걸렸고 경비도 엄청나게 들었지만, 조금이라도 여유가 있는 사람은 대부분 전 재산을 투자했다. 제일 높이 올라갈 수 있는 진사과와 명경과에 전체 응시자의 90% 이상이 집중된 반면, 실용적 분야는 한산했다. 부모들은 5~6세에 《천자문千字文》과 《소학小學》을 가르치기 시작해 10살이 넘으면 본격적으로 시작詩作과 《사서오경四書五經》을 가르쳤다. 공립 교육기관이 없었기 때문에 대부분 비싼 수업료를 지불하면서 가정교사를 고용했고, 가난한 집안 아이가 총명하다고 알려지면 마을에서 자금을 모아 교육비를 부담해 주는 일도 드물지 않았다. 그 아이가 급제하면 마을이 명예를 얻을 뿐 아니라 관직에 나선 아이가 가져올 경제적 이익도 기대할 수 있었기 때문이다. 비용부담은 교육비에 국한되지 않았다. 출신지역의 시험에서 합격하면 성도省都에 가서, 성 단위의 시험을 통과하면 수도에 가서 시험을 준비했는데 이 비용도 커다란 부담이었다. 단번에 급제하는 일도 드물어 성도와 수도에서의 생활은 대개 몇 년 이상 계속되었고 그러면 더 큰 경제적 부담을 각오해야 했다. 아들의 성공을 위해 전 재산을 바쳤다가 급제하지 못해 기울어진 집안이 드물지 않았다.

　과거제도는 중국 문명을 유지하는 지렛대로 작동했다. 지식인 대부분의 관심이 이 시험에 집중됨으로써 국가는 자연스럽게 그들을 통제했다. 유가경전 중심의 시험은 지식인의 사유가 정통적 통치이념에서 비껴 나가는 것을 막았다. 이 제도를 통해 국가는 모든 개인에게 신분상승의 기회를 부여하는 구심점이 되어 자발적 충성심을 유도했고, 지식인은 중화 문명의 당위성을 의심하지 않았다. 정치적 변동기에 왕조가 바뀌거나 이민족에게 점령을 당해도 기본적 가치체계에 변화가 없었던 것은 이 문명을 관통하는 이념의 힘 때문이었으며, 그것을 현실적으로 가능하게 만드는 제도가 과거였다.

몽골족이 침략해 세운 원元 왕조 시기에 50년 가까이 과거를 시행하지 않았던 일이 있다. 이 시기에 매년 시험공고를 기다리며 세월을 보내다가 결국 응시도 못하고 인생을 마감한 사람도 많았다. 명明 왕조를 건립한 주원장朱元璋은 즉위 후 과거를 시행하면서 천하의 인재가 자신의 그물에 걸려들었다고 기뻐했다. 19세기 중반에 반란을 일으켜 남경南京을 점령한 태평천국太平天國의 정부도 과거를 시행했고 또 많은 사람이 응시했다는 점은 지식인들이 어느 정도로 이 제도에 집착했는지를 잘 보여준다.

4) 혁신에서 폐해로

그러나 다른 한편으로 과거제도는 중국 문명을 정체상태에 빠뜨렸다. 시험을 보기 위한 경전학습은 학술적 탐구와 새로운 사유의 개발을 막았다. 합격을 지상목표로 하는 수험생 대부분이 경전의 새로운 해석보다는 교과서적 해석에 매달렸다. 답안작성을 위한 글쓰기에도 엄격한 제약이 있었다. 명대明代 이래 답안은 기승전결起承轉結의 엄격한 격식을 따라야 하는 팔고문八股文으로 작성했는데, 이는 일상생활에서는 거의 쓰이지 않는, 그야말로 시험을 위한 글쓰기였다. 수험생이 창조적 글쓰기보다 팔고문의 격식에 맞추는 연습에 몰두함으로써 언어의 왜곡과 사고의 정체가 야기되었다. 지식인들은 이 문체를 맹렬히 비판했지만 지배층의 고정관념은 흔들리지 않았다.

시詩로 인재를 선발하는 진사과에 대한 회의도 많았다. 십수 년간 시험을 준비한 수험생을 길어야 몇십 자 정도밖에 안 되는 시 한 수를 통해 평가하는 것이 적절한가? 감성표현의 결과가 인재선발의 기준으로 적절한가? 시인이 정치와 행정의 실무담당 능력이 있을까? 이러한 회의론이 제기되었지만 유가사상에 근거한 고정관념은 공고했다.

송대宋代의 재상 왕안석王安石이 진사과를 폐지했다가 맹렬한 반대에 부딪혔고, 그가 실각한 후에 진사과는 부활했다. 과거제도는 주류의 사고방식을 주입하고 통제하는 제도였고 주류에서 벗어난 사유는 실패를 의미했으므로, 이런 제도가 시행된 사회에서 코페르니쿠스의 탄생을 기대할 수는 없었다.

과거에 전 사회적 관심이 집중되면서 상업과 기술은 발전의 탄력을 얻지 못했다. 지배층을 장악한 지식인은 이익을 추구하는 상업을 천한 직업으로 간주했고, 기술전문가의 신분상승을 억제했다. 중국의 발명품인 화약은 아라비아 상인을 통해 유럽에 전해져 강력한 대포와 총이 만들어졌지만, 정작 중국에서는 예전상태로 남아 있었다. 또 다른 발명품인 종이도 유럽에 전해졌지만 근대가 시작되기까지 중국의 종이제조 기술은 옛날 기술을 답습했다. 상업의 경시로 인해 물자의 유통이 정체되어, 한쪽에서 풍년을 축하할 때 다른 쪽에서 많은 사람이 굶어 죽는 사태가 일어나기도 했다. 대규모 유통은 대부분 관청에서 면허를 받아 영업하는 관상官商에 집중된 반면, 민간자본의 축적은 더뎠다. 금융은 전당포와 고리대금업 수준에서 더는 발전하지 못하고 근대를 맞이했다. 수양제가 건설한 대운하는 명대明代에 이르자 토사가 쌓여 매년 엄청난 비용을 들여 수리했지만 근본적 개선책은 거의 없었다. 물자의 운송을 운하에 의존하는 정책과 명대에 시행된 해금海禁 때문에 연안항로를 이용하는 운송이 막혔고, 이는 전반적인 항해술의 침체를 낳았다.

그래서 애초에는 중국 문명의 유지를 상징하던 과거제도가 근대에 가까워 오면서는 변화와 발전을 가로막는 장애물로 변해 갔다. 지적 욕구보다 세속적 욕심으로 배움을 찾아 나섰던 합격자가 관직을 받은 후 부패관리로 전락하는 경우가 많았다. 중국의 관리는 봉급이 적은 대신 담당지역에서 별도의 수입을 올릴 수단을 많이 갖고 있었다. 그중에서 지방관리의 임용과 황하치수, 대운하보수, 소금이나 철과 같은 전매품관리에의 재량권이 부패의 유혹을 키웠다. 시험에 합격해 관직을 얻으면 다 망해 가던 집안이 큰 부잣집으로 재탄생한다는 믿음이 전 사회를 지배했다. 유가적 이념에서는 관리가 백성의 어버이지만, 현장에서는 수탈자가 된 사람이 더 많았다.

정치현장에서도 과거합격자로 이루어진 고위층은 분열을 노출했다. 시험을 주관한 관리(지공거知貢舉) 밑에 그 해의 합격생이 모여들어 정치세력을 형성했고, 추종자를 거느린 관리들이 연합하면 조정을 움직이는 세력으로 발전하기도 했다. 이렇게 형성된 정치세력은 강력한 황제가 있을 때는 드러나지 않다가 황제가 흔들리거나 외부로부터 충격이 가해질 때는 갈등을 노출했다.

19세기에 들어 문명을 떠받쳐온 기제들이 역으로 작용하면서 문명의 쇠락을 부추기는 작용을 했다. 그것은 천하의 중심이라는 고립

적 세계관에 근거한 중국 문명이 새로운 충격에 허약한 체질을 드러
낸 결과였고, 19세기 말 지식인들은 과거제도를 중국을 패망으로
몰아넣은 원인으로 지목하기까지 했다.

4. 서구 문명의 충격

중국 문명은 넓은 영토, 농업생산력, 풍부한 자연자원을 바탕으로
15세기 전까지만 해도 유럽과 이슬람 문명에 비해 기술과 경제적 활
력에서 앞서 있었다. 통치자들은 이런 우월성을 주변국가의 통제에
활용해 한국과 일본, 동남아시아, 서북변경의 유목민족을 아우르는
국제질서를 유지했다. 민간부문에서도 중국의 물질적 풍요는 많은
외국인을 끌어들이는 요인으로 작용했다. 8세기부터 최남단 항구도
시인 광주廣州에는 동남아시아와 인도양 연안에서 온 많은 상인이 교
역에 종사했으며, 광동성과 복건성에서 출항한 원양정크junk가 상품
을 싣고 출항했다. 일본에서 중국연안을 거쳐 아라비아반도에 이르
는 해역에 거대한 해상무역시장이 돌아갔으며, 그 물동량은 지중해
무역의 물동량을 훨씬 넘어섰다. 이 시장에서 중국은 최대공급자이
자 수요자였으며, 가장 강력한 해상세력으로 군림했다.

　그렇지만 정치사회적 주도권을 행사한 지식인-관료집단이 민간
인의 해외진출을 규제해 바깥세계의 정보취득에 장애가 되었다. 명
왕조 후기에 조정은 해금海禁정책을 반포해 민간선박의 출항을 제한

했고, 민간인의 장기 해외체류도 금지했다. 이 시기 유럽에서는 대항해시대가 열리면서 근대 문명의 지표가 나타났지만, 중국은 특유의 관료문화로 인해 그 흐름에서 비껴나게 되었다.

근대 문명의 출현을 보여주는 지표 중 하나는 내일이 오늘과 다를 것이라는 생각으로 새로운 것을 찾아 나서는 움직임이다. 그러나 중국에서는 내일이 오늘의 반복이라는 생각이 지배적이어서 새로운 것을 발굴할 동기부여가 미약했고, 새로운 지식의 전파와 적용도 원활하지 않았다. 과학과 기술에 관련된 직업이 농사보다 낮다는 생각이 지배적이었고, 특별한 지식과 기술이 공개되지 않고 비전秘傳되다가 소멸되는 경우가 많았다. 따라서 이미 있던 지식과 기술도 더는 발전하지 않았다. 예를 들면 침뜸과 약재에 의존하는 중국 의학은 유럽에서 외과수술이 발달하고 세균학이 일어날 때까지도 옛 모습에서 조금도 벗어나지 않았다. 그래서 짧은 역사를 지닌 유럽의 과학기술은 오랜 전통을 지닌 문명에 큰 충격으로 다가왔다.

1) 새로운 방문객: 양이(洋夷)

중국과 유럽의 조우는 세계의 다른 곳과는 다른 면을 보였다. 마르코 폴로Marco Polo, 1254~1324의 《동방견문록Il Milione》(c1298)으로 중국은 유럽인에게 동경과 선망의 대상이 되었다. 유럽인에게 중국은 지식인-관료가 효율적으로 관리하는 발달된 문명이었으며, 다른 어디에서도 구하지 못하는 상품의 출처였다. 중국은 스페인이 정벌한 중

남미, 포르투갈 상선이 지나온 인도양의 문명과 확실히 구별되었다. 유럽인은 낮은 자세로 접근했고 중국인은 고압적 자세로 그들을 다루었다.

동서문명의 조우遭遇는 1513년 포르투갈 상선이 광주만廣州灣에 출현하여 시작되었다. 상인들이 무역을 요청했으나 해금海禁상태에 있던 광주당국은 승인하지 않았다. 상인들은 소득 없이 귀국했고, 이때부터 유럽과 중국 사이에 300년이 넘는 신경전과 갈등이 벌어졌다. 엄격하게 말하면 그것은 중국이 지닌 이중적 속성으로 빚어진 결과였다.

해금을 시행하던 조정은 조공朝貢무역 이외에는 해상무역을 허용하지 않았다. 외국인은 잠재적 침략자이며 그들이 들어오면 민간사회의 풍속을 훼손한다는 우려와 함께, 사농공상士農工商으로 대표되는 상업에 대한 낮은 인식이 작용한 결과였다. 그러나 중국남부의 항구를 담당한 관리들은 생각이 달랐다. 8세기 이래 광주에서 상인들이 무역으로 이익을 얻고 당국은 많은 세금을 거둔 경험이 있었기 때문에, 이 지역 관리들은 해상무역에 적극적이었다. 해상무역의 잠재력에 눈뜬 이 지역 상인들은 일찍부터 밀수에 뛰어들었지만, 지방정부는 적극적으로 제지하지 않고 해결책으로 해금의 완화를 제안했다.

명 왕조를 무너뜨린 만주족 출신 청淸 왕조는 무역에 관대한 자세를 취했고, 결국 지방관리들의 제안을 받아들였다. 1684년에 항구 4곳을 대외무역항으로 허용하는 사구통상四口通商의 시대가 열렸다.

이는 잠시뿐이었다. 개방된 항구들 사이의 경쟁과 제외된 항구들의 불만 때문에 두통거리를 안게 된 조정은 얼마 후 광주 한 곳에 대외무역을 집중시키는 일구통상一口通商으로 선회했다.

이렇게 해서 광주는 유럽상인을 상대하는 유일한 항구가 되어 광주 무역체제라는 특수한 형태의 관리체계를 운영했다. 광주의 역할은 무역항에 그치지 않았다. 이 항구는 중국 문명이 세계를 향해 열어 놓은 조그만 창문이 되었다. 이 창문을 통해 동서양의 문명이 서로를 탐색했지만 그 결과에는 상호오해와 불신이 더 많았다.

광주무역체제는 유럽인이 다른 곳에서 경험한 무역시장이 아니었다. 유럽인은 대개 각국에서 설립한 동인도회사의 직원이거나 개인적으로 활동하는 상인이었지만, 상대하는 중국인은 반관반민半官半民의 신분을 지닌 사람이었다. 광주당국은 무역관리와 세금징수, 외국인의 통제 등의 여러 목표를 달성할 수 있는 상인조합을 만들었다. 공행公行이라 부른 이 조합은 상당한 돈을 바치고 유럽인과의 독점적 무역면허를 얻은 행상行商으로 이루어졌다. 공행은 한편으로는 상인조합이었지만, 다른 한편으로는 이 지역의 세관업무를 관장하는 월해관粵海官의 대리조직이었다. 월해관은 무역활성화보다 관세징수와 외국인의 감시 및 통제를 더 강조하는 기구였다. 그래서 광주는 유럽의 항구에서는 볼 수 없는 여러 규제로 묶인 무역시장이 되었다.

이 시장에는 금지사항이 많았다. 유럽상인은 반드시 행상 중 하나를 통해야 입항에서 거래, 출항에 이르는 절차를 마칠 수 있었으며, 행상을 거치지 않고 물건을 사고파는 행위는 엄격히 금지되었다. 월해관이 공행을 통해 수출품 가격을 통제했으므로 중요 상품에 대한 가격흥정은 거의 불가능했다. 행상은 거래대금에 유럽인이 내야 할 세금을 포함해 받은 후 월해관에 바쳤다. 이것은 광주 특유의 징세제도였지만, 사실상 유럽인과 행상의 거래내역을 감시하는 제도였다.

계절풍 때문에 선박의 입출항이 제한되어 광주에서는 가을부터 봄까지만 무역이 진행되었는데, 이 기간에 유럽인은 광주외곽의 강변에 있는 특수구역에서만 체류해야 했고 허가 없이 이 구역을 벗어나는 것은 금지되었다. 행상 소유의 땅을 임대해 유럽인이 지은 건물 13동이 들어선 이 구역은 상관商館, factory이라 했다. 무역기간이 끝나면 유럽인은 귀국하거나 마카오로 가서 지내야 했다. 월해관이 상관에 여성이 들어오는 것을 철저히 금지해 무역기간에 이 구역은 커다란 독신자 숙소로 변했다. 유럽인은 관리와 직접 대면할 수 없었다. 관청에 보내는 연락은 모두 거래상대인 행상을 통해야 했다. 행상은 유럽인이 규정을 어겨 사고를 치면 책임을 지고 벌을 받았으며, 그들이 통제할 수 없으면 월해관이 직접 나서 무역중단 조치를 취하는 일도 있었다.

유럽인은 이런 금지사항 모두에 불만이 많았다. 그렇지만 더 큰 불만사항은 징세제도였다. 세금항목과 비율이 정해져 있지 않고 해마다 바뀌었으며, 황제에게 바치는 공물貢物비용도 포함되어 있었다. 게다가 선박이 지나는 곳곳에서 하급관원이 요구하는 뇌물도 준조세準租稅나 다름없었다. 광주는 당시 전 세계에서 입항료가 가장 비싼 곳으로 알려졌는데 이마저도 준조세를 포함하지 않은 것이었다.

그래도 유럽인은 광주시장을 떠나지 않았다. 유럽에서 비단과 도자기의 인기가 워낙 높아, 높은 비용에도 3~4배의 이익을 남길 수 있었다. 18세기에는 중국에서 수입한 차茶가 영국인의 국민음료로 등장해 영국 동인도회사가 독점적으로 수입한 차가 광주 무역거래량의 절반 이상을 차지했다. 18세기 후반이 되자 광주는 영국을 대표하는 동인도회사와 중국을 대표하는 공행이 양대 축을 이루는 시장으로 변했다.

2) 문명의 충돌

이런 변화는 영국의 무역적자를 일으켰다. 이를 만회하기 위해 영국의 인도 식민정부는 아편阿片을 가공해 중국으로 수출했다. 이를 통해 영국은 무역적자에서 벗어난 반면, 아편중독이 심해진 중국은 적자에 빠졌다. 이 문제를 해결하기 위해 조정이 파견한 임칙서林則徐가 아편 2만 상자를 몰수하자, 영국정부가 배상과 함께 무역개방을 요구하며 일으킨 전쟁이 1839년의 1차 아편전쟁이었다.

이 전쟁의 이면에는 아편중독과 무역개방이라는 문제를 넘어 문명의 충돌이 있었다. 중국과 유럽, 특히 당시 떠오르던 영국은 각각 자기중심적으로 상대방을 보았을 뿐 서로를 이해하려 하지 않았다. 쌍방이 오만에 차 있었고, 상대방에 대한 편견에 사로잡혀 있었다.

중국조정은 유럽국가를 대등한 관계로 인정하지 않았다. 무역확대를 위해 포르투갈, 네덜란드, 러시아, 영국이 파견한 특사에게 삼궤고두지례三跪叩頭之禮를 요구했다. 중국 측은 무역을 하려면 조공국이 되어야 하고 그러려면 이 의례를 치러야 한다고 했다. 네덜란드를 제외한 모든 특사가 이를 거절해 무역개방은 성사되지 못했다. 이를 받아들인 네덜란드 특사에게도 먼 나라에서 중화 문명을 사모해 특사를 보낸 점을 가상히 여겨 8년에 한 번씩 조공무역을 허가하는 은혜(?)를 베풀었다. 특사가 대등한 국가관계를 언급할 때는 세상에 그런 일은 있을 수 없다고 응수했고, 18세기 말 영국특사에게는 중국에는 없는 것이 없으니 굳이 먼 나라와 무역해야 하겠느냐는 핀잔을 보냈다.

이런 태도는 광주에서도 역력히 드러났다. 유럽항구에서는 군함이 입항하면 관세를 부과하지 않지만 광주의 관리들은 막무가내였다. 1834년 영국은 동인도회사의 독점권을 폐지한 후 '무역감독관'을 파견했다. 초대감독관으로 파견된 윌리엄 네이피어William John Napier, 1786~1834가 광주에 도착했을 때 총독은 상인에게 적용하는 규정을 어겼다고 해서 그를 상관商館에 연금했고, 네이피어가 저항하자 군대를 동원해 상관을 봉쇄했다. 결국 협상을 통해 마카오로 돌아간 네이피어는 그곳에서 병사했다. 광주 총독은 이 사건을 무도한 영국 오랑캐를 힘으로 몰아낸 사건으로 규정했다. 마찬가지로 유럽인 사이에서도 중국에 대한 불만이 18세기 말부터 고조되었다. 상인 사이에서 관리의 오만과 부패, 공행을 통해서만 거래해야 하는 규제에 대한 불만이 쌓였다.

그렇지만 문명충돌의 원인은 따로 있었다. 유럽인이 가장 괴리를 느낀 것은 사법제도였다. 중국에는 재판관이 주관하는 법정이 따로 없이 지방행정관이 사법적 판단을 내렸다. 변호사와 배심원도 없었고 범죄혐의가 있으면 투옥해서 고문을 통해 자백을 이끌어 내는 경우가 많았다. 형벌은 '이에는 이, 눈에는 눈'의 원칙을 강조해 살인자는 특별한 경우가 아니면 사형에 처했다.

이런 제도가 적용되어 유럽인의 뇌리에 각인된 사건이 1784년에 광주에서 일어났다. 영국 상선의 포수가 손님을 배웅하려고 쏜 예포의 탄환이 그 앞을 지나가던 보트에 맞아 현지인이 사망하는 사건이 일어났다. 광주 당국은 범인인도를 강력히 요구했고, 동인도회사는 할 수 없이 범인을 인도하면서 실수였음을 강조하고 선처를 당부했다. 그러나 인도된 포수는 아무런 재판절차 없이 교수형에 처해졌다. 이 사건으로 유럽인 사이에서 중국의 잘못된 사법제도에 자신의 목숨을 맡길 수 없다는 여론이 비등했다. 그러나 광주 당국은 방침을 바꾸지 않았고, 유럽인은 갈수록 중국 사법제도를 '야만적'으로 생각했다. 그들이 보기에 범인을 광장에 끌고 나와 군중이 보는 앞에서 처형하는 모습은 더욱 야만적이었다. 공개처형은 유럽에서도 드물지 않았고 프랑스 혁명기에는 단두대 앞에서 군중이 환호하는 모습이 일반적이었지만, 광주의 유럽인은 그런 생각은 하지 않고 중국의 모습을 야만적이라 비판했다.

중국의 야만성은 의사와 선교사에 의해 증폭되었다. 의사들은 중국의 열악한 위생환경에 경악했다. 그들은 간단한 외과수술로 완치될 수 있는 병이 악화되어 죽어가는 환자를 보면서 이 사회의 야만성을 개탄했다. 또한 20년 넘게 활동해 얻은 신도가 열댓 명도 되지 않아 좌절에 빠진 선교사들은 그 이유를 이 사회의 부패로 돌렸다. 그들에게 중국인은 거짓말에 능하고 스스로를 개선하려는 노력을 하지 않는 사람이었다. 그들은 중국인이 유럽인처럼 하느님의 복음을 받지 못해 미개하고 야만스러운 습속에 빠져 있다고 믿었다.

　이런 생각은 영국인의 밀수품인 아편에 많은 사람이 중독된 후 더욱 강해졌다. 그들은 아편을 들여오는 영국인을 탓하지 않고 중독에 빠진 중국인을 탓했다. 중독의 유혹을 뿌리치지 못한 가장이 딸과 아내를 차례로 사창가에 팔아넘긴 사건을 야만성의 표본이라고 여겼다. 이런 이야기는 대개 광주와 싱가포르, 말라카에서 선교사가 발행한 영문잡지에 실려 유럽에 전파되었다. 이런 잡지의 구독자는 몇백 명 수준에 불과했지만 런던의 신문들이 이 기사를 가십거리로 인용하면서 중국의 나쁜 이미지가 증폭되었다. 그래서 19세기 중반이 가까워질 무렵 유럽 지식인의 뇌리에는 중국의 야만적 이미지가 깊이 각인되었다. 1820년대 '역사철학' 강연에서 헤겔Georg Wilhelm Hegel, 1770~1831은 중국을 가리켜 "국가는 객관적 이성을 지니고 있지만, 무지해서 복종만 하는 백성을 지배하는 나라"라고 비판했다. 그는 중국인이 자기주장의 능력은 갖추지 못하고 노예근성과 야만적 의식에 머물러 있으므로, 영국의 중국정복은 불가피한 일이라고 언급하기까지 했다.

아편전쟁의 발발에는 아편무역의 유지, 수출시장의 확대, 영국 집권당의 정치적 위기탈출 등 여러 욕심이 깔려 있었다. 영국정부는 이런 욕심을 문명의 이름으로 포장해 전쟁의 명분을 만들었다. 진보문명의 후진문명 정복을 당연시하는 19세기 유럽의 인식체계에서 이는 설득력 있는 명분이었으며, 전쟁과정에서 드러난 기계문명의 우위로 정당화되었다.

3) 아편전쟁: 야만과 탐욕

중국군은 선견포리船堅礮利로 압축되는 영국군의 화력에 압도당했다. 중국군 대포는 거리와 각도를 조정할 수 없었고 화약의 질이 낮았으며 사정거리가 짧아 영국 군함에 위협이 되지 못했다. 광주에서 중국 측 전선戰船 수백 척이 불타고 가라앉는 동안 영국 군함은 한 척도 치명적 피해를 입지 않았다. 특히, 검은 연기를 뿜으면서 강물을 거슬러 올라가는 최신예 철갑증기선 네메시스호는 두려움의 대상이어서, 이 배가 다가오면 중국군 대부분이 전의를 잃고 도주했다. 영국군 병력 4천 명이 중국군 수만 명과 맞붙은 육상전투도 마찬가지였다. 영국군이 남경을 목표로 양자강을 거슬러 올라갈 때 벌어진 7~8차례의 전투에서 중국군은 한 번도 승리하지 못했다.

수상전투에서 중국군은 삼국시대 오촉吳蜀 연합군이 적벽대전赤壁大戰에서 위魏를 대파했던 화공에 여전히 의존했지만, 강력한 화력을 자랑하는 영국군 대포 앞에서는 효과가 없었다. 육상전투에서는 대부분 활과 창으로 무장한 중국군이 격발식 소총을 지닌 영국군에게 접근조차 할 수 없었다. 전쟁을 통틀어 중국 측 전사자가 2만 명에 육박한 반면, 영국군의 전사자는 250명 수준이었다.

이 전쟁은 두 문명의 야만적 속성과 쌍방에 대한 무지를 여지없이 드러냈다. 영국군은 유럽에서와 달리 포로와 부상자를 사살했고, 도망치는 적군을 향해 사격을 가했다. 점령지에서의 만행도 대단했다. 영국군이 나이 든 여성을 윤간한 사건으로 광주 부근의 삼원리三元里에서는 농민봉기가 일어났다. 마을단위로 조직된 민병대가 집결해 한때는 영국군 1개 연대를 포위하기도 했다. 이들은 관리들의 설득으로 해산했지만 이 사건은 지금까지도 영국군의 야만적 행위에 대한 민중의 봉기를 상징하는 사건으로 기억되고 있다.

점령한 도시에서의 약탈은 일상적이고 제도적으로 행해졌다. 약탈을 병사의 경제활동으로 간주했으며, 약탈물품의 현금화를 재무관이 공식적으로 지원했다. 병사가 약탈한 물품을 제출하면 재무관이 값을 따져 귀국 후 지불하는 제도를 시행한 것이다. 영국군 사령부는 이 물품을 현지인에게 팔아 전쟁비용에 보탰고, 사원에서 빼앗은 종鐘을 인도로 가져가 동상건립 등에 사용했다. 인도에서 약탈을 의미하는 단어인 loot는 이때부터 영어단어로 등록되었다고 한다. 영국군의 문화적 멸시도 상당했다. 묘지를 파헤치는 행위는 조상숭배를 중시하는 중국인에게 충격적 모욕이었다. 영국군은 포로의 변발辮髮을 서로 묶어 끌고 다녔고, 일부 병사는 변발을 잘라 기념품으로 삼아서 중국인에게 참을 수 없는 수치심을 안겼다.

중국 측도 마찬가지였다. 타이완 주둔군은 난파선에서 살아남은 선원을 차례로 처형했다. 현지 책임자는 포로의 가죽으로 말안장을 만들었다고 보고했고, 황제는 이를 치하했다. 내륙의 도시에서는 더 참혹한 일이 벌어졌다. 중국의 최정예부대인 만주족 팔기군八旗軍 지휘관은 영국군이 접근해 오자 성문을 봉쇄하고 대대적으로 한간漢奸색출을 벌였다. 영국군에게 비밀을 팔아넘긴 반역자를 처단하는 이 조치로 민간인 수천 명이 무고한 죽음을 당했다. 특별한 혐의가 있어서가 아니라 수상하게 보여서, 쓸데없이 군영 앞을 지나간다는 이유로 많은 사람이 적군이 아닌 아군에게 살해당했다. 더 참혹한 광경은 전투에서 패한 후에 벌어졌다. 후퇴한 팔기군 병사들이 평소 도시의 특별구역에서 데리고 살던 가족을 모두 죽이고 자살하는 일이 벌어졌다. 여러 도시의 비극적 현장에서 영국군은 수천 구의 부녀자 시신을 매장해야 했다.

이 전쟁을 종결한 남경조약南京條約에서도 탐욕이라는 문명의 민낯이 드러났다. 영국은 홍콩의 할양과 더불어 2,700만 스페인달러를 배상금으로 받아냈다(이 액수는 1841년에 광주를 포위해 받아낸 배상금 600만 달러를 합친 것이다). 임칙서가 몰수한 아편대금, 영국 상인의 채권, 그리고 영국군의 전쟁비용을 포함한 배상금은 지금 가치로 환산하면 4억 4천만 달러(미국화폐 기준)에 해당되며, 청 왕조 1년 예산의 4분의 1에 가까운 금액이었다.

허약해진 중국 문명의 모습도 드러났다. 협상을 맡았던 관리들은 패전에는 개의하지 않고 돈으로 난폭한 오랑캐를 다독거릴 수 있어 다행이라고 자위했다. 불평등조약의 대표적 사례로 간주된 남경조약을 통해 영국은 중국의 관세제도를 장악했고, 철도와 광산, 우편제도 등을 차례로 접수했다. 유럽 열강과 미국이 동등한 권리를 요구할 때 청 왕조가 저항하지 못해, 19세기 후반 중국은 유럽인이 행정을 관장하는 기묘한 문명체로 변질했다.

중국사회는 아편전쟁에도 불구하고 오랫동안 아편중독에서 벗어나지 못했다. 아편흡연은 사회적 행위로 퍼져 나갔고, 자체적 생산으로 인도의 아편을 축출했다. 20세기 초 세인트루이스의 만국박람회에 출품된 중국의 특산물이 아편파이프와 종지, 등불이었다는 점이 중독의 범위를 짐작하게 한다. 19세기 후반에서 1945년까지 군벌과 국민당, 공산당, 만주지역을 침공한 일본정부는 아편거래에서 걷는 세금을 정치 및 군사자금으로 사용했다. 이 모든 과정을 서구 학자들은 '문명의 쇠락'이라 불렀고, 중국의 지식인들은 '백년치욕'이라 불렀다.

5. 문명의 복원: 제국몽帝國夢

21세기에 중국은 대국굴기大國崛起를 선언했다. 1980년대부터 시작된 경제부흥을 바탕으로 국제정치에서 세력을 확장하는 동시에 과학기술을 발전시키고 상공업을 부흥하여 세계의 공장으로 등장했으며, 군사적 팽창을 통해 동아시아의 질서재편을 노리고 있다. 이는 한 국가의 발전적 팽창과 더불어 문명의 복원이라는 두 가지 의미를 동시에 지닌 움직임이다.

대부분의 문명이 무너진 후 원래 모습으로 복원된 사례가 드문 상황에서, 한때 몰락했던 중국 문명의 복원 움직임은 인류사에서 유례를 찾기 어려운 사례에 속한다. 그러나 몰락에서 복원에 이르기까지에는 굴곡이 많았다. 그것은 자신의 대한 철저한 부정에 빠져 있다가 긍정으로 돌아서는 급반전의 과정이었다.

아편전쟁 이래 중국사회는 자기부정의 상태에 빠져들었다. 지식인은 중국이 유럽보다 낙후된 이유를 역사의 유산에서 찾으려 했다. 2천 년에 걸쳐 그 사회를 떠받친 유가사상이 낙후의 주범으로 꼽혀 과거제도가 비판대상으로 전락했고, 심지어 일부 지식인은 상고시대의 역사를 공자가 위조한 것으로 낙인찍으면서 역사를 부정하려는 움직임을 보이기까지 했다. 예전의 틀로는 낙후상태를 벗어나기 어려우므로 서구화된 방법으로 해결책을 모색하는 분위기가 팽배했다.

그러한 '중국 지우기'는 20세기에 전반서화全般西化라는 구호로 구체화되었다. 손문孫文은 공화정을 빌려와 삼민주의三民主義를 개창했고, 모택동毛澤東은 사회주의를 빌려와 사회개조를 시도했다. 1949년의 중화인민공화국 성립 이후에도 중국은 한동안 중국으로부터의 탈피에 주력했다. 당면한 기아를 극복하고 사회주의혁명의 완수를 위해 공산당은 1957년의 대약진운동과 1960년대 후반의 문화대혁명을 통해 중국적 속성을 지우는 데 주력했다. 문화대혁명 시기에는 과

거의 유산을 지워버리는 작업을 진행하면서 완전히 사회주의적으로 무장한 새로운 중국의 탄생을 시도했지만 빈곤을 해결하지 못했다.

해결책으로 들여온 사회주의도 중국적 토양에서는 한무제가 채택했던 유가사상과 마찬가지로 실용보다는 명분에 치중하는 교조적 이념으로 변했다. 이는 비록 외래사상을 들여왔지만 적용에서는 중국적 속성을 벗어나지 않았음을 의미한다. 이런 교조적 분위기가 1980년대의 개혁개방으로 해소된 후, 중국은 비로소 대국굴기와 문명복원의 길로 들어섰다.

중국의 부흥노력은 1950년대부터 대략 3단계로 진행되어, 중국 사회는 계단을 밟고 올라가듯 문명복원의 길을 걸어왔다. 1950년대에 공산당 지도부는 군사력 확충을 위한 과학기술개발에 집중해 핵폭탄을 제조하고 우주로켓을 발사했다. 이는 실용적 기술을 통해 국가경제력을 확충하는 것보다는 공산주의 이념의 우위를 지키기 위한 몸짓에 더 가까워서, 최첨단 기술개발의 그늘에서 사회적 빈곤이 심화되는 왜곡현상이 일어났다.

문화대혁명이 지나가고 개혁개방을 선언한 후, 중국지도부는 사회경제의 발전을 통해 왜곡의 해소를 시도했다. 외국의 투자를 유치해 산업을 일으켜 국민소득을 증가시키는 정책으로 선회한 중국지도부는 불과 20년이라는 기간에 경이로운 성과를 이루었다. 경제발전이 과학기술의 발전을 촉진하고 그것이 다시 경제발전의 속도를 증가시키는 시너지 효과는 전국시대 부국강병의 이념과 상당히 비슷하다. 2008년의 올림픽 개최는 쌍두마차의 완성을 알리는 행사였다.

다음 단계는 문화의 복원이었다. 발전된 과학과 경제에 걸맞은 문화적 우월성을 확보해야 문명의 복원이 완성된다고 생각한 지도부는 상시적인 국민계몽운동을 펼쳤다. 중국전역이 바람직한 생활습관을 고양하는 표어로 넘쳐났고, 언론도 지속적인 홍보를 전개했다. 남자화장실의 "한 걸음만 다가서면 문명이 크게 진보한다向前一小步, 文明大一步"라는 표어는 계몽운동이 어느 정도로 일반인의 생활 구석구석까지 파고들었는지를 보여준다. 이는 바람직한 생활습관의 확립이 문명복원의 마지막 단계임을 암시한다. 또 바깥을 향한 문화전파도 시도되었다. 중국정부는 세계 곳곳에 공자학당Confucian Academy을 설립해 유가사상의 전파에 노력하고 있으며, 현재 진행 중인 일대일로一帶一路 정책도 문화전파의 의미를 포함하고 있다.

이러한 과정에서는 중국 문명의 전통적 속성이 드러난다. 고대에 만들어진 관념, 즉 백성은 교화대상이며 국가가 지도하고 이끌어 나가야 한다는 관념이 21세기에 부활한 것이다. 중국 문명의 복원과정에서는 국가가 모든 방면에서 주도적 역할을 담당했다. 서구국가가 민간의 활동을 지원하는 데 주력했던 모습이 중국에서는 보이지 않았다. 어떤 과학기술을 개발할 것인가, 어떤 경제체제를 구축할 것인가, 일반인의 생활양식이 어떤 모습으로 개선되어야 하는가 등이 모두 정부의 계획과 통제대상이었다.

그러한 국가의 역할은 이 문명이 더 깊숙한 곳에 간직하고 있는 또 다른 속성에 뿌리를 둔다. 그것은 중국이 여러 개체의 통합으로 만들어진 결과이며, 중국은 통합체로서만 생명력을 유지한다는 신념이다. 정치학자들은 현 정권의 정책이 공산당 정권의 영속성을 담보하기 위해서라고 보지만, 긴 호흡으로 보면 그것은 이 문명이 지니는 속성의 발현이라고 볼 수 있다. 중국 정부가 분열에 예민하게 반응하는 것은 현재의 정치적 고려를 넘어 문명의 이념을 흔들 수 있기 때문이다.

1980년대 이래 중국의 변화는 거대한 실험이다. 서구의 학자들은 민주화를 도외시한 경제발전이 불가능하다고 주장했지만 중국은 공산당 일당─黨독재체제를 근간으로 이 실험을 진행하고 있다. 황제를 무오류의 인물로 생각했던 전통이 공산당을 통해 다시 발현되고 있으며, 경제발전과 민주화가 반드시 함께 와야 하는 것은 아니라는 것이 통치의 기본이념이다.

공산당은 인민을 향해 개인이 경제적 이익을 추구할 자유는 주지만, 중국 특유의 사회주의체제에 도전하는 자유는 금지한다는 원칙을 견지하고 있다. 일부 지식인이 이런 정책에 반발해 투쟁을 벌이고 있지만 정부와 공산당은 그들을 서구 자본주의에 물든 반역자로 치부한다. 앞으로 이런 상황이 얼마나 이어질 것인가를 유심히 관찰할 필요가 있다.

중국 문명의 복원은 아직 진행형이지만 그것이 지향하는 목표는 자명하다. 그 목표는 3천 년 이전 유라시아대륙 동쪽의 중심적 문명을 지금 세계의 정치지형에서 복원하는 것이다. 주 왕조가 당시 가장 문명화된 공동체였던 것처럼, 중국은 지금의 세상에서 중심적 문

명으로 태어나려고 한다. 과학기술, 경제력, 군사력, 문화수준을
망라하는 총체적 분야에서 절대적 우월성을 확보하려는 것이다. 그
것이 언제, 어떻게 달성될지는 알 수 없으며 성공 여부도 장담할 수
는 없다. 그러나 현재까지의 문명복원 과정을 관찰할 때 중국이 그
길을 가고 있음은 분명하다.

참고문헌

고숙희 (2006). 《고대 중국의 문명과 역사》. 서울: 신성출판사.
김영진 (2015). 《중국, 대국의 신화: 중화제국 정치의 토대》. 서울: 성균관대
     출판부.
서경호 (2003). 《중국 문학의 발생과 그 변화의 궤적》. 서울: 문학과지성사
유장근 (2014). 《현대중국의 중화제국 만들기》. 서울: 푸른역사.
이해원 (2009). 《한자 속의 중국 문화》. 서울: 고려대 출판부.
전인갑 (2016). 《현대중국의 제국몽: 중화의 재보편화 100년의 실험》. 고양 :
     학고방.
중국사학회 (편) (2005). 《도시를 통해본 중국사》. 중국사학회 학술발표회 (제 47
     회). 대구: 중국사학회.
_____ (2002). 《중국사 (中國史) 에서의 국가와 사회》. 중국사학회 학술발표회
     (제 36회) 대구: 중국사학회.

Duara, P. (1996). *Rescuing from the Nation: Questioning Narratives of Modern
     China.* 문명기 · 손승희 (역) (2004). 《민족으로부터 역사를 구출하기:
     근대 중국의 새로운 해석》. 서울: 삼인.
Needham, J. & Ronan, C. A. (1980). *The Shorter 'Science and Civilisation in
     China'.* Vol. 1. 김영식 · 김제란 (역) (1998), 《중국의 과학과 문명: 사
     상적 배경》. 서울: 까치.

_____ (1981). *The Shorter 'Science and Civilisation in China'*. Vol. 2. 이면우 (역) (2000), 《중국의 과학과 문명: 수학, 하늘과 땅의 과학, 물리학》. 서울: 까치.

Osnos, E. (2014). *Age of Ambition: Chasing Fortune, Truth, and Faith in the New China*. 고기탁(역) (2015). 《야망의 시대: 새로운 중국의 부, 진실, 믿음》. 파주: 열린책들.

Schwartz, B. (1985). *World of Thought in Ancient China*. 나성(역) (1996). 《중국고대사상의 세계》. 서울: 살림출판사.

金諍(1990). 《科擧制度與中國文化》. 김효민(역) (2003), 《중국과거문화사》. 서울: 동아시아.

杜正勝(2004). 《中國文化史》. 김택중·안명자·김문(역) (2011), 《중국 문화사》. 서울: 지식과교양.

白川靜·梅原猛(2003). 《呪の思想: 神と人との間》. 이경덕(역) (2008), 《주술의 사상: 시라카와 시즈카, 고대 중국 문명을 이야기하다》. 파주: 사계절.

石定果·羅衛東(2009). 《漢字的智慧》. 이강재(역) (2013), 《중국문화와 한자: 두 마리 토끼를 잡아라》. 서울: 역락.

王仲孚(1988). 《中國文明發展史》. 이경규 편역(1996), 《중국문명의 이해》. 경산: 대구효성가톨릭대 출판부.

袁行霈(2002). 《中華文明大視野》. 베이징대학 중국전통문화연구센터 기획. 장연·김호림(역) (2007), 《중국문명대시야》. 전4권. 서울: 김영사.

趙春靑·秦文生(2001). 《中華文明傳眞》. 조영현(역) (2003), 《문명의 새벽: 원시시대, 중국의 문명 1》. 서울: 시공사.

朱謙之(1977). 《中國思想對於歐洲文化之影響》. 전홍석(역) (2010), 《중국이 만든 유럽의 근대: 근대 유럽의 중국문화 열풍》. 파주: 청계.

白川靜(2003). 《漢字の世界: 中國文化の原点》. 고인덕(역) (2008), 《한자의 세계: 중국문화의 원점》. 서울: 솔출판사.

3

서구 문명에 관한
세 가지 문제

주경철

1. 들어가며

근대는 서구 문명이 주도권을 장악하고 세계의 패권을 장악한 역사의 흐름을 보였다. 세계의 많은 지역이 서구의 충격을 받고, 급기야 서구를 따라가려는 서구화의 길을 밟았다. 그런 점에서 서구 문명을 이해하는 것은 매우 중요한 과제이다. 이 글은 서구 문명을 대상으로 하지만 서구 문명을 총체적으로 이해하고 서술하는 방식 대신, 저자가 보기에 중요한 3가지 문제에 집중하고자 한다. 첫째, 서구 문명의 기원이 되는 고대 그리스 문명의 성격은 무엇인가? 둘째, 산업혁명 이후 폭발적으로 성장한 기술문명은 어떤 식으로 전개되었으며, 이는 세계에 어떤 영향을 미쳤는가? 셋째, 서구 문명의 성장과 자연환경 간의 관계는 어떤 식으로 변화해 왔는가?

이상의 문제에 답하는 과정에서 서구 문명의 중요한 특질을 들여다보는 동시에 서구 문명과 세계가 어떤 연관을 맺으며 발전해 왔는가를 이해해 보고자 한다.

2. 서구 문명의 기원: 고대 지중해 세계의 발전

서구 문명의 원천으로 상정하는 고대 그리스는 여타의 고대 문명과 다른 특성을 지닌 것으로 이야기된다. 세계의 나머지 모든 고대 문명은 신정정치神政政治, theocracy 체제인 데 반해, 고대 그리스 문명은

'민주정'이라는 것이다. 또한 전제적이고 독재적인 다른 고대 문명과 대비되는 그리스적 '이성'과 '개방성'도 강조된다.

이처럼 원천부터 지극히 독창적이고 선진적이었기에 근대에 들어 민주적이면서도 풍요로운 발전을 이룰 수 있다는 것이 서구의 논리였다. 고대 문명의 성과가 르네상스 시대에 다시 살아났고, 이를 바탕으로 완숙한 근대 유럽 문명이 발전했다는 주장이다. 주지하다시피 르네상스라는 말은 '재생'을 뜻하며(re: 다시 / naissance: 태어나다), 이는 찬란한 고대 그리스·로마 문명의 빛이 중세 암흑기 동안 숨죽이고 있다가 근대 초에 되살아났다는 시대인식을 반영한다.

과연 이런 역사인식은 얼마만큼 타당할까? 고대 그리스의 민주정과 그리스적 이성이 어떤 내용이며, 그것이 어떤 과정을 통해 형성되었는가를 밝히고, 그와 같은 주장의 함의를 비판적으로 살펴보고자 한다.

1) 지중해 초기 역사

지중해 초기 역사의 핵심은 교류와 이주다. 선사시대부터 지중해 세계는 사람과 물자, 정보와 문화가 활발하게 소통하는 무대였다. 바다는 다양한 집단 사이를 갈라놓기보다는 서로 연결해 주었다. 이 점을 말해 주는 중요한 사례로 밀로스Milos섬의 흑요석obsidian을 들 수 있다. 흑요석은 청동기 이전에 가장 단단하고 날카로운 날을 만드는 재료였기에 모든 지역에서 이 물질을 원했다. 밀로스섬은 매우 중요한 흑요석 산지였다. 1만 5천 년 전부터 이 섬에서 나는 흑요석이 지중해와 근동의 광범위한 지역으로 수출되어, "근동의 마을 중 흑요석이 없는 곳은 한 곳도 없었다"고 할 정도였다. 이는 선사시대부터 이미 지중해상에 교역과 교류가 활발했다는 증거다.

청동기시대(BC 3200~BC 1200)부터 지중해지역은 오리엔트 문명권으로부터 지대한 영향을 받았다. 해상 네트워크를 통해 고대 이집트와 메소포타미아의 선진문명이 흘러들어 왔다. 이런 배경에서 기원전 1500년경 소아시아와 에게해海 연안지역과 여러 섬에서 초기 그리스 문명(에게 문명)이 발전했다. 이 초기 문명의 성격은 어떠했을까? 우리에게 익숙한 고전기 그리스 문명과는 어떻게 다를까?

이 문제에 관한 연구에서의 결정적 계기는 선문자linear B 자료의 해독이다(선문자 A라 불리는 다른 문자는 아직 해독하지 못한 상태다). 문자자료 해독 이전에는 그리스 신화에 반영된 모호한 이야기들, 혹은 일부지역의 고고학적 발굴결과가 우리가 아는 거의 전부였다. 그런데 선문자 자료를 해독하면서 훨씬 심층적으로 실상을 파악할 수 있게 되었다. 이 연구결과, 미케네를 비롯한 초기 그리스 문명의 실상이 그동안 예상했던 것과는 너무나 다르다는 사실을 알게 되었다.

선문자 자료를 통해 본 미케네의 사회구조는 다음과 같다. 이 사회의 중심부에는 궁정이 자리 잡고 있다. 이곳에 존재하는 아낙스anax(혹은 wanax)라 불리는 통치자는 대개 왕king으로 번역하지만, 군사지도자와 제사장의 직위도 겸하는 존재다. 그는 우선 군과 전차의 장비상태, 군대징집, 전투부대의 조직과 구성 및 이동상황을 통제한다. 동시에 하늘에 제사를 지내 인간사회의 뜻을 전하는 일종의 무당역할을 맡으며, 마법, 날씨, 농사도 관장한다. 세밀하게 짜인 연중행사표를 통제하여 제전祭典의 경축과 제의祭儀 준수를 관장하고, 희생제물로 바치는 동물과 제물로 예정되어 재배하는 작물을 관리하며, 서열에 따라 각 시민에게 적합한 제물을 지정하는 임무도 맡는다. 이처럼 아낙스는 성스러운 힘과 현실세계의 권력을 모두 장악한 존재다. 그의 절대적 힘은 서기를 통해 집행된다. 서기들은 문자를 사용해 행정을 담당하면서 상공업과 구리 같은 금속의 배분을 통제하고, 또 가축과 농업에 관한 모든 사항을 숫자를 사용해 기록으로 보존한다.

이처럼 아낙스와 서기 계층으로 구성된 '궁정'은 주변의 많은 농촌 '촌락'을 지배한다. 촌락 내부에서는 제후 격인 바실레우스basileus (이 단어 또한 후대에 왕으로 번역되지만, 원래는 지방의 촌주村主에 해당한다) 가 데메deme (촌락민) 를 지배·관리한다. 궁정과 달리 지방사회는 문자가 없는 구술문화oral culture 수준에 머물러 있다.

이상이 선문자 해독결과로 알려진 미케네사회의 모습이다. 이렇게 파악된 초기 그리스 문명의 성격을 어떻게 표현할 수 있을까?

놀랍게도 초기 그리스 문명은 다른 여타 고대 문명과 전혀 다를 바 없는 전제주의 양태를 보인다는 사실을 확인할 수 있다. 이집트나 메소포타미아 지역보다 규모만 작을 뿐 핵심구조는 이집트의 파라오체제나 메소포타미아의 제국체제와 하등 다를 바 없다. 신정정치와 관료제를 특징으로 하는 중앙의 지배체제가 넓은 주변지역을 통제하고 있다. 문명의 형성기에 오리엔트지역과 소통하고 그 영향을 강하게 받았기 때문에 그 지역과 거의 똑같은 구조가 형성되었다고 추론할 수 있을 것이다.

그러므로 그리스 문명의 시작단계는 고전기 그리스사회와는 완전히 다르다는 점을 알 수 있다. 만일 이런 상태가 그대로 유지되었다면 우리에게 익숙한 고대 그리스 문명의 특이성은 들어설 자리가 없었을 것이다. 소크라테스Socrates가 광장에서 청년들과 대화하고, 아이스킬로스Aeschylos의 연극작품을 모든 시민이 관람하며, 페리클레스Perikles 같은 정치가가 시민에게 연설하는 개방적인 문명이 발전하려면 국왕이 신의 뜻을 받들어 통치하는 아낙스체제가 붕괴되어야 한다. 그런 파괴와 혁신을 가져온 계기가 '후기 청동기시대 대붕괴The Late Bronze Age collapse' 현상이다.

2) 대격변과 폴리스의 발전

'후기 청동기시대 대붕괴' 현상은 이집트, 근동, 소아시아, 에게해, 코카서스, 발칸반도, 지중해 동부지역 전체에 걸쳐 일대 붕괴를 가져온 대격변이었다. 철제무기를 가진 북방의 강력한 유목민족이 남쪽으로 밀고 내려와 청동기 문명권 지역에 엄청난 충격을 가했다. 소규모 제국질서를 이루었던 에게 문명은 붕괴되어 암흑기를 맞았다. 이 기간 중 문자, 기념비적 건축물, 프레스코 벽화, 공동체적

매장관습이 사라지고 도자기의 품질이 저하되었다. 심지어 그동안 사용하던 선문자 체계가 사라졌으니, 문자사용 단계에 이르렀던 문명이 구술문화 단계로 후퇴했다. 금속을 다루고 상공업을 관장했던 궁정 중심의 경제체제도 무너져서 촌락단위의 자족적 농업경제로 변모했다. 그야말로 문명이 총체적으로 후퇴한 셈이다.

이와 같은 육상의 변화에 선행 혹은 병행하여, 해상에서는 기원이 불분명한 여러 종족이 합쳐진 집단이 지중해 동부지역과 이집트에 밀려와 큰 피해를 입혔다. 이집트인은 이 침략자들을 '바다민족Sea People'이라고 불렀다. 광범위한 파괴의 물결에 대항해 이집트가 그나마 잘 버텼으나 파라오 권력이 더 이상 가나안과 시리아에 미치지 못하게 되고, 레반트Levant 항구들에 대한 영향력도 크게 축소되었다. '바다민족'의 기원에 대해서는 서아시아, 에게해, 지중해의 섬들, 남유럽 등 여러 지역이 거론되긴 하지만 어느 하나 명백하지는 않다. 이 현상은 아직 완전히 규명되지 않은 고대사의 미스터리 중 하나다.

육상과 해상에서 동시에 지속된 이 암흑의 시대에 어떤 일들이 벌어졌을까? 파괴와 쇠퇴는 우선 거대한 이주 흐름으로 이어졌다. 침략자와 선주민이 뒤섞인 상태에서 펠로폰네소스Pelopponnesos반도 남부, 더 나아가 에게해 건너 소아시아 지역으로 이주하여 새로운 단위의 소규모 국가들이 만들어졌다. 이제 이 지역에서는 과거의 소규모 제국체제를 대신해 폴리스polis라는 새로운 단위를 기반으로 새 역사가 전개된다. 그리스사회의 틀이 근본적인 변화를 겪은 것이다.

그렇지만 격변이라고 해서 정말로 모든 것이 다 붕괴된 것은 아니다. 역설적이지만 이 격변의 최종승자는 파괴의 무대였던 지중해 세계 자체라 할 만하다. 궁정중심 경제, 물자 및 문화요소가 이동하는 네트워크는 쇠락했지만, 그렇다고 그런 체제들 전부가 사라진 건 결코 아니었으며 상호교류 네트워크가 부분적으로 작동했다.

여기에 더해 새로운 요소들이 더해졌다. 기존질서가 흔들리는 과정을 통해 유럽북부의 문화가 유입된 것이다. 상이한 요소들이 충돌하고 융합하는 과정을 거친 후 그리스세계에는 결과적으로 더 역동적이고 활동적인 사회가 자리 잡아 갔다. 어떻게 그런 일들이 일어난 것일까?

암흑기를 거치며 상위의 궁정체제가 무너지고 밑바닥의 촌락구조만이 남았다. 성스러운 문자텍스트는 사라지고 구술문화 단계로 후퇴하는 동안, 이전 문명의 내용은 뮈토스mythos ('속삭이며 말하다'에 가까우니, 과거 기억에 대한 신화적 전승이 된다) 의 형태로 전해질 뿐이다. 짐작할 수 있다시피, 이것이 그리스 신화의 풍부한 내용을 이루게 된다. 기존의 중앙 통치질서가 깨지고 난 후, 지방 차원에서 바실레우스와 데메, 즉 지방의 지배집단과 촌락민 간에 격렬한 갈등이 빚어졌다. 모든 것을 중앙에서 통제하며 조정하던 궁정의 명령체계는 더 이상 작동하지 않으니, 각지에서 벌어지는 갈등을 조정하기 위해서는 현지마다 새로운 지혜sophia가 필요하다. 과거에는 제사장 역할까지 담당하는 황제, 곧 아낙스가 하늘의 뜻을 전하고 신민이 이를 따르기만 하면 되었으나, 이제 그것을 대신할 내용을 원점에서 새로 재구축해야 했다.

이 과정에서 폴리스 시민은 그야말로 모든 것에 대해 질문을 던지고 새로운 해답을 추구해야 했다. 자연계physis에 관한 것, 예컨대 우주의 기본 구성요소가 무엇인가 하는 질문부터 시작했지만, 최종적으로 가장 중요한 문제는 인간사회에 관한 것일 수밖에 없다. 올바른 정치란 어떤 것인가, 정의란 무엇인가, 행복은 무엇으로 이루어지는가 하는 문제가 제기되었다. 이 중요한 문제에 대해 각각의 폴리스마다 상이한 해법을 만들어 갔다.

이 중 주목해서 볼 사례가 아테네Athenae다. 아테네는 다른 곳에 비해 미케네시대와의 단절이 그리 격심하지 않았다. 그 결과 군주권의 붕괴현상이 점진적으로 이루어졌다. 군대의 우두머리인 폴레마르코스polemarchos가 등장했는데, 이는 곧 군주가 군사적 기능을 잃어버린 것을 의미한다. 그리고 9명의 아르콘archon (행정장관) 이 실질적으로 통치를 담당했다. 이제 군주는 종교적 권한만 보유할 뿐 군사와 행정 등 지상의 실권은 완전히 상실했다. 특히, 행정권arche을 담당한 아르콘을 매년 교체함으로써 더욱 권력의 자의성恣意性을 방지하고자 했다.

이렇게 진화해 간 체제는 분명 이전시대 혹은 주변 문명권과 확연히 달라졌다. 그리스인 자신이 이 점을 잘 의식하고 있었다. 아테네와 반대되는 스키타이Scythai의 제도를 보면 아테네에서 일어난 변화의 의미를 더 잘 알 수 있다. 헤로도토스Herodotos가 전하는 스키타이아의 건국신화는 그 점을 잘 설명해 준다. 스키타이의 선조 타르기

타오스Targitaos에게서 태어난 세 아들 리폭사이스, 아르폭사이스, 콜락사이스가 함께 그 땅을 다스렸다. 그때 하늘에서 황금으로 만든 쟁기와 멍에, 사가리스sagaris(전투도끼), 납작한 잔이 땅에 떨어졌다. 형제 중 첫째아들이 이를 보고 잡으러 가까이 다가갔지만 그가 접근하자 황금이 타올랐다. 그가 물러나고 둘째가 다가갔는데 이번에도 똑같은 현상을 보였다. 셋째인 막내가 다가가자 불이 꺼져 황금을 자신의 집으로 가져갔다. 형들은 하늘의 뜻에 수긍하여 모든 왕권을 막내에게 넘겨주었다.

이 신화는 신에게 헌주하는 잔, 전투도끼, 농기구(쟁기와 멍에)의 원형을 한 사람이 보유하게 되었다는 내용인데, 이는 곧 모든 권한이 한 곳에 집중되어 있다는 의미다. 즉, 사제, 군인, 농부의 사회적 범주를 모두 국왕이 장악한 것이다. 그리스인은 아르케(행정권)가 분리되지 않은 이 상태를 원시적 체제로 보았다.

그렇다면 아테네에서는 아르케가 어떤 상태인가? 쉽게 말해 일반인 사이에 공개되어 있고 또 서로 경쟁하는 상태다. 신성성과 권력이 한 사람 혹은 한 집단에 의해 독점된 것이 아니라, 일반인에게 공개되었고 일반인이 심판한다. 다시 말해 정치는 아곤agon(경쟁) 상태고, 경쟁은 말logos을 통해 이루어진다. 웅변으로 하는 경쟁의 무대는 아고라agora(광장)다. 이곳은 시장이자 동시에 회합의 장소였다. 아르케가 더 이상 한 사람의 배타적인 지배권이 아니게 되었으며, 따라서 국가는 사적인 성격을 상실했다.

그렇다면 국가질서를 이끌어갈 소피아sophia(지혜)는 어떻게 얻는가? 모든 사람이 소피아를 얻을 수는 없으나, 어쨌든 구하고자 하는 자에게는 길이 열려 있다. 지혜를 얻는 데는 크게 두 갈래 길이 있다. 하나는 신비주의 방식이다. 황홀함, 극기, 정신집중 등을 통해 직관적으로 깨닫는 피타고라스학파의 방식이 그것이다. 다른 하나는 논쟁을 통한 것으로서 토론·수학·기하 등이 사용되는데, 소피스트가 그런 일을 한다(후일 소피스트는 돈 받고 저열한 방식으로 지혜를 팔아먹는 지질 지식인의 대명사가 되었으나, 원래 의미는 진리를 추구하는 철학자이다). 이처럼 그리스 문명은 신비주의와 이성이 함께 존재하고 조화를 이루는 양면성을 특징으로 한다.

3) 조화와 중용

그리스적 가치는 조화와 중용에 있다. 귀족과 평민이 존재하지만, 어느 한 집단이 다른 집단을 일방적으로 압박하는 게 아니라 공존해야 한다. 독단, 독재, 독점을 피하는 것이 그리스적 민주정의 특징이다. 이 점을 가장 잘 보여주는 부문 중 하나는 이성이나 민주정民主政 등과 가장 거리가 멀어 보이는 군사분야다.

귀족정貴族政은 영웅적 정신을 강조한다. 말 타고 전장에 가서 적과 일대일로 용감하게 싸우는 것이 과거 영웅시대의 모습이다. 이때 필요한 것은 이성을 뛰어넘는 용기다. 이성적 상태에서는 누구든지 목숨이 위태로울 때 싸움을 피해 도주하려 하기 마련이다. 영웅적 전사는 그렇게 해서는 안 된다. 용맹성을 부추기는 힘을 그리스인은 광희狂喜라고 파악했다. 미친 용기를 나타내는 뤼사lyssa 같은 개념이 그런 것이다. 아마도 이는 세계의 모든 용맹한 전사가 공유하는 것으로서, 북유럽의 전설적 전사 버서커berserker 현상과 통한다.

그러나 민주정의 군사문제에서 필요한 것은 다른 가치다. 시민-전사는 방진phalanx형태를 띤 밀집대형을 이룬 전열에서 자기자리를 지키며 함께 움직여야 전체가 안전하면서도 강력하다. 병사는 방패와 창을 소지하는데, 이때 왼손에 쥔 방패의 절반은 내 몸을 가리고 나머지 절반은 옆 동료의 몸 절반을 가려 준다. 내 몸의 나머지 절반 또한 옆 병사의 방패로 보호받는다. 적이 돌진해 오더라도 이 틀을 그대로 유지하려면 냉정과 극기가 필요하다. 대오隊伍를 잘 지키고, 대형을 유지하며 행진하고, 한창 싸움이 벌어질 때에도 결코 제자리를 이탈하지 않는 게 핵심이다. 대오를 이탈하고 나가서 싸우면 군대 전체를 위험에 빠뜨리는 최악의 행위가 된다. 다시 말해 병사는 '이성적으로' 용감해야 한다.

스파르타Sparta인 아리스토데무스Aristodemus 관련고사가 이 점을 잘 보여준다. 기원전 480년 페르시아군과 그리스 동맹군이 싸운 테르모필레Thermopylae 전투에 참여한 스파르타의 300명의 전사이야기는 잘 알려져 있다. 이때 에우리토스와 아리스토데무스 두 사람은 심하게 눈병이 나서 싸울 수 없는 상태였으므로, 진영을 떠나 알페노이라는 곳에서 앓아누워 있었다. 페르시아군이 들이닥쳤다는 소식을 들었을 때 두 사람은 전쟁터로 가든지 스파르타로 돌아가든지 둘 중 하나를 선택할 수 있었다. 에우리토스는 무장을 가져오게 하여 갖춰

입고 전쟁터로 가서 다른 병사와 함께 장렬하게 전사했으나, 아리스토데무스는 스파르타로 살아 돌아갔다. 그는 이후 수치와 모욕을 겪으며 살았다. 스파르타인 중 아무도 그에게 불씨를 주지 않았고 말도 걸지 않았다.

그러다가 그의 명예를 살릴 기회가 찾아왔다. 다음 전투인 플라타이아이Plataeae 전투(BC 479)에 참여한 그는 단연 용감하게 싸우다가 장렬히 전사했다. 그리하여 그는 겁쟁이라는 불명예는 면했으나 이번에도 명예를 부여받지는 못했다. 그는 "명백히 죽기를 바라고서 분연히 대열에서 뛰쳐나가" 싸웠기 때문이다. 말하자면 그는 호전적 난심lussonta상태에서 싸움으로써 오히려 군 전체를 위험에 빠뜨렸다. 따라서 그에게는 스파르타인이 용맹에 대한 공훈으로서 최고의 인간에게만 수여했던 장례의 영예를 허락하지 않았다.

공동체 전체를 위해 개인이 존재하는 것이지 공동체가 개인을 위해 존재하는 게 아니라는 점에서 고대 그리스는 결코 현대적 의미의 민주주의와는 같지 않다. 개인은 공동체와 조화를 이루어야 하지 홀로 튀어서는 안 된다. 지나치게 개인적인 무공을 추구하거나 너무 부자이거나 혹은 장례에서 홀로 지나치게 슬퍼하는 행위는 결코 선한 일이 아니다. 이런 것들은 넓은 의미의 오만hubris에 속한다. 이는 곧 자아의 과잉표출이라 할 수 있다.

폴리스는 일종의 확대가족이다. 이를 잘 보여주는 사례가 범죄행위에 대한 이들의 관념이다. 누군가가 격노한 상태에서 살인을 저질렀다고 하자. 현재 우리는 이것을 개인문제로 본다. 그렇지만 고대 그리스에서는 이것이 사회 전체의 부조화를 가져오는 사회 전체의 문제로 보았다. 한 개인이 다른 개인을 죽인 것이 아니라 혈족 전체에 위해를 가한 행위며, 더 나아가 조상을 욕보이는 죄다. 아버지의 삶과 나의 삶이 단절된 게 아니다. 내 삶은 조상 대대로 이어진 친족 전체의 삶의 연장이므로, 할아버지나 아버지에 내려진 저주가 나에게까지 유전되는 것도 같은 맥락이다. 그러므로 살인은 공동체 전체가 해결해야 할 문제이므로, 종교적 정화catharsis를 필요로 한다. 우리는 소포클레스Sophocles의 《오이디푸스 왕Oedipus Rex》에서 그런 점을 읽을 수 있다.

공동체를 위해 자신을 철저히 절제하는 금욕상태가 훨씬 높은 가치를 띠는데, 그 극단적 사례가 스파르타다. 국가가 시민에게 덕을 권유하는 정도를 넘어 공포phobos를 통해 덕을 강요하는 스파르타는 일종의 '극단적 민주주의'의 사례라 할 수 있다.

4) 지중해적 맥락

아테네와 스파르타를 비롯한 고대 그리스 문명의 특성이 어떤 식으로 발현되고 어떤 과정을 통해 발전했는가를 간략하게 살펴보았다. 여기서 우리가 놓쳐서는 안 되는 점은 아테네나 스파르타 같은 대표적인 폴리스 한두 곳을 이야기한다고 고대 문명을 온전히 설명할 수는 없다는 점이다. 지중해 세계라는 광대한 역사무대는 아테네만의 혹은 그리스 민족만의 무대가 아니다. 지중해 세계에서 활약한 주체는 그리스 혼자가 아니다. 무엇보다도 일찍이 지중해 동부지역에서 활발하게 해상교역과 지배를 펼친 페니키아Phoenicia를 고려해야 한다.

전승傳承에 의하면 페니키아인은 기원전 1천 년경부터 각지에 식민도시를 건설했다. 대표적인 도시가 카르타고Carthago다. 기원전 820년경, 튀니스만에 건설한 '카르트-하르데쉬트Qart-hardesht'가 후일 카르타고가 되었는데, 이 이름은 '새로운 도시new city'라는 의미다. 스페인에 건설한 중요한 식민시植民市로는 가디르Gadir를 들 수 있다. 이 말은 페니키아어로 요새를 의미한다(로마인들은 가데스Gades라 불렀고, 이것이 변형되어 오늘날 카디스Cádiz가 되었다). 이곳의 장점은 인근지역의 은광銀鑛에 접근 가능하다는 점이다. 금속수요가 페니키아의 서부팽창의 주요 동력이었다. 이후 안달루시아Andalucia지역, 발레아레스Baleares제도, 몰타Malta섬 등에도 정착이 이루어졌다. 페니키아인은 더 멀리 포르투갈 해안 쪽으로도 밀고 올라갔고, 또 가디르 출신 사람들이 아프리카 서해안 및 대서양 섬들의 어장으로 진출해 갔다. 이상에서 알 수 있듯이 그리스인 이전에 페니키아인이 대단히 광범위한 지역을 무대 삼아 활발한 활동을 펼쳤다.

페니키아에 뒤이어 그리스인 역시 비슷한 방식으로 식민시들을 건설해 갔다. 마그나그라이키아Magnagraecia(이탈리아 등지 그리스 식민도시 건설지역)가 대표적인 곳이다. 이들이 건설한 항구도시 중에는 이후 3천 년 동안 생존한 곳이 많다. 티루스Tyrus, 시돈Sidon, 카르타고, 카디스, 카르타헤나Cartagena, 피레우스Piraeus, 코린토스Corinthos, 비잔티움Byzantium(이스탄불), 마르세유Marseille 등이 그런 곳이다.

기원전 8세기부터 시작된 이 현상을 흔히 식민화colonization라고 표현해 왔다. 그러나 이는 제국주의 시대의 현상과는 의미가 다르다. 이 현상은 아포이키스모스apoikismos라는 용어로 말할 수 있는데, 이 말은 그리스어 아포이키아apoikia에서 온 것으로 '집에서 떨어진 집 home away from home'을 뜻한다. 이곳들은 모국에 정치적으로 종속되지 않는 독립공동체이며 제국주의 정책의 도구도 아니다. 기원전 4세기 이전에는 기본적으로 영토지배에도 관심이 없었다. 그렇다면 이 식민활동은 어떤 방식으로 진행되었을까?

흔히 페니키아와 그리스, 두 민족의 해상활동을 두고 해양 식민 '제국'을 건설했다고 말하지만, 이 표현을 '구조' 혹은 '체제'로 이해해서는 안 되며, 네트워크의 확산으로 이해해야 한다. 구체적으로 보면, 배후지가 거의 없는 작은 항구도시의 상인층이 장거리 해로를 오가며 점차 복잡한 네트워크를 만들어간 것이다. 이 해상 네트워크를 통해 시, 기술(건축, 문자, 철기 사용 등)로부터 문화자산까지 모든 것이 전달되었다. 지중해 연안은 소규모 세계 네트워크가 펼쳐진 공간이다. 해안은 일종의 세포막이다. 선박은 해안까지 오지만 이 이후 강들이 모세혈관 역할을 하여 내륙으로 흡수해 갔다.

바다는 물질문화, 관습, 이데올로기 등을 이동시킨다. 그 결과 기원전 7~6세기에는 지중해 전체를 통합하는 시장이 형성되었다. 올리브기름, 포도주, 직물, 도자기, 철, 은 같은 상품이 이 안에서 이동했다. 질리오Giglio섬 연안에서 발견한, 기원전 600년경 침몰한 선박의 연구결과를 보면 이 교역의 특성을 잘 파악할 수 있다. 이 선박의 화물은 에트루리아Etruria와 페니키아의 암포라amphora, 에트루리아와 코린토스의 도자기와 철, 납 등 다양한 지역의 다양한 상품이었다. 이 교역은 중앙에서 통제하는 방식이 아니다. 여기에서 핵심은 엠포리아emporia(교역장소)다. 그리스인과 페니키아인이 이주하여 만들어낸 결과물이 바로 엠포리아였다.

기본적으로 지중해 세계의 핵심은 유동성이다. 이 성질은 고대세계의 끝까지 계속 유지되었다. 다만 이 세계를 틀 지우는 형태가 급격하게 바뀌었을 뿐이다. 고대사의 최종 도달점은 로마제국이다. 서력西曆 시작시점에 로마는 지중해-흑해제국이 되었고, 광대한 해역에 질서가 잡혔다. 지중해 전체가 하나의 제국통치 아래 들어간 것이다. 그렇지만 지중해 세계의 특성이 근본적으로 바뀐 건 아니다. 거대한 제국의 틀 속에 포섭되어 갔지만, 그 내부 움직임은 여전히 활발한 교류네트워크의 중첩이라 할 만하다. 다만 제국질서가 안정을 기함으로써 더 활발하게 교류가 일어났을 뿐이다.

이 상황에서 그리스·로마 문화를 비롯해 고대의 다양한 문화가 융합되어 갔다. 정치적 힘을 등에 업은 그리스 문화가 중심축으로 작동했지만, 그렇다고 이 세계 전체가 동질적이 된 것은 아니다. 동방의 종교들이 들어와 퍼져 가고, 가디르의 참치와 생선소스가 제국 전체 혹은 그 너머로 전달되었으며, 아시아와 아프리카의 물자와 노예가 적어도 간접적인 경로를 통해 전달되었다.

다양한 문화들이 융합되는데 그 가운데 왜 유독 그리스 문화가 중심적인 촉매 역할을 하게 되었을까? 문명의 모든 내용을 문자로 기록했기 때문이다. 청동기 말기 대격변이 심지어 문자를 잃어버릴 정도의 큰 문화적 충격을 가했다는 것은 앞에서 지적한 바 있다. 그리스 문명에서 다시 문자를 알게 되는 것은 페니키아인이 개발한 알파벳이 들어온 기원전 8~7세기경이다. 이후 그리스인은 알파벳을 이용해 기록했다. 어쩌면 페니키아 역시 풍요로운 문화콘텐츠를 가지고 있었을지 모르지만, 그리스 세계는 페니키아 알파벳을 도입하여 사용하면서 모든 것을 자신의 것으로 만들었다. 고대 그리스 문명은 로마의 제국질서 속으로 들어가 굳건하게 자리 잡았고, 르네상스 시대에 중요한 문명텍스트로 다시 살아났다.

서구 문명이 자신의 뿌리가 되는 시기에 획득한 중요한 특질은 강력한 개방성과 혼융성混融性이었다.

3. 산업혁명이 만든 현대 문명

산업혁명 시기는 인류역사상 가장 중요한 전환의 시대 중 하나다. 인류역사는 산업혁명 이전과 이후로 나뉜다고 해도 과언이 아니다. 산업혁명은 인류가 늘 직면했던 공동의 문제에 대해 근본적 해결책을 제시하여 인간사회를 근본적으로 변혁했다. 인류역사상 대부분의 시대는 이른바 '맬서스의 덫Malthusian Trap'에 빠져 있었다. 그 핵심적 면모는 인구와 자원 간 길항관계拮抗關係, trade-off이다. 경제가 성장하면 인구가 증가하지만, 기술한계 때문에 조만간 식량과 원재료, 에너지 부족사태에 빠지고, 결국 인구가 다시 감소한다. 그 결과, 장기적 인구동향은 증가와 감소 사이클이 반복되는 양태를 보인다. 이 구조적 제약을 벗어나게 만든 혁신이 산업혁명의 성과다. 이후 산업생산과 인구 모두 동반하여 급성장을 이루었다.

주지하다시피 산업혁명의 발원지는 영국이다. 전 지구적 관점에서 18세기 상황을 살펴보면 유럽뿐 아니라 중국 남부, 인도 일부지역, 일본 등 경제적으로 크게 앞서 있는 지역에서 모두 같은 문제에 봉착해 있었다. 경제와 인구상황이 모두 해당지역의 자원이 감당할 수 있는 한계까지 성장해 있어서, 예전과 같은 사이클이 작동한다면 전반적인 축소 국면으로 들어갈 상황이다. 쉽게 말해 그것은 곧 엄청난 수의 사람이 기근과 질병으로 사망하는 비극적 사태를 의미한다. 모든 지역마다 이 구조적 제약을 깨는 혁신적 방법을 찾고 있었다.

현재 우리는 실제 일어났던 역사의 진행을 알고 있으므로 영국에서 일어난 방식이 필연적 결과라고 생각하기 쉬우나, 실제로 그 시점에서 보면 과연 어떤 지역에서 어떤 혁신이 나올지는 아무도 예견하지 못했다. 그렇지만 일단 첫 돌파가 이루어지자, 주변지역에서 그 방식을 수용하고, 곧이어 세계 각지에서 산업혁명의 성과를 차용했다. 19세기 중 유럽 각국과 미국으로, 이어서 일본과 소련으로 혁신이 전파되었고, 20세기에 들어서는 아시아 각국이 이를 배우고 따랐다.

이상의 사실에서 우리가 감지할 수 있는 사실은 산업혁명이 단순히 한 번의 거대한 변화에 그치는 게 아니라 이후 여러 차례 변화의 흐름을 초래했다는 것이다. 다시 말해 1차 산업혁명 이후에는 이른 바 2차, 3차 그리고 현금의 4차 산업혁명이라 부르는 — 그런 명명 이 과연 적절한지는 일단 차치하고 — 큰 변화들을 불러와, 이제 변 화가 일반적인 시대가 되었다. 이처럼 산업혁명은 현대 문명을 해명 하는 가장 중요한 열쇠임이 분명하다.

1) 거대발명과 미시발명

산업혁명 시기에 이룬 핵심사항은 완전히 새로운 종류의 에너지를 사용한 기계화, 다시 말해 증기기관의 발명과 응용이다. 그 이전 시 대가 인간과 동물의 근육을 주로 사용하고, 농산물과 임산물 등을 위주로 경제생활을 영위하는 '유기적organic' 사회였다면, 산업혁명을 거친 후에는 새로운 에너지, 새로운 물질, 새로운 경제방식의 '비- 유기적non-organic' 사회가 되었다. 인구가 엄청나게 증가했고, 인류 의 물질적 성취는 놀라울 정도로 늘었다. 다시 말해, 증기기관은 양 적으로나 질적으로나 인간사회를 근본적으로 변화시켰다.

증기기관은 어떻게 개발되었는가? 이는 어떻게 산업을 일신시켰 는가? 또 그 기술이 어떻게 유럽과 세계 전역으로 확대되었는가? 이 런 중요한 문제를 이해하기 위해 '거대발명macro-invention'과 '미시발명 micro-invention'이라는 개념을 차용해 보자.

거대발명은 생산성 급증의 원천이 되는 발명, 곧 생산요소 구성을 변경시키는 발명이다. 반면, 미시발명은 거대발명의 결과를 더욱 개선하고 다양한 부문에 응용하는 과정에서 일어난 발명을 가리킨다. 증기기관의 원리를 정립하고 그것을 구현한 초기 증기기관의 완성이 거대발명에 속하며, 다음 과정에서 증기기관을 더 혁신하고 또 이를 원용하여 면직물, 제철, 철도 등 중요한 산업을 발전시킨 것이 미시발명에 속한다.

산업혁명을 주도한 나라는 영국이다. 앞서 언급한 거대발명과 미시발명이 영국에서 일어났다. 왜 전 세계 그 많은 나라 중 영국에서 산업혁명이 일어났는가? 이는 경제사의 고전적 질문이다. 이 문제에 대한 답을 구하기 전에 우리는 먼저 질문 자체를 생각해볼 필요가 있다. 최근 역사학계는 글로벌한 시각을 강조하는 경향이 있으며, 그러다 보니 산업혁명을 보는 시각도 변화했다. 이런 관점에서는 산업혁명이 왜 중국이나 인도가 아니라 유럽에서 일어났는가를 먼저 묻고 이 차원에서 답을 구하려 한다. 영국이 완전히 고립된 나라가 아니라 더 광범위한 유럽 문명 내에 있으므로 유럽 문명의 어떤 특성이 영향을 미쳤는지 묻는다는 것은 타당한 질문이다.

증기기관 발명시점은 대개 토머스 뉴커먼Thomas Newcomen, 1664~1729이 대기압 엔진atmospheric engine (혹은 fire engine) 을 세상에 내놓은 1712년을 결정적 전환기로 본다. 바로 이것이 거대발명에 속한다. 이 기계는 단순히 장인이 손재주로 만들어낸 것이 아니라, 과학적 원리를 체계적으로 이용해 만든 산물이다. 그러므로 거대발명은 유럽의 근대 과학 발전을 전제하지 않을 수 없다. 그 때문에 많은 연구자가 산업혁명의 원인으로서 계몽주의 사상과 뉴턴Newton 과학을 강조했으며, 그 기원을 찾아 멀리 17세기 과학혁명까지 거슬러 올라간다. 자연현상을 엄밀히 관찰하고 수학적으로 정량화하는 근대 과학발전이 없었다면, 그리고 그것을 용인하고 장려하는 이성적인 문화풍토가 없었다면 애초에 산업혁명 현상이 시작되지는 못했을 것이다.

그중 증기기관의 원리와 관련된 측면을 보자. 과학발전과 증기기관의 원리 사이에는 분명 직접적 관계가 있다. 17세기에 갈릴레오 갈릴레이Galileo Galilei, 1564~1642가 흡입펌프를 발명했고, 1644년 에반젤리스타 토리첼리Evangelista Torricelli, 1608~1647가 이를 더 개선했다. 1655년 오토 폰 게리케Otto von Guericke, 1602~1686는 실험을 통해 실린더에서 공기를 빼면 아주 무거운 하중을 지탱하는 힘을 발휘한다는 것을 확인했다.

1666년 크리스티안 하위헌스Christian Huygens, 1629~1695는 실린더 내 화약을 폭발시켜 피스톤을 밀어올리고 난 후 가스를 배출시켜 진공을 만들어 내는 방식으로 증기기관의 원리를 확립했다. 그러나 화약을 사용하는 방식은 위험할 수밖에 없었으므로, 이를 실용화할 수는 없었다. 이 문제를 해결하고 실물로서 증기기관을 처음 만들어낸 사람은 그의 조수 드니 파팽Denis Papin, 1647~1713이다. 1675년 그는 실린더를 증기로 채워 화약을 사용한 때와 같은 현상이 일어나도록 함으로써 증기기관의 원형을 완성했다.

산업현장에서 최초로 증기기관을 사용한 사례는 토머스 세이버리

Thomas Savery, 1650~1715의 증기 진공펌프를 들 수 있다. 그는 증기를 압축하여 진공상태를 만들어 얻은 힘으로 펌프가동이 가능한 기관을 만든 후 1698년 이를 특허 출원했다. 이 기관은 일부 광산에서 배수작업에 사용되었지만 여러 단점 때문에 널리 사용되지는 못했다. 몸집이 크기만 할 뿐 너무 많은 석탄을 사용하여 열효율이 극도로 낮았기 때문이다. 여기에서 한 걸음 더 나아간 것이 뉴커먼의 증기기관이다. 뉴커먼의 증기기관은 광산의 배수작업에만 쓰인다는 한계가 있으나 현장에서 널리 사용되었다는 점에서 중요한 의미를 띤다.

이상에서 본 바와 같이 거대발명은 어느 한 시점에서 한 인물이 이루어낸 것이 아니라 오랜 기간에 걸쳐 누적된 성과들을 응용하고 혁신한 결과다.

2) 뉴커먼, 새 시대를 열다

뉴커먼의 발명은 물을 끓여 만든 증기를 실린더 안에 넣고 피스톤을 밀어 올린 다음, 찬 물을 분사하여 식힘으로써 진공상태를 만들어내는 방식이다. 그러므로 이 기계는 증기의 팽창력을 직접 이용하는 게 아니다. 증기는 단지 실린더 내부를 채우는 가스공급 역할을 하기 때문에 이 기관의 힘은 제한적이었다(low-pressure engine). 즉, 원리로는 17세기 과학을 이용한 것이다. 그런데 원리를 안다고 바로 발명이 이루어지는 건 아니다. 20세기에 뉴커먼 엔진을 다시 만들어 실험했을 때, 여간해서는 잘 작동하지 않는다는 사실을 확인했다. 뉴커먼 기관은 아주 큰 노력을 들여 정교하게 만들어야 작동이 가능하다. 원리에서 실천으로 가기까지 지대한 공력이 필요했음을 짐작할 수 있다. 실제로 뉴커먼은 1700년경 실험을 시작하여 10년이 넘는 세월이 걸려 그의 작품을 만들어 냈다.

여기에서 중요한 질문이 제기된다. 왜 그는 그처럼 큰 노력을 들여 이 기관을 만들었을까? 쉽게 말해 '돈을 벌려고' 했기 때문이다. 즉, 단순히 과학원리에 머무는 게 아니라 이를 사업화하려 했다는 점이 중요하다. 다시 말해, 이는 당시 영국경제가 이 발명의 성과를 사용하고 기꺼이 돈을 지불할 상태였음을 뜻한다. 발명에 성공하면 그에 값하는 충분한 보상이 이루어진다는 것이 분명하므로 뉴커먼은 10년 이상 연구한 것이다. 매우 큰 연구·개발(R&D)이 필요하다는 것은 곧 이 일이 과학적이면서 동시에 경제적 사안임을 의미한다.

기본연구들은 주로 독일과 이탈리아에서 진행되었고 원리는 유럽 전역에서 이미 알고 있었지만, 이런 원리들이 영국에서 구체적인 거대발명으로 이어진 이유는 이 나라에서만 그 과학원리들을 구현할 직접적인 동기가 있었다는 이야기가 된다. 반대로, 갈릴레이의 많은 과학발견이 상품화되지 않았다는 점은 당시 그 성과가 사업적으로 이용될 여건이 안 되었다는 사실을 말해 준다.

그렇다면 18~19세기 영국에서 증기기관은 왜 경제적 효용이 있었을까? 그 답은 당시 영국경제의 고임금 문제에서 찾을 수 있다. 기계혁명은 값비싼 인력을 기계로 대체하려는 노력의 결과다. 워낙 임금이 높아서, 증기를 이용한 기계의 힘으로 노동력을 대체하고자 했던 것이다. 그렇다면 인력을 사용하는 비용보다 증기력을 사용하는 비용이 매우 낮아야 한다. 영국에서는 양질의 석탄을 비교적 쉽게 대량으로 얻을 수 있는 노천광露天鑛이 많았기 때문에 석탄을 대량으로 사용해 인력을 대체하는 것이 가능했다. 석탄이 초기 산업혁명의 성공에 결정적 요인임은 부인할 수 없다.

그렇다면 중국에는 석탄이 없어서 산업혁명이 시작되지 않았단 말인가? 물론 석탄이 대량으로 존재했지만, 석탄부존 지역과 경제발전 지역이 너무 멀리 떨어져 있다는 점이 결정적 장애였다. 이런 이유 때문에 뉴커먼 기관은 탄광에서 배수사업에만 주로 사용되었다. 그곳에서만 필요하고 그곳에서만 사용 가능했다. 엄청난 양의 석탄을 소비하는 이 원시적 기관은 해당지역 자체에서 대량으로 석탄을 공급하지 않으면 아무 쓸모없다. 그러므로 초기 증기기관은 석탄과 연결된 점이 돌파구이자 동시에 한계였다. 대단히 큰 덩치에 대량의 석탄을 잡아먹는 이 기구는 탄광에서 물 빼는 일 외에는 사실상 아무 쓸모없는 물건이었다. 이 발명은 처음으로 인간과 동물의 근육을 완벽하게 대체한 놀라운 과학·기술의 성과이지만, 특정분야 외에는 쓸모없는 물품이라는 역설에 직면해 있었다.

바로 이 시점의 상황을 상상해 보자. 이 발명이 과연 앞으로 어떻게 쓰일지 누구도 정확히 예측하지 못했다. 광산에서 물을 빼는 거대한 기구가 훨씬 효율적이고 소형화되어, 공장에서 직조기를 돌리고 자동차와 기차, 선박을 움직이는 동력으로 쓰이리라고 누가 생각했겠는가? 이런 성과들은 이제부터 엔지니어들이 장기간에 걸쳐 하나씩 개선해낸 결과이다. 그 기간이 한 세기 반이나 걸렸다는 점을 잊지 말자. 바로 이때가 미시발명이 일어난 단계다. '돌파'는 거대발명의 결과지만 구체적으로 세상을 '변화'시킨 것은 미시발명의 결과다.

3) 2단계 미시발명

거듭 강조하지만, 거대발명이 이루어졌다고 해서 세상이 바뀌는 것은 아니다. 가능성을 구체화한 다음 단계가 세상을 바꾸었다. 뉴커먼 기관은 너무 크고 효율성이 떨어지는 데다 단순 왕복운동만 가능하다. '물 퍼내는 멍청한 거인'을 '세련되고 힘 좋고 솜씨 좋은 일꾼'으로 바꾸려면, 우선 열 효율성이 대폭 개선되어야 하고 왕복운동뿐 아니라 부드러운 원운동이 가능하도록 만드는 혁신이 필요하다.

우선 증기기관의 효율성이 지속적으로 개선되었다. 한 시간 동안 1마력의 힘을 내는 데 필요한 석탄의 양을 기준으로 할 때 뉴커먼 엔진은 45파운드의 석탄이 필요했지만, 1760년경까지 30파운드로 개선되었다. 그 후로도 계속 개선이 진행된 결과 22파운드, 15파운드 등의 기관이 나오다가 19세기 말에는 급기야 그 수치가 1파운드 이하까지 내려갔다(매우 효율적인 해군 함선의 경우가 그러하다).

이와 같은 일련의 개선과정에서 결정적 역할을 한 인물이 스코틀랜드 출신 기계제작자 제임스 와트James Watt, 1736~1819다. 와트는 뉴커먼의 증기기관 수리를 의뢰받고 살펴본 결과, 이 기관은 실린더의

가열, 냉각, 재가열 과정을 거치는 동안 엄청난 양의 증기를 낭비한다는 사실, 다시 말해 엄청난 에너지를 낭비한다는 사실을 깨달았다. 오랜 노력 끝에 그는 배출된 증기를 별도로 연결된 공기실로 보내는 콘덴서를 고안해 이 문제를 해결했다. 그는 1769년 이 발명의 특허를 출원했다. 이후 이 기관을 계속 개선하여 조잡하고 불편하고 기묘했던 장치를 산업혁명의 보편적 원천으로 탈바꿈했다.

그는 매슈 볼턴Matthew Boulton, 1728~1809을 파트너로 삼아 여러 용도의 증기기관을 만들어 내며 사업을 운영했다. 와트와 볼턴은 발명가와 사업가 사이의 이상적 관계로 거론된다. 두 사람은 다양한 제조업에 응용할 수백 가지 증기기관을 고안해 냈다. 와트가 사망한 19세기 초반에는 그 수가 1천 개를 넘었다. 그들은 철저하게 특허권을 보호하며 사업을 잘 운영해 큰돈을 벌었다.

증기기관의 발전에서 중요한 전환은 왕복운동을 원운동으로 바꾸어 정교한 힘(rotary power)을 구현한 것이다. 사실 직조, 자동차, 기차 등 많은 부문에서 필요한 힘은 왕복운동이 아니라 원운동이다. 증기기관을 이용해 부드럽게 돌아가는 힘을 만들어 내고, 그 힘을 산업현장에 적용하는 방식을 창출해 내는 게 핵심과제다. 여기에는 수많은 '개별화된 지식local knowledge'이 동원되었다. 이미 가진 지식과 기술을 변경하고 조정하는 이 과정이 증기기관이 본격적으로 세상을 바꾸어 나가는 핵심단계라 할 수 있다.

이 과정에서 와트가 지대한 공헌을 했지만 그 혼자 모든 일을 한 것은 아니다. 예컨대 피스톤을 빔에 연결할 때 체인에서 막대기로 바꾸는 과정은 매우 중요한 사건이다. 이 사실은 당대 이미 알려져 있는 것을 응용한 것이므로 도약이라 할 수는 없지만, 와트는 이런 발전들을 잘 응용했고, 또한 특허출원을 해서 사업상 이익을 거두었다.[1] 이 단계를 관찰해 보면 영국 산업계 전반에서 '집단적인' 발명이 일어나고 있다는 점을 알 수 있다.

와트는 1800년 특허만료 후 은퇴했다. 개인적으로는 동시대 다른 엔지니어와 달리 매우 큰 성공을 거두고 큰 재산을 쌓은 후 존경받고 유복한 노년을 보낼 수 있었다. 그렇지만 사업계로서는 거인의 은퇴로 인해 이 사업 전반이 후퇴할 가능성이 있었다. 이제 각각의 광산과 사업장마다 알아서 증기기관을 사용했고, 따라서 기술개선이 지지부진해졌다. 그러자 광산 경영인들이 매달 자신의 기술개발을 서로 알리고 공유하자는 아이디어를 제시했다. 많은 경영인이 이 컨소시엄에 참여해 기술개발의 세부사항detail을 서로 배웠고, 이 결과들을 모아 〈린 엔진 보고서Lean's Engine Reporter〉에 발표했다. 이는 1904년까지 지속되었다. 이처럼 미시발명 과정은 생각보다 훨씬 더 집단적이고 역동적이었다.

---

1 와트의 사업이 전반적으로 증기기관의 개선에 혁명적 진전을 가져온 것은 분명하지만, 때로 그가 방해한 적도 있다. 조너선 혼블로어(Jonathan Hornblower, 1753~1815)라는 기술자가 발명한 복합엔진이 대표적 사례다. 이 기관은 주요 실린더에서 배출된 증기를 그냥 버리는 게 아니라 두 번째 실린더로 보내 활용함으로써 효율성을 훨씬 더 높인 훌륭한 발명이다. 그런데 와트는 두 번째 실린더가 일종의 콘덴서라 주장하며 자신의 특허를 위반한 것이라 주장했다. 법적 압박을 받자 혼블로어는 연구를 중단했고, 결국 이 아이디어는 19세기 중반에 가서야 되살아났다.

4) 직물업 사례, 증기기관의 확산과정

산업혁명의 발전과정을 고찰하는 구체적 사례로 면공업綿工業을 보자. 증기기관이 도입되어 폭발적으로 생산이 증가했고 그로 인한 세계산업의 지배로 이어진 첫 부문이 바로 면직물 공업이다. 면공업은 원래 수작업으로 이루어졌다. 면화에서 섬유를 뽑아내 정렬하여 길게 만든 후 이를 가지고 실을 만드는 방적紡績이 첫 번째 과정이고, 이 실로 천을 짜는 직포織布가 두 번째 과정이다. 두 과정 모두 기계화된 결과, 영국의 면직물 산업이 인도의 면직물 산업을 누르고 세계시장을 석권했다.

면직물 공업에 한정해 본다면, 손으로 돌리는 물레를 기계적으로 변환한 제임스 하그리브스James Hargreaves, 1720~1778의 스피닝제니 spinning jenny가 거대발명에 해당한다. 그러나 사실 이는 고도의 과학의 산물은 아니었다. 첫 번째 것은 주머니칼로 만들었다고 할 정도로, R&D도 아주 적게 들었다. 그런데 이 정도의 발명도 당시 상황에서는 상당한 충격을 주었다. 소식을 들은 이웃주민들이 그의 집에 쳐들어가 기계와 가구를 부수었고, 하그리브스 자신도 큰돈을 벌지는 못했다.

이 발명품은 영국 이외의 유럽 전역으로 확산했을까? 그렇지 않다. 그 이유는 전통적 물레가 워낙 싸다는 데 있다. 가내에서 여성 혼자 물레를 돌리는 부업을 위해서라면, 아무리 적은 금액이라도 돈을 들여 기계를 사지 않고 예전의 물레를 그대로 사용하려 했다. 말하자면 새 도구를 도입하여 임금을 절약하는 효과가 너무 미약했다. 따라서 영국보다 임금이 더 저렴한 타국으로는 거의 확산되지 않았다. 영국에서 스피닝제니의 수익률rate of return은 38%였지만 프랑스에서는 2.5%에 불과했고, 임금이 지극히 낮은 인도에서는 -5.2%로 계산된다. 인도의 입장에서 보면 이 도구만 해도 매우 고가여서, 이를 구매해 사용하는 것보다는 싼 임금의 노동자를 이용하는 것이 더 경제적이다.

리처드 아크라이트Richard Arkwright, 1732~1792의 수직기water frame(수력방적기), 새뮤얼 크럼프턴Samuel Crompton, 1753~1827의 뮬mule 방직기와 같은 다음 단계에서도 역시 같은 원칙이 적용된다. 이 단계에서는 훨씬 큰 규모의 R&D를 통해 더 정교하고도 강력한 기계를 만들어 냈고, 그 결과 이전과는 비교할 수 없는 생산성을 얻었다. 이 단계부터 대규모 물레방아, 더 나아가 증기기관이 활용되기 시작한다. '도구'라기보다는 '기계'가 본격적으로 사용되면서 면공업이 대량생산의 궤도에 올라선 것이다. 뮬 방직기에 이르자 가격과 품질 측면에서 처음으로 인도와 경쟁이 가능해졌다. 마침내 수력 대신 증기력을 주요 동력으로 삼는 최종단계에 이르면 우리에게 익숙한 공장제工場制로 이행하게 된다.

영국은 기계와 기술의 국외이전을 철저히 막으려고 했지만, 설사 이웃나라에 알려졌다 하더라도 쉽게 따라 하지는 못했을 것이다. 아크라이트의 수직기만 하더라도 그와 같은 기계를 자체제작하는 게 쉽지 않았을 뿐 아니라, 이 기계를 사용할 때의 이윤율이 영국에서는 40%지만 프랑스에서는 9%에 불과했다. 말하자면 프랑스에서는 임금이 여전히 낮아서 굳이 비싼 기계를 도입해도 경제성이 크지 않았다. 하물며 증기기관을 이용한 뮬 방적기는 말할 나위가 없다. 임금이 매우 높은 대신 저렴하면서도 고품질의 석탄 덕분에 에너지 가격이 매우 낮은 영국에서만 증기기관이 지대한 경제적 효과를 볼 수 있었다.

면공업이라는 특정한 한 분야에서 고찰한 점은 산업혁명과정 전반에서 확인할 수 있다. 증기기관이 발명되고 개선되었다고 하더라도 그것이 곧장 산업 전 분야에 적용된 것도 아니고, 세계 각지로 급속히 확산된 것도 아니다. 면공업 분야에서 우리가 확인한 사실은 거대한 '가능성'이 열렸다는 점도 중요하지만, 그것을 이어받아 구체적으로 활용할 수 있는 부문별 발전이 필요하다는 점이다. 다시 말해, 거대발명에 이어 미시발명이 따라 주어야 의미 있는 성과를 낸다. 또 미시발명이 지속되는 과정에서 원래의 거대발명 또한 더 진전된다는 점도 확인할 수 있다.

현재 우리에게는 다소 놀라운 일이지만, 증기기관이 등장하고도 오랜 시간이 흐른 1830년까지도 풍력과 수력이 지배적인 에너지원이었고, 증기력은 특정분야에서만 사용되었다. 그 다음 단계(1830~1870년 기간)에 가서야 증기기관이 폭넓게 사용되었다. 결정적 전환점은 고압 콤파운드 엔진 compound engines의 등장이다. 석탄을 훨씬 효율적으로 사용하는 이 발명으로 증기기관의 사용비용이 크게 줄었고, 따라서 다양한 분야에서 증기력을 사용할 수 있는 가능성이 더 크게 열렸다. 이번에도 역시 마찬가지 이야기가 가능하다. 가능성이 보인다고 해서 곧바로 해당분야에서 증기기관을 수용하지는 않는다. 부문마다 이 힘을 유효적절하게 사용하도록 만드는 많은 개별적 local 지식이 필요했다. 수송분야가 대표적 사례다. 증기선의 경우를 보면 1855년에 영불 간 항해, 1865년에 동지중해 항해를, 1870년대에는 3천 마일이 넘는 대서양 항해를 완수했고, 급기야 1880년대에는 영국과 아시아 간 항해가 가능해졌다.

　이 과정에서 놀라운 역설을 보게 된다. 이미 지적했듯, 원래 증기기관은 탄광에서 주로 사용되었다. 그 이유는 엄청난 양의 석탄이 필요했기 때문이다. 탄광이 아닌 다른 부문에서 점차 증기기관이 위력을 발휘하더라도 여전히 석탄을 쉽게 구할 수 있는 영국에서만 유용하게 쓰였다. 그런데 증기기관의 효율성이 갈수록 좋아져 매우 적은 양의 석탄으로도 기계를 구동할 수 있게 되자, 이제 석탄을 대량으로 얻지 못하는 지역에서도 이 기계를 경제적으로 사용할 수 있게 되었다. 증기기관이 전 유럽으로, 더 나아가서 전 세계로 확산된 이유가 여기에 있다. 영국에서 이루어진 지속적인 개선의 결과, 영국의 독점이 끝나게 된 역설을 낳은 것이다. 이 시기에 이르면 이제 산업혁명의 큰 흐름은 영국을 초월해 버린다.

5) 세계적 확산과 4차 산업혁명

영국에서 비롯된 산업혁명의 핵심 포인트는 기계혁명이다. 인간의 일을 기계로 대신한다는 것은 인류에게 어떤 결과를 가져왔을까? 산업혁명 당시에는 분명 기계의 선한 효과에 대해 긍정적 평가가 일반적이었다. 와트 자신도 증기기관이 사람을 고된 노동에서 해방하는 역할을 하리라고 믿었다. 1831년 존 애덤스John Quincy Adams, 1767~1848는 "영국에서 일어난 혁명은 2억 명의 노예인력에 해당한다"고 이야기했다. 그러자 로버트 오언Robert Owen, 1771~1858은 이에 덧붙여 "더구나 밥도 안 먹고 불평도 안 하는 2억 명의 노예에 해당한다. 이는 모든 인간을 해방한 하늘의 선물이다"라고 말했다.

그러나 이와 같은 낙관적 견해와는 달리 기계가 결국 공장제를 불러왔고, 인간이 기계를 부리는 게 아니라 노동자가 기계의 리듬에 맞춰 이전보다 더 힘든 노동을 해야 하는 현상도 벌어졌다. 다만 확실한 점은 산업혁명의 발전이 더 강력하고 비싼 기계를 중심으로 한 경제성장, 곧 자본집약적 성장을 촉진한 경향이 강하다는 점이다. 적어도 영국에서 유럽 각국으로, 그리고 미국으로 산업혁명의 성과가 전달될 때는 그런 점이 뚜렷했다. 그렇지만 이 역시 전 세계 보편적인 현상은 아니어서, 아시아의 산업화에서는 성격이 달라질 수 있다.

서유럽에서는 기계류를 많이 이용하는 자본집약적 방식으로 이전과는 비교할 수 없는 경제성장을 이룬 데 대해 '유럽의 기적European miracle'이라는 표현을 쓴다. 그렇지만 다른 지역에 기계와 기술이 전파되었을 때 똑같은 방식의 변화가 일어나지는 않는다. 특히, 아시아 세계가 그러하다. 아시아 각국은 원래 많은 노동력을 투입하여 농사와 직물업 등의 산업을 발전시켜 왔다. 유럽에서 새로운 기계가 도입되었을 때도 여전히 저렴한 노동력이 풍부했기 때문에 인력을 전부 기계로 대체하는 것이 경제적이지도 않고 사회적으로도 바람직하지 않을 수 있었다. 따라서 기계를 사용하면서도 여전히 노동집약적 방식을 버리지 않는 특유의 경제성장을 이루었다. 이를 '아시아의 기적Asian miracle'이라 표현할 수 있다.

19세기 후반에서 20세기 초반에 아시아에서 이런 방식의 산업화가 일어났다. 서구의 직물업 부문 기계가 들어왔을 때 이로 인한 성과를 다시 노동집약 산업과 결합하는 방식이다. 방적기계로 실을 양산한 다음, 전통적인 직조업 노동자가 달려들어 직물을 생산하고 이를 아시아 내 시장에 유통시키는 식이다. 일본이 먼저 이 방식의 경제성장을 이루어 냈고, 이어서 중국과 인도에서 유사한 방식으로 산업을 발전시켰다. 이는 더 많은 인력을 고용하고 소득을 일정수준 높여 주는 효과가 있었다.

아시아 국가 간에는 기러기 모양V shaped flying geese의 발전단계를 따르는 현상을 볼 수 있다. 선진지역에서 먼저 산업이 발전해 가다가 임금수준이 너무 오르면 노동집약적이고 이윤 낮은 부문을 다음 단계 국가에 물려주는 식이다. 일본에서 한국으로, 또 대만에서 중국과 인도로, 다음 시기에는 또 그 다음 국가로 산업부문이 이전되

곤 한다. 영국에서 시작된 산업혁명이 점차 전 세계로 확산되어 가면서 세계의 성격을 변화시키지만, 그 과정이 획일화된 것은 아니라는 점을 확인할 수 있다. 중요한 점은 산업혁명이 이처럼 연쇄적 변화를 불러왔다는 사실이다. 그리고 변화의 물결이 여러 차례에 걸쳐 일어났다는 점도 중요하다. 원래의 산업혁명, 곧 1차 산업혁명이 큰 파동을 초래한 후 전기와 자동차산업 등을 중심으로 한 2차 산업혁명, 그리고 컴퓨터를 중심으로 한 3차 산업혁명이 이어졌다. 그리고 현재는 훨씬 혁신적인 4차 산업혁명을 거론한다.

이와 같은 설명이 전적으로 타당한지에는 의문을 제기할 수 있다. 현재 일어나고 있는 변화가 과연 1차 산업혁명과 같은 정도의 변화를 가져올지는 확실치 않기 때문에 4차 산업혁명이라는 말이 부적절하다고 보는 견해도 있다. 어찌 보면 전 세계 사람 중 아직도 많은 수가 1차 산업혁명의 성과도 누리지 못하는 극빈상태에 있다는 점 또한 기억해야 한다.

그렇지만 인간의 근육을 대신한 기계혁명에 이어 이제 인간의 뇌를 대신하는 기계혁명이 일어나고, 또 그 두 가지 차원의 혁신이 결합하는 변화가 일어난다면 예상치 못한 지대한 변화가 일어나리라는 것은 의심의 여지가 없다. 그 방향과 정도를 알 수는 없지만 산업혁명 이후 인류문명은 변화가 일상적이다 못해 '가속화가 일상인' 세계로 가고 있다.

4. 문명과 자연환경

지구환경은 수억 년의 진화를 해오다가 지난 500년 동안 급격한 변화를 겪었다. 15세기 이후 가속화된 서구문명의 글로벌한 팽창이 이런 결과를 초래한 중요한 동인이다. 유럽의 역동적인 정치·경제의 압박으로 동식물 등 자연환경이 크게 훼손된 측면도 있고, 세계를 연결하는 교통로가 열리면서 사람과 동식물, 더 나아가 병균이 확산되면서 예기치 않게 큰 변화를 가져온 측면도 있다. 또 가축과 작물이 전 세계적으로 확산된 점 또한 중요한 요소다. 인류역사에 긍정적이든 부정적이든, 우리가 살아가는 터전 자체의 심대한 변화야말로 근대의 가장 중요한 현상 중 하나일 것이다.

1) 글로벌 환경변화를 보는 시각

대항해 시대 이후 세계의 자연환경은 크게 변화했다. 북아메리카 대평원을 예로 들어보자. 원래 이곳에는 수많은 버펄로가 서식하고 있었지만, 유럽인이 들어와 대규모 사냥을 한 이후 멸종위기에 몰려 현재는 일부 보호지역에서 명맥을 유지하고 있다. 반면, 유럽에서 들여온 말과 소가 엄청난 수로 불어나 이 지역의 새로운 다수종이 되었고, 19세기에는 말을 탄 카우보이가 거대한 소 떼를 몰고 가는 모습이 대평원의 전형적 이미지가 되었다. 일부 말은 자연상태로 돌아가 무스탕mustang이라는 야생마로 변했다.

오스트레일리아 또한 흥미로운 사례다. 유럽인이 이곳에 들어온 이후 낙타를 사용해 내륙 사막지대를 개척하려는 계획을 세웠다가 중도에 포기했는데, 이때 방치한 많은 낙타가 야생상태로 되돌아가 자연증가하여 현재 이 나라는 세계에서 야생낙타가 가장 많은 국가가 되었다. 미국의 텍사스나 애리조나 등지의 사막지대에서도 유사한 현상을 볼 수 있다.

해충을 없애기 위해 1935년에 들여온 수수두꺼비cane toad 또한 예상치 못한 결과를 가져온 흥미로운 사례다. 이 두꺼비는 수명이 20년인 데다가 독성이 있어 다른 동물이 잡아먹지 못하는데 — 악어가 이 두꺼비를 잘못 먹고 죽는 일이 지금도 일어난다 — 이런 상황에서 암컷이 1년에 3만 개의 알을 낳기 때문에 결국 개체 수가 엄청나게 불어났다. 1859년에 도입한 10여 마리의 토끼가 통제 불가능한 속도로 불어나 20세기 초에 무려 5억 마리에 달해 엄청난 환경재앙을 불러일으킨 사건 또한 환경사環境史에서 거론하는 중요한 사례다.

이상에서 제시한 몇 가지 사례에서 짐작할 수 있듯, 원거리 교통이 발달해 각 대륙이 서로 소통하게 된 이후 환경에 큰 변화가 일어났다. 한 지역의 동식물 종이 다른 곳에 전해졌을 때 전혀 예기치 못한 정도로 폭발적인 환경변화를 일으키는 일이 빈발했다. 물론 이웃 생태계로 생물종이 이전해 가는 현상은 자연상태에서도 늘 일어나는 일이다. 다만 이 경우, 동식물 혹은 미생물의 교환은 대개 느리고 점진적인 과정을 거치게 마련이다. 이에 비해 대항해 시대 이후에는 원양항해 선박을 통해 뜻밖의 지역 사이에 급작스러운 조우가 일어난다. 그것은 소나 말, 혹은 밀과 옥수수처럼 사람들이 의도적으로 옮겼을 수도 있고, 쥐나 병원균처럼 비의도적으로 옮겼을 수도 있다. 그리고 그 결과 실로 폭발적인 환경문제가 터지곤 한다. 이 현상을 어떻게 체계적으로 설명할 수 있을까?

여기에서 한 가지 주목할 점은 폭발적인 개체 수의 증가현상이 한쪽 방향으로만 일어난다는 점이다. 앞에서 거론한 사례에서 보듯 아시아·아프리카·유럽의 생물종이 아메리카·오스트레일리아·뉴질랜드 같은 곳으로 들어갔을 때는 폭발적인 확산을 일으키지만, 반대방향으로는 거의 일어나지 않는다. 다시 말해, '구대륙'에서 '신대륙'을 향한 일방적 흐름이 관찰될 뿐 그 반대방향의 확산은 보이지 않는다(다만 감자나 고구마처럼 작물을 들여와 의도적으로 경작하는 경우는 당연히 사정이 다르다). 이 현상을 어떻게 파악할 수 있을까?

이런 특이한 현상에 주목해 역사적·생태학적 이론화를 시도한 선구자적 학자로 앨프리드 크로스비Alfred Crosby, 1931~2018를 들 수 있다. 이 분야의 고전으로 남을 그의 저작이 초기에는 출판사를 구하는 데 어려움을 겪었다는 점은 그의 이론이 당시 얼마나 혁신적이었는지 말해주는 방증이다. 그 자신의 저작 《생태제국주의Ecological Imperialism》(1986)에서 개진한 그의 주장을 정리하면 다음과 같다.

크로스비는 근대에 유럽인이 아메리카·오스트레일리아·뉴질랜드 등지에서 선주민을 몰아내고 그들이 원래 살던 유럽세계와 흡사한 식민지를 재창조한 과정을 색다른 시각으로 정리했다. '새로운 유럽'이라는 의미에서 '네오 유럽Neo-Europe'으로 명명한 이 식민지들의 특징은 단지 유럽인만이 아니라 유럽의 생태환경 요소까지 옮겨가서 그대로 복제되었다는 점이다. '네오 유럽'은 유럽과 기후가 비슷하기 때문에 유럽의 생태계가 이식되는 데 유리하다. 결국 유럽인이 이주하여 적응하는 데 편했을 뿐 아니라, 그들의 가축과 식물, 더 나아가 병원균까지 유입되어 현지의 사람과 동식물을 구축驅逐해버리고 유럽의 생태계를 복제하듯 재구성할 수 있었다. 마치 벌이 분봉分蜂하여 새로운 벌집을 만들듯 구대륙세계의 일부가 신대륙에 이식되어 확대된 것이다.

아메리카 동부에서 일어난 일을 사례로 들어 살펴보자. 이주민이 숲을 개간하고 가축이 풀을 뜯어 먹어 초지가 훼손된다. 그 결과 유럽인이 정착한 땅은 점차 나대지裸垈地가 되어 간다. 이런 맨땅에 유럽산 식물이 마치 '잡초처럼' 엄청나게 번식하면서 원래의 식물을 내쫓아 버린다. 통계자료를 보면 현재 캐나다 잡초의 60%, 미국 잡초의 50% 이상이 유럽산이다. 이렇게 유럽 식물이 네오 유럽을 장악하는 과정은 유럽 가축의 대규모 확산과 병행하여 일어난다. 소나 말 같은 유럽산 가축이 들어와 아메리카의 풀을 먹어 치우는 데다가 배설물을 뿌리고 짓밟아 놓는 바람에, 이런 데 익숙지 않은 원주 식물이 점차 외래종 식물에 자리를 내주게 된다. 그리하여 조만간 외래종 식물과 이를 먹이로 삼는 동물이 확고하게 자리 잡는 것이다.

그렇다면 반대방향으로, 다시 말해 신대륙에서 구대륙으로, 혹은 '네오 유럽'에서 구유럽으로 생물종이 들어가 폭발적으로 팽창하는 일은 왜 일어나지 않았을까? 크로스비의 설명은 일견 아주 단순해 보인다. 생태계 간 규모의 차이 때문이라는 것이다. 이것은 2억 년 전 모든 대륙이 판게아Pangaea라는 하나의 덩어리로 모여 있다가 점차 여러 대륙으로 갈라져 나온 지질학적 사실과 연관이 있다. 판게아라는 하나의 거대대륙은 곧 하나의 생태계를 이루고 있었으나 이후 여러 대륙으로 분화되면서 생태계 역시 갈라졌다. 유라시아 대륙처럼 거대한 규모의 생태계는 이후 장구한 기간 동안 격심한 생존경쟁을 겪으며 생물종이 진화했지만, 뉴질랜드와 같은 소규모 생태계는 안온한 환경에서 편하게 진화했다. 이렇게 진화한 생물들이 대항해 시대에 갑자기 마주했을 때, 거대한 생태계에서 진화하며 강력한 힘을 갖춘 구대륙 생물종이 그렇지 못한 신대륙 생물종을 압도하게 되었다는 설명이다. 마치 아시아의 호랑이와 오스트레일리아의 캥거루가 만나는 수준의 접촉인 셈이다.

이 이론은 생태계 전체를 포괄하는 큰 틀에서 역사를 파악하는 창의적 시도로 주목받았다. 물론 이 이론이 모든 것을 설명하지는 못하며, 실증적 반례가 없지 않다. 오스트레일리아의 유칼립투스 숲이 한 예다. 크로스비의 이론대로라면 외지인이 개발을 하기 위해 불을 질렀을 때 이 숲이 사라지고 외래종 식물이 이곳을 점령해야 하지만, 실제로는 원래의 유칼립투스 숲이 온전히 다시 살아났다. 신대륙 생태계가 마냥 허약한 것만은 아니며 때로는 매우 강력한 생명력을 가지고 있다는 점에서 흥미로운 사례다.

또 한 가지 주목할 점은 크로스비의 이론이 이데올로기적 문제점을 안고 있다는 비판이다. 그의 이론에 따르면 근대에 유럽인이 세계각지로 뻗어 나가 정복과 식민화를 한 일은 인간의 차원을 넘어서는, 자연계의 거대한 힘이 발현된 결과라 할 수 있다. 서구의 세계지배는 어차피 일어나게 되어 있던 일이라는 느낌을 줄 우려가 있다. 제국주의적 팽창과정에서 일어난 비극적 사태가 자칫 훨씬 더 큰 물결 속에 포함된 사소한 에피소드로 간주될 수도 있다. 이런 문제점을 염두에 두고 그의 이론을 비판적으로 수용할 필요가 있다.

2) 야생동물 멸종과 가축의 증가

대항해 시대에는 세계 각지의 자연환경이 크게 훼손되기 시작했다. 그동안 사람의 발길이 닿지 않아 동식물의 낙원과도 같았던 곳에 인간이 나타나면서 극적인 환경변화가 일어나곤 했다. 이를 가장 명료하게 보여주는 현상 중 하나가 멸종이다.

흔히 거론되는 사례로 모리셔스Mauritius섬의 도도새를 들 수 있다. 이 사례는 멸종extinction이라는 개념과 단어가 유래된 것으로 유명하다. 1505년 포르투갈인이 최초로 모리셔스에 도착했고, 이후에 모리셔스는 네덜란드 소유가 되었다. 이 섬이 원양항해의 중간경유지가 된 후, 도도새는 선원에게 공급할 식재료로서 무분별하게 포획되었다. 인간을 경험하지 못한 이 새는 아주 쉽게 사람에게 잡혀 개체수가 급격히 줄었다. 결국 1681년 마지막 남은 도도새가 죽어 이 종은 영원히 멸종되었다. 인간의 행위에 의해 자연계의 한 종이 사라지는 것을 눈으로 직접 확인하게 된 것이다. 유사한 사례는 이후에도 계속 반복되었다.

여기에서 특별히 주목해 보려는 것은 유럽과 아메리카 사이의 모피무역이다. 모피가 유럽 상류사회의 특권적 의상이 되면서 모피동물 사냥이 유라시아대륙 전체로 크게 확산되었다. 18세기에는 시베리아와 그 너머 극지極地까지 사냥꾼이 들이닥쳤고, 결국 베링해를 건너 북아메리카의 서해안지역에까지 이르게 되었다. 이런 지역에서 포획동물의 수가 급격히 감소하자 유럽인은 아메리카로 눈을 돌렸다. 앨곤퀸Algonquin, 휴런Huron, 이로쿼이Iroquois족 등 북아메리카 인디언에게 소소한 물품을 주고 대신 모피를 받는 물물교환 방식의 교역이 시작되었다. 이 시기에 모피동물 사냥은 실로 엄청난 규모로 이루어졌다. 18세기 말의 통계를 보면 한 해 평균 비버 26만 마리, 너구리 23만 마리, 여우 2만 마리, 곰 2만 5천 마리 등을 합쳐 모두 90만 마리 이상의 동물을 사냥했다. 19세기가 되면 이 수는 더욱 커져서 한 해 평균 포획동물 수가 170만 마리가 되었다.

사람들이 가장 많이 찾는 모피동물 중 하나는 비버였다. 비버는 비교적 쉽게 사냥할 수 있는 반면 번식률이 낮기 때문에 사냥꾼이 한 지역에서 집중적으로 잡고 나면 개체 수가 급격히 줄었다. 비버를 주로 식량으로 삼았던 현지 인디언은 비버를 멸종위기에 몰아넣을 정도로 남획하지는 않았으나, 유럽의 모피수요와 연결되자 한 지역에서 비버가 완전히 사라지는 일이 벌어졌다. 1640년경에 허드슨강에서 비버가 사라지자 사냥꾼은 세인트로렌스강 주변지역으로 이동해 갔다. 그러나 18세기 말에는 이 지역도 끝장나서 19세기 초에는 태평양 연안지역만이 마지막 남은 서식지가 되었다.

비버의 남획은 단지 한 종의 동물의 피해로 끝나는 문제가 아니었다. 그 이유는 자연생태계에서 비버가 핵심종keystone specie 역할을 하기 때문이다. 비버가 만들어 내는 작은 저수지는 많은 유기물을 담고 다시 부영양화 과정을 거쳐 늪지처럼 되어서, 지역생태계에서 대단히 중요한 위치를 차지하는 특이한 식생대를 형성한다. 그런데 이와 같은 중요한 기능을 하는 비버의 개체 수가 급감함으로써 이 지역 생태계 전체가 크게 훼손된 것이다.

비버의 남획은 자연환경 파괴의 폐해를 사람들이 깨닫도록 만든 계기를 제공했다는 점에서도 흥미로운 사례이다. 비버의 급격한 감소를 목도한 유럽 상인은 자연자원이 무제한이 아니며 조만간 자신들의 사업기반 자체가 무너질 수 있다는 사실을 깨달았다. 비버의 멸종위험을 깨달은 허드슨만灣 회사(허드슨만 일대에서 모피교역을 독점적으로 수행하기 위해 영국 정부가 특허장을 발행해 세운 회사)는 무작정 자연자원을 착취하기보다는 관리하며 이용하자는 생각에서 비버 보호계획을 수립했다. 그러나 이 계획이 제대로 지켜지기 위해서는 지역상인과 사냥꾼이 회사의 장기프로그램에 협력해야만 했다.

이 계획은 성공을 거두었을까? 그렇지는 않다. 이런 수준의 계획 정도로는 생태계를 지켜 내기에 역부족일 수밖에 없다. 비버가 멸종을 피한 이유는 이 회사의 노력 덕분이 아니라 유럽에서 유행이 바뀌어 모피의상 대신 실크모자가 새로 유행했기 때문이다.

많은 야생동물이 위험에 처한 것과는 반면으로, 인간이 사육하는 가축은 급증하고 또 여러 지역으로 퍼져 갔다. 오늘날 소와 돼지, 닭은 엄청난 수에 이르렀다. 우리나라만 해도 1년에 10억 마리의 닭을 소비하는 수준이다. 소와 돼지, 양이 없던 아메리카와 오스트레일리아, 뉴질랜드에 유럽에서 들어온 가축이 천문학적으로 늘어난 것은 매우 흥미로운 일이다. 최근에 진행되는 흥미로운 일은 아르헨티나에서 소 목축을 줄이는 대신 돼지 사료재배로 방향을 전환한 것이다. 그동안 남아메리카의 팜파스 목장에서는 엄청난 두수頭數의 소를 치고 있었다. 그런데 중국에서 돼지고기 수요가 급증하여 사료가 필요해지고 그 값이 오르자 아르헨티나에서 옥수수 재배를 크게 늘려 중국에 수출한 것이다.

가축의 증가는 간접적으로 야생동물 개체 수 증감과도 관련을 가진다. 북아메리카에서 양 사육이 크게 늘자 목장주변에서 양을 잡아먹는 늑대 수가 덩달아 증가했다. 그렇지만 19세기 후반 총기가 발달하자 늑대사냥이 용이해졌고, 늑대포획이 급격하게 이루어졌다. 결과적으로 늑대 개체 수가 줄었다. 이것이 또 생태계에 큰 악영향을 미쳤다는 사실이 밝혀졌다. 최근 미국의 옐로스톤Yellowstone에 늑대를 방사한 실험이 이를 말해 준다. 늑대가 줄어들자 큰사슴moose 수가 너무 늘어나 이끼류를 지나치게 먹었고, 이후 순차적으로 다양한 동식물이 피해를 입어 생태균형이 깨졌다는 것이다. 최근 14마리의 늑대를 방사한 결과 점차 원래의 생태균형을 되찾아 자연환경이 크게 개선되었다는 보고가 있다. 늑대는 생명을 앗아가는 동물이 아니라 생태계의 중요한 한 요소로서 오히려 많은 생명을 지켜 주는 동물이었던 것이다.

3) 삼림 파괴

숲은 인간의 삶에 언제나 핵심역할을 했다. 숲이 제공하는 가장 중요한 물질은 물론 목재다. 목재는 산업혁명 이전 인류가 사용한 물질 중 가장 중요한 원자재이자 연료이다. 일반주택과 교회, 왕궁 등 건축의 가장 기본재료였고, 선박건조에 특히 집중적으로 많은 양의 목재가 사용되었다. 또한 석탄과 석유 이전시대에 가장 중요한 연료는 나무땔감이었다. 그리고 나무를 태운 재로 다양한 상품을 만들었는데, 이는 세탁, 표백, 유리, 가죽, 도자기 등 각종 부문에 널리 사용되었다. 그러므로 비유해서 말하자면 과거에 목재는 오늘날의 석유와 석탄, 철을 합친 정도의 자원에 해당한다.

숲은 또한 버섯, 열매, 밤, 꿀, 그리고 사냥고기 등 보조식량과 약용식물도 제공했으며, 밀랍, 송진 같은 물질도 일상생활에 매우 중요했다. 현재 우리는 별로 자각하지 못하지만, 숲은 돼지치기에도 중요한 의미가 있었다. 오늘날과 달리 과거에는 돼지를 숲에 방목하여 키웠는데, 돼지는 도토리, 과일, 개구리, 뱀 같은 것들을 먹으며 컸다. 다시 말해, 사람이 먹는 식량을 축내지 않으면서도 키울 수 있는 단백질원으로서 중요했다. 중세에는 숲 규모를 돼지 몇 마리를 칠 수 있는지로 표시하기도 했다. 이처럼 숲은 실로 다양한 방면에서 인간의 삶에 유용한 곳이었다.

인구가 늘고 경제가 성장하면서 숲이 축소되어 갔다. 인류역사는 그와 같은 관점에서 보면 장기적인 '숲 축소의 역사'라 부를 만하다. 인간은 50만 년 전부터 불을 사용해 숲을 통제했다. 3,500년 전부터는 쇠도끼를 사용했고 중세부터 톱이 본격적으로 사용되었다. 문명의 진보는 곧 도시화이며 이는 곧 숲에 대한 공격을 의미했다.

중세만 해도 유럽대륙은 참나무와 전나무, 너도밤나무 같은 수종이 빽빽하게 들어선 곳이었으나 근대에 들어오면서 숲이 극적으로 감소해 갔다. 목재 수요가 극적으로 증가했기 때문이다. 특히, 추운 지역에서 더디게 자란 수령 100년 정도의 참나무를 가장 좋은 재목으로 쳤다. 그 때문에 유럽의 참나무 숲이 많이 사라졌다. 이는 고古지명을 연구하면 간접적으로 알 수 있다. 독일에서 과거 아이헨도르프Eichendorf, 아이크혼Eichhorn, 아이헤나우Eichenau와 같은 지명이 붙은 곳은 참나무(독일어로 '아이케Eiche')가 많은 곳이었으나, 오늘날 그런 곳에서 참나무를 한 그루도 볼 수 없는 경우도 많다. 고古프로이센어 '반거스wangus'에서 유래한 반구켄Wangucken, 폴란드어 '답dab'에서 유래한 '다메라우Damerau' 같은 지명도 마찬가지다.

근대 유럽사회는 임산물자원 고갈이라는 근본적 문제에 직면해 있었다. 17세기에 출판된 한 조선업 입문서에 의하면 큰 배 한 척을 건조하는 데 들어가는 목재의 양은 "두 마리의 튼튼한 말이 끄는 수레 1,800대분"에 해당하며, 이는 "하나의 숲 전체를 없앨 정도이고, 상당히 큰 도시의 몇몇 지역을 건설하기에 충분한 양"이었다. 그중에서도 특히 문제가 되었던 것은 마스트재이다. 대형선박, 특히 군함건조에 꼭 필요한 마스트재는 핵심 전략물자였으며, 이를 어떻게 확보하느냐는 치열한 군비경쟁을 벌이던 당시 유럽 각국의 가장 긴급한 현안 중 하나였다.

16~18세기에 숲의 축소를 가져온 심각한 요소는 무엇보다 제철업의 등장이었다. 이 한 가지 요인으로 프랑스 숲의 6분의 1이 사라진 것으로 추정한다. 산업혁명의 진행과정에서 석탄 코크스를 개발하여 새로운 철강공업이 발전한 것도 나무를 연료로 사용하여 쇠를 녹이는 기존의 방식이 한계에 이르렀기 때문이다. 결국 유럽의 삼림면적은 시간이 지나면서 크게 줄었다. 독일과 중부유럽 지역의 경우 900년에는 국토의 70%가 숲이었는데, 1900년경에는 25%에 불과했다(현재 삼림면적이 가장 큰 나라는 핀란드로서 국토의 70%가 숲인 반면, 영국은 5%에 불과하다).

숲의 축소가 환경에 미치는 영향은 매우 크다. 지중해지역 일부나 작은 섬에 기후변화를 초래할 정도였다. 스위스에서도 목재를 과도하게 베어 내서 19세기에 거대한 토사 붕괴현상이 빈번히 발생했다. 그래서 헌법에 삼림보호를 명문화했고,[2] 그 결과 현재 스위스 숲의 90%에 달하는 인공림이 조성되었다.

---

2 제77조(산림) ① 연방은 산림이 보호되고, 경제적 및 사회적 기능을 다할 수 있도록 보장한다. ② 연방은 산림자원의 보호를 위한 원칙을 정립한다. ③ 연방은 산림의 유지를 위한 조치를 장려한다.

서유럽 중심부에서 숲이 사라지자 동유럽과 러시아, 스칸디나비아 등지에서 목재를 수입했지만, 점차 그것도 여의치 않게 되자 북아메리카, 브라질, 인도 같은 먼 곳에서까지 목재를 수입하기에 이르렀다. 유럽인이 해외로 팽창해 나간 동기를 논할 때 흔히 금이나 향신료를 거론하지만, 사실 삼림자원 역시 매우 중요한 요소였다는 점은 사람들이 거의 인식하지 못한다. 그 결과 유럽의 팽창은 전 세계 삼림자원의 감소로 귀결되었다.

대서양 세계로 나아가는 관문이라 할 수 있는 마데이라Madeira가 첫 희생자였다. 이름 자체가 포르투갈어로 '나무'라는 데서 알 수 있듯 이 섬은 원래 울창한 숲을 이루고 있었다. 이 섬의 소나무가 얼마나 아름다웠던지 포르투갈의 대서사시인 루이스 바스 드 카몽이스Luís Vaz de Camões, 1524~1580는 이 섬을 두고 "나무로 된 보석"이라고 표현했다. 그러나 보석 같은 나무들은 곧 베어져 제당공장에서 연료로 사용되었다. 당시 가장 빨리 성장하던 산업 중 하나인 제당업은 매우 높은 수익을 보장해 주었지만, 엄청나게 많은 양의 연료가 필요하다는 것이 치명적 약점이었다. 유럽 내에서 연료문제를 해결하기 힘들었으므로 제당공장은 해외의 삼림지역으로 이전해 갔다. 마데이라에 제당공장이 들어서자 매년 90에이커(약 36만 m²)의 삼림이 사라져 갔다. 보석이라 불리던 마데이라섬의 울창한 소나무 숲은 그 후 거의 완전히 자취를 감추었다.

이후 해외식민지의 삼림자원들이 크게 피폐해졌다. 한 연구자에 의하면 대서양에서 미시시피강에 이르는 지역의 숲은 유럽인 도래 당시에 비해 오늘날 4.4%로 축소되었다. 가장 큰 피해를 입은 나라 중 하나는 브라질이다. 이곳의 울창한 열대우림 역시 제당공장이 들어서면서 크게 훼손되었다. 1758년 바이아의 제당공장들은 하루에 3,300m³ 이상의 땔나무를 소진했다. 사실 이 사업은 땔나무를 구하는 작업에 4천 명 정도가 고용될 정도로 연료확보가 중요한 일이었다. 그래서 제당공장이 들어선 지역의 숲은 급속도로 사라져 갔다. 세계 최대의 삼림자원국인 브라질에서도 18세기 말이 되면 지역에 따라 목재를 구하기 힘든 사태가 벌어졌다. 19~20세기에 커피나무 재배가 확대되면서 브라질의 숲은 더욱 빨리 파괴되어 갔다. 1950년 대까지 브라질 동부해안 숲 78만 km² 중 절반이 사라졌다. 지구 전체적으로 자연림은 62억 헥타르였으나 현재 15억 헥타르만 남았다. 인간이 조성한 2차림까지 합치면 숲 면적은 42억 헥타르이다.

삼림 황폐화가 심각한 환경문제를 야기한다는 것은 잘 알려진 사실이다. 토양유실, 침식, 시냇물의 증발 같은 현상이 나타나는가 하면 잡초와 해충, 해조害鳥, 해수海獸가 갑자기 급증하는 기이한 사태도 벌어졌다. 19세기 이전 시대만 해도 삼림훼손은 당장 이용할 수 있는 목재부족 정도의 문제였으나 이제는 지구 전체 생태계의 균형파괴라는 우려를 낳고 있다. 특히, 전 세계 육지의 6%를 차지하는 열대우림은 지구상 모든 1차 생산물의 40%를 생산하며 지구상 모든 동식물의 절반가량을 품는다. 이런 자연환경의 파괴가 어떤 심대한 결과를 초래할지는 정확히 예측하기도 힘든 일이다.

4) 현재의 환경변화

지난 500년 동안 자연환경의 변화가 얼마나 극심했는지 간략히 살펴보았다. 그동안 우리가 살아가는 터전인 자연환경을 해치는 부정적이고 위험한 사태가 많이 벌어졌다. 앞으로 인구가 100억 명 정도까지 증가할 것으로 예상되는 데다가, 경제규모가 성장하면서 인간이 지구환경에 미치는 영향은 더 커질 것으로 예상한다. 지구온난화와 그로 인한 해수면 상승, 바닷물의 산도(pH 농도) 변화 등도 흔히 거론하는 문제이다.

환경문제는 그동안 너무나 당연해서 전혀 느끼지 못했던 것들이 새삼 문제로 떠오르는 일들이 많다. 한 가지 사례로 모래부족 문제를 들어 보기로 하자.

사실 모래는 지금까지 공기, 물 다음으로 인류가 많이 사용하는 물질이었다. 집 한 채를 짓는 데 약 200톤, 도로 1㎞를 부설하는 데 약 3만 톤의 모래가 필요하다. 세계적으로 연 150억 톤, 금액으로 700억 달러 정도가 거래된다고 한다. 지금까지는 주변에 이 자원이 풍부하게 존재하므로 어려움이 없었지만, 이제 모래자원의 결핍이 심각한 문제로 떠오르기 시작했다.

특히, 바다모래 채취가 환경에 큰 악영향을 미친다. 카보베르데 Cabo Verde에서는 여성들이 밤에 모래사장에서 채취하다 못해 이제는 바닷속으로 들어가 모래를 채취하여 양동이로 져다가 판매하고 월 45유로의 수입을 얻는다. 그렇지만 바닷모래가 사라지면 물고기가 알 낳는 곳이 줄어들기 때문에 어업이 피폐해지고, 바닷물이 육상에 유입되어 농사까지 망치게 된다. 심한 경우, 섬이 사라지기도 한다. 배 한 척으로 하루 40만 m³까지 빨아들이는 상황인 인도네시아에서는 이미 25개 섬이 사라졌다.

물론 모래사장을 지키기 위한 노력을 전혀 기울이지 않은 것은 아니다. 예컨대 캘리포니아에서는 유리를 부수어 바닷가에 방치하여 원래의 소재인 모래로 되돌아가도록 하는 실험을 하는 중이다(거북도 인공모래와 자연모래를 구분하지 못하고 알을 낳는다고 한다).

동남아시아 모래자원을 가장 많이 사용하는 국가 중 하나는 싱가포르다. 1960년 이 도시의 크기는 580km²였는데 현재 700km²로 증대했고, 인구는 30년 동안 2배 성장했다. 그동안 너무 많은 모래를 수입하여 이제는 캄보디아, 베트남, 인도네시아, 말레이시아 당국이 모래수출을 금지했지만, 매일 3천 톤씩 캄보디아에서 밀수를 시도하고 있다. 채취 시 톤당 가격이 11달러인데, 도착 시 가격이 45달러이기 때문에 밀수가 그치지 않는다.

모래자원을 가장 많이 소비하는 또 다른 사례는 놀랍게도 사막의 도시 두바이다. 이곳의 인공섬 더 팜the Palm을 조성하는 데 1,500억 톤의 모래가 필요하다. 그런데 사막모래는 바람에 밀려 입자가 작고 동그랗게 되어 뭉치지 않기 때문에 건축이 불가능하다. 그렇지만 이 사업은 잘못된 예측의 결과, 과도한 규모로 지어졌다. 칼리파타워 아파트도 90%가 공실상태다.

한편, 글로벌 차원에서 가장 많은 양의 모래를 사용하는 나라는 단연 중국이다. 지구상 채취하는 모래 4분의 1을 중국이 사용하고 있다. 중국 역시 6,500만 채 주택이 공가空家상태지만, 그러면서도 계속 건축을 진행한다.

재러드 다이아몬드Jared Diamond, 1937~ 교수의 저작《문명의 붕괴 Collapse》(2004)를 보면 어떤 사회가 자신의 생활근거를 스스로 파괴한 사례를 얼마든지 찾을 수 있다. 그러나 대항해 시대에 일어난 자연파괴는 이전과는 또 다른 수준에서, 그리고 전 지구적 차원에서 일어났다는 점에서 특별하다. 역설적으로 이렇게 심각한 환경파괴를 실감하고 난 후에야 '자연보호'의 개념이 만들어졌다. '자연'이라는 것은 이상적 상태와 동의어이다. 그런데 바로 그 상태를 인간이 흐트러뜨리는 것이 문제가 된다. 그렇다면 그에 대한 해결책 역시 인간의 노력으로 고치는 수밖에 없다는 결론이 된다. 즉, '인위적' 노력을 통해 환경을 '자연 그대로' 되돌려 '보호'하자는 특이한 개념을 만들어낸 것이다.

그 도달점인 현재, '인류가 지구기후와 생태계를 변화시켜 만들어진 새로운 지질시대'라는 의미의 '인류세anthropocene'라는 용어까지 등장했다. 인간활동이 정말로 지구적 차원에서 환경을 근본적으로 바꿀 수 있을까? 지구환경을 망치고, 또 그 반대의 노력을 통해 다시 회복시킬 수 있을까? 이에 대한 성찰이 필요하다.

참고문헌

주경철(2008).《대항해 시대: 해상 팽창과 근대 세계의 형성》. 서울: 서울대 출판부.

Abulafia, D. (2011). *Great Sea: A Human History of the Mediterranean.* 이순호 (역) (2013),《위대한 바다: 지중해 2만년 의 문명사》. 서울: 책과함께.

Allen, R. (1998). "The great divergence: Wages and prices from the middle ages to the first world war". Paper presented to the Conference on Regions, Queen's University, Kingston.

Antonaccio, C. (2017). "Greek colonization, connectivity, and the Middle Sea". In Souza, P., Arnaud, P., & Buchet, C (ed.) (2017), *The Sea in History: The Ancient World*, pp. 214~223. Suffolk: The Boydell Press.

Appleby, J. (2010). *Relentless Revolution: A History of Capitalism.* 주경철 · 안민석(역) (2012),《가차없는 자본주의: 파괴와 혁신의 역사》. 서울: 까치.

Beckert, S. (2014). *Empire of Cotton: A Global History.* 김지혜(역) (2018),《면화의 제국: 자본주의의 새로운 역사》. 서울: 휴머니스트.

Boomgaard, P. (1992). "Forest management and exploitation in colonial Java, 1677~1897". *Forest and Conservation History*, 34(1): 4~14.

Braudel, F. (2017). *Méditerranée et le Monde Méditerranéen à l'Epoque de Philippe II* (9e éd.). 주경철 외(역) (2017~2019),《지중해: 펠리페 2세 시대의 지중해 세계》. 전3권. 서울: 까치.

Brennig, J. (1986). "Textile producers and production in late seventeenth century Coromandel". *The Indian Economic and Social History Review*, 23(4): 333~355.

Buchet, C. (2015). *Le Livre Noir de la Mer: Piraterie, Migrants, Narcotrafic, Marées Blanches.* Paris: Moment.

Caron, C. (1676). *Traité des Bois Servans à Tous Usages.* vol. 2. Paris.

Crosby, A. W. (1986). *Ecological Imperialism: The Biological Expansion of Europe 900~1900.* 안효상 · 정범진(역) (2000),《생태제국주의》. 서울: 지식의풍경.

Curtin, P. (1992). *Cross-Cultural Trade in World History*. Cambridge: Cambridge University Press.

de Vries, J. (1994). "The industrial revolution and the industrious revolution". *The Journal of Economic History*, 54(2): 249~270.

Diamond, J. (2004). *Collapse: How Societies Choose to Fail or Succeed.* 강주헌 (역) (2005), 《문명의 붕괴: 과거의 위대했던 문명은 왜 몰락했는가?》. 파주: 김영사.

Frost, W. (1999). "Alfred Crosby's ecological imperialism reconsidered: A case study of European settlement and environmental change on the Pacific Rim". In Flynn, D. O., Frost, L., Latham, A. J. H. (1999), *Pacific Centuries: Pacific and Pacific Rim History since the Sixteenth Century*, pp. 171~187. London: Taylor & Francis.

Grandet, P. (2017). "Les Peuple de la Mer". In Souza, P., Arnaud, P., & Buchet, C(ed.) (2017), *The Sea in History: The Ancient World*, pp. 175~186. Suffolk: The Boydell Press.

Grove, R. (1993). "Conserving Eden: The (European) east India companies and their environmental policies on St. Helena, Mauritius and in western India, 1600~1854". *Comparative Studies in Society and History*, 35(2): 318~351.

_____ (1995). *Green Imperialism: Colonial Expansion, Tropical Island Edens and the Origins of Environmentalism 1600~1860.* Cambridge: Cambridge University Press.

_____ (1996). "Indigenous knowledge and the significance of south-west India for Portuguese and Dutch construction of tropical nature". *Modern Asian Studies*, 30(1): 121~143.

_____ (ed.) (1997). *Ecology, Climate and Empire: Colonialism and Global Environmental History, 1400~1940.* Seattle: University of Washington Press.

_____ (1997). *Guns, Germs, and Steel.* 김진준(역) (1998), 《총, 균, 쇠: 무기, 병균, 금속이 어떻게 문명의 불평등을 낳았는가》. 서울: 문학사상사.

Krech III, S. (1999). *The Ecological Indian: Myth and History.* New York:

Norton.

Martin, C. (1978). *Keepers of the Game: Indian-Animal Relationships and the Fur Trade.* Berkeley: University of California Press.

Pomeranz, K. (2000). *The Great Divergence: China, Europa, and the Making of the Modern World Economy.* Princeton: Princeton University Press.

Pomeranz, K. & Topik, S. (1999). *The World that Trade Created: Society, Culture, and the World Economy, 1400-the Present.* Armonk: Sharpe.

Ponting, C. (1993). *Green History of the World.* 이진아(역) (1996), 《녹색 세계사: 진보의 역사 뒤에 숨겨진 파괴의 역사》. 전2권. 서울: 심지.

Sauvage, C. (2017). "The development of maritime exchange in the bronze age eastern Mediterranean". In Souza, P., Arnaud, P., & Buchet, C (ed.) (2017), *The Sea in History: The Ancient World,* pp. 151~164. Suffolk: The Boydell Press.

Solomon, S. (2010). *Water: The Epic Struggle for Wealth, Power, and Civilization.* 주경철 · 안민석(역) (2013), 《물의 세계사: 부와 권력을 향한 인류 문명의 투쟁》. 서울: 민음사.

Stiegler, B. & Kyrou, A. (2015). *Emploi est Mort, Vive le Travail!: Entretien avec Ariel Kyrou.* 권오룡(역) (2018), 《고용은 끝났다, 일이여 오라!: 베르나르 스티글레르와의 대담》. 서울: 문학과지성사.

Vernant, J.-P. (1962). *Origines de la Pensée Grecque.* 김재홍(역) (2006), 《그리스 사유의 기원》. 서울: 길.

4

_____

재료와 문명

이경우

1. 재료로 만들어지는 문명

1) 재료 순환과 문명

긴 인류역사 중에 많은 문명이 존재했다. 인류문명의 시작이라 여기는 세계 4대 문명에서 시작해 독자들이 이름을 알고 있는 문명의 수도 매우 많을 것이다. 사실 특정한 이름이 붙지 않더라도 인류는 역사 전 기간에 걸쳐 언제 어느 곳이든 각 지역에서 크고 작은 문명을 건설하고 운영하면서 지내왔을 것이다. 이름이 붙은 문명은 당시 그 지역, 그리고 그 인근에서 지배적 위치에 있었거나 후대의 인류문명의 발전에 중요한 역할을 했다고 판단되는 문명일 것이다. 그리고 재료는 각 문명의 특징을 보여주는 중요한 요소다. 서양에 큰 영향을 준 로마 문명을 생각하면 대부분의 사람은 멋진 건축물, 수도, 도로, 예술품 등이 먼저 떠오를 것이며, 이들 모두가 그 지역과 시대의 특징을 보여주는 재료로 만들어져 있다.

또한 황허 문명과 인더스 문명에 대해 백과사전(두산 백과사전)에는 다음과 같이 설명되어 있다.

황허黃河 문명은 … 일찍부터 벼농사가 발달한 양쯔강揚子江 유역과는 달리 조와 피, 수수 등을 주로 재배했다. 초기에는 화전火田을 일구어 소규모로 농사를 지었지만, 기원전 4천 년 무렵의 양사오仰韶 문화에서는 고정된 농지에서 집약농업集約農業이 이루어진 모습을 나타낸다. … 수공업도 발달해 각 유적지에서는 다양한 형태의 생산도구와 토기土器 등도 출토되었으며, 마麻와 견직물絹織物로 만든 의류 등도 발견되었다.

인더스 문명 여러 도시의 특징은 질서정연한 도시계획에 있다. 또, 건물의 대부분이 구워 만든 벽돌로 만들어졌다. 모헨조다로·하라파 등은 모두 도시의 서쪽부분에, 성벽城壁을 둘러친 평행사변형으로 계획된 싱채城砦가 있고, 동쪽에는 시가지가 놓여 있다. 하라파에서는 이 성채가 발굴되지 않았으나, 모헨조다로에서는 성채의 언덕 위에 대욕장大浴場·승원僧院·회의장·대곡물창고 등의 공공시설 또는 지배자를 위한 시설이 있었다. … 모헨조다로의 성채 위에서 발견된 곡물창고와 비슷한 구조를 가진 것이 하라파의 성채 기슭에서도 발굴되었다. … 인더스 문명 도시의 특징 중 하나는 상·하수도 시설의 발달이라 할 수 있다. 욕실·부엌·변소 등 각 가옥의 하수는 통로를 통해 하수도로 배수되었다. 하수도는 벽돌을 쌓아 맞추어서 만들어졌으며, 아치식 천장을 가진 대형의 하수도도 있었다.

이렇게 과거의 문명에 대해서는 현재 남아 있는 각 문명의 유물 또는 유적을 가지고 그 문명을 설명하고 있다. 이렇게 보면 문명을 '재료를 사용해 인류가 필요로 하는 것을 만들어 사용하는 것'이라고 간단하게 말할 수 있을 것 같다. 하지만 실제 일어나는 현상을 자세히 살펴보면 재료와 문명의 관계는 좀더 복잡하다.

과거의 문명은 남아 있는 유물이나 유적을 중심으로 재구성하고 설명할 수밖에 없을 것이다. 한편, 우리가 영위하는 '현대 문명'을 과거 문명에 적용한 기준으로 생각해 보면, 의식주에 필요한 제품, 건축, 각종 생활용품이 문명의 요소가 될 것이다. 그런데 현재의 문명에 대해서는 우리가 생활을 영위하는 구체적인 방법도 알기 때문에, 현재 우리가 생활하면서 영위하는 모든 것을 포함해 현대 문명이라고 이야기하는 것이 더 정확할 것이다. 즉, 개개인이 잠자는 것 포함해 24시간 동안 하는 모든 활동이 현대 문명이 만들어낸 '어떤 재료'를 사용하는 행위이다.

예를 들어 누군가가 아침 출근길에 '커피를 한 잔 사서 마시고 컵을 버렸다'고 하자. 이는 커피 또는 커피와 커피 컵을 소비한 행위이다. 하지만 자세히 살펴보면 이 행동은 한 잔의 커피와 컵을 소비하는 것 이상의 많은 자원소비와 연결된다.

한 잔의 커피에는 커피가루, 물, 컵, 설탕 그리고 컵을 만드는 플라스틱 등 다양한 재료가 포함되는데 모두 다양한 과정을 거쳐 우리 손에 들어온다. 이 중에서 커피가루와 컵이 만들어지는 과정을 살펴보자. 커피를 만들기 위해서는 일정량의 커피가루가 필요하다. 이 커피가루는 다음과 같은 여러 단계의 작업을 통해 만들어진다. 먼저, 커피벨트라 불리는 적도 주위 열대지역의 어느 농장에서 작업자가 커피나무를 재배하고, 커피열매가 익으면 수확한다. 수확된 커피열매를 처리해 과육을 제거하고 남은 씨인 '커피콩'을 회수하여 건조시킨다. 건조된 콩green coffee (생두)은 몇 단계의 유통업자를 거쳐 원두 제조업체roaster에 판매된다. 이 원두 제조업체는 생두를 구워

'원두roasted bean'로 만든다. 커피 판매점에서는 이 원두를 구입하여 갈아서 가루를 만든 다음, 다양한 방법으로 원두 속의 성분을 물에 녹여 커피를 만들어 판매한다.

커피를 담은 컵도 복잡한 과정을 거쳐 만들어진다. 플라스틱 컵의 시작은 유전油田에서 채취되는 석유petroleum이다. 채취된 석유는 정유공장으로 이송되어 정제된다. 정제는 석유에 포함된 다양한 탄회수소의 비등점 차이를 이용해 진행되며, 온도에 따라 휘발유, 나프타, 중유 등 다양하게 분리된다. 이 중에서 플라스틱은 주로 나프타naphtha에서 얻는다. 나프타를 다시 분해하면 다양한 방향족 탄화수소가 만들어지고, 이것들을 합성하면 플라스틱을 합성할 수 있는 기본재료가 만들어진다. 컵 제조공장에서 이를 성형하여 컵을 만든다. 컵의 수명은 마시고 버려지면 끝나는 것이 아니고, 회수되어 다시 재활용되거나 소각 또는 매립된다.

그리고 이렇게 진행되는 각 단계의 작업을 위해서는 금속과 플라스틱 또는 나무로 만들어진 다양한 시설과 장치가 필요하며 매 단계마다 에너지가 필요하다. 물론 이 장치들을 만드는 재료도 유사한 과정을 거쳐 만들어진 것이다. 그리고 커피나 컵의 제조에 관련된 작업이 모두 같은 장소에서 일어나지 않으며, 수천 킬로미터를 이동해 가면서 진행된다. 이러한 이동을 위해서는 추가로 각 단계마다 포장을 해야 하며, 수송에 필요한 에너지가 들어간다. 따라서 커피 한 잔을 마시는 행동이 이루어지기 위해 필요한 자원의 양은 눈에 보이는 커피 한 잔보다 훨씬 더 많다.[1]

커피나 컵이 만들어지고 사용되는 이러한 경로를 단계별로 나누어 정리하면 다음과 같다.

1. 자연계에 있던 자원을 가공해
   물건을 만들 수 있는 재료로 만들기
2. 재료를 사용해 우리가 사용하는 제품 만들기
3. 만들어진 제품 사용하기
4. 사용된 물건을 폐기하거나 재활용하기

그리고 이는 커피뿐 아니라 우리가 일상생활에서 소비하는 거의 모든 제품에 적용될 수 있다. 또한 이 단계들이 한 장소에서 일어나는 것은 아니며, 커피처럼 여러 곳으로 이동해 가면서 진행되는 것이 일반적이다.

이 과정을 물질 측면에서 보면, 〈그림 4-1〉에서 보이는 바와 같이 자연에 존재하던 자원에서 재료가 만들어지고 여러 재료를 사용해 우리가 일상에서 사용하는 제품이 만들어진다. 만들어진 제품은

---

1 이러한 복잡한 과정에서 소비되는 자원의 총량을 계산하는 것은 쉬운 작업이 아니기 때문에, 소비된 자원의 양을 정확히 계산하긴 어렵다. 대신, 이런 과정에서 발생하는 이산화탄소의 양에 대한 추적 연구는 여러 연구자가 진행했다. 예를 들어 카린 키캣(Karine Kicat)이 진행한 전 과정 평가(*life cycle assessment*: LCA)에 의하면 10g의 커피가루가 사용된 커피 한 잔을 만들기 위해서 250g 정도의 이산화탄소가 배출된다고 한다(http://www.pac.ca/Programs/FW/CaseStudies.cfm). 이 값은 휘발유 100g이 배출하는 이산화탄소의 양과 같다.

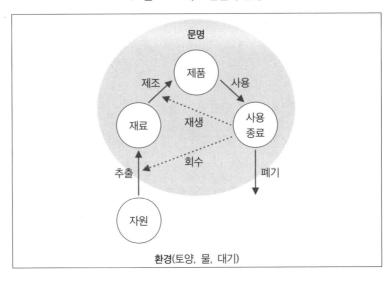

각 개인이 구입하여 사용하다가 사용이 끝나면 일부는 재활용되며 나머지는 폐기물로 자연으로 돌아간다.

이 순환과정에 포함되는 모든 재료와 모든 제품, 그리고 이를 만들고 사용하는 모든 우리의 활동에 의해 문명이 만들어진다. 다시 말하면, 우리의 문명은 자연에서 나와 자연으로 돌아가는 '재료의 순환과정'이라고 할 수 있다. 그리고 문명을 만들고 영위하는 우리의 모든 활동은 이러한 재료순환 과정에 관련되어 있다. 재료순환에 대해서는 다음 절 "2. 재료 생태계의 발전과 위기 그리고 극복"에서 더 자세히 다루도록 하겠다.

2) 재료의 발전과 문명의 발전

문명이 이렇게 재료와 밀접한 관련이 있으므로, 역사를 석기시대, 청동기시대 그리고 철기시대 등 재료를 기준으로 구분한다. 그리고 각 시대의 문명 전체를 통칭해 각각 석기문명, 청동기문명, 철기문명 등으로 부른다. 여기에 사용되는 재료의 이름, 즉 돌, 청동 그리고 철은 각각의 시대에 여러 용도로 사용되었다. 각 시대에 그 시대의 재료만 사용된 것은 아니지만 중요하게 생각하는 것은 '무기와 도구가 어떤 재료로 만들어졌는가', 특히 무기와 도구 중에서도 '힘이 작용하는 부분의 재료가 무엇으로 만들어졌는가'였고, 이에 따라 이름이 붙었다. 그리고 문명은 지속적으로 발전하긴 했지만 특히 기본이 되는 재료가 변할 때마다 문명은 크게 발전했다. 그러면 왜 이 재료들이 문명을 크게 변화시킬 수 있었는지 알아보자.

사실 이 재료들이 각각 그 시대에 가장 많이 사용된 재료는 아닐 수 있다. 아마도 사용량이나 중요성으로 판단하면, 이 책 제3부 "서구 문명에 관한 세 가지 문제"에서 설명했듯 인류역사의 대부분의 기간2 동안 '나무'가 가장 많이 사용된 재료였다고 할 수 있다. 인류는 나무를 사용해 불을 만들고 집을 만들었으며 여러 도구의 많은 부분에 사용했다. 3 따라서 목재를 잘 획득하는 것이 초기 문명발전

---

2 철이나 플라스틱의 사용량이 나무의 사용량보다 많아진 것은 20세기 후반이다.
3 예를 들어 많은 농기구를 보면 역할을 위해 힘이나 충격을 직접 받는 부분은 여러

에 많은 영향을 주었을 것이라고 볼 수 있다.

목재를 획득할 수 있는 중요한 수단은 도끼였다. 도끼가 목재를 생산할 수 있는 능력은 돌, 청동 그리고 철로 바뀌어온, 도끼의 머리부분에 사용되는 재료의 영향을 많이 받는다. 도끼에서 머리부분에 사용된 세 재료의 차이 중에 가장 중요한 성질은 재료의 강도이다. 재료의 강도란 어떤 힘까지 재료가 버틸 수 있는지를 보여주는 값으로, 클수록 강한 재료라고 말할 수 있다. 이 강도값을 보면 철이 400~800MPa**4** 값을 갖는다. 이때 강도값에 범위가 있는 것은 철에 포함된 합금성분이나 열처리조건 등에 의해 강도가 변하기 때문이다. 청동기 재료는 구리를 기본으로 하면서 주석이 포함된 청동으로 만들어진다. 청동기시대라고 이야기하지만 초기에는 구리 또는 구리와 비소 등의 합금이 사용되었고, 시간이 지나면서 주석이 첨가된 청동기가 주요 재료가 되었다. 이러한 구리 합금의 강도는 적절한 양의 주석이 포함되면 300~400MPa 정도 되지만, 청동기

재료가 사용되었지만, 이들을 지탱하는 자루는 석기시대부터 현재까지 대부분 나무가 사용된다.

4 1Pa(파스칼)은 $1m^2$ 의 면적에 1N(= 1kg m/s)의 힘이 작용하는 것을 의미하며, 1MPa은 10^6Pa을 의미한다. 그리고 400~800MPa라는 철의 강도는 철 중에서 18세기까지 주로 사용되었던, 탄소의 함유량이 높은 선철의 값이다. 현재 사용되는 철의 대부분은 선철이 아니고 1870년대 개발되어 생산되고 있는 강철이다. 강철의 강도는 이보다 훨씬 크며, 최근에는 2GPa(= 2,000MPa) 이상의 강철도 만들어질 정도로 성질이 향상되었다. 이러한 강철의 개발과 발전이 최근 150년간 이루어진 현대 문명의 급격한 발전과 확대의 중요한 원동력이라고 할 수 있다.

시대 초기에 주석이 제대로 함유되지 않은 구리 또는 구리 합금은 100~200MPa 정도의 강도를 낼 수 있었다. 따라서 전체적으로는 100~400MPa 정도로 볼 수 있다.

돌은 종류가 다양하며 제작하는 것이 아니라 자연에서 얻는 것이기 때문에 편차가 크며, 10~150MPa 정도의 범위를 갖는다. 석기시대 돌도끼에는 돌 중에서도 강한 편마암, 석영 또는 현무암 등이 사용되었기 때문에 돌도끼용 돌의 강도는 100~150MPa 정도로 예상할 수 있다.

한편, 도끼작업의 대상인 나무도 상당히 강한 재료이다. 나무는 크게 연질 목재softwood (주로 침엽수) 와 경질 목재hardwood (주로 활엽수) 로 나눌 수 있는데 연질 목재는 상대적으로 약한 목재로, 강도가 50MPa 혹은 이보다 작은 값을 갖는다. 경질 목재는 이보다 강하며 100MPa보다 큰 강도를 갖는 것 (예: 참나무oak) 도 있다.

따라서 강도가 나무와 크게 차이 나지 않는 돌도끼로 나무를 가공해 목재를 만들어 사용하는 것은 쉬운 일이 아니었을 것이다. 특히, 경질 목재는 돌과 강도가 유사하기 때문에 석기시대의 인류가 돌도끼를 사용해 큰 경질나무를 가공하여 목재로 만드는 것은 거의 불가능했고, 크지 않고 상대적으로 약한 나무를 벌목해 사용하는 것이 일상적이었을 것이다. 따라서 석기시대 인류는 목재를 사용하긴 했겠지만 힘을 많이 받는, 제대로 된 건물이나 배 등을 만드는 것은 거의 불가능했을 것이다.

청동기시대에 인류는 나무보다 상당히 큰 강도를 가지는 청동을 사용한 도끼를 제작했다. 이 도끼의 강도는 나무보다 크기 때문에 인류는 그동안 사용할 수 없었던 크고 단단한 목재를 획득해 사용할 수 있었다. 이러한 목재를 사용하면 건물이 더 높아질 수 있었고, 배도 어느 정도 더 크게 만들 수 있었다. 초기 청동기시대에 사용되었던, 구리 성분이 주로 함유되어 있는 재료로 도끼를 만든다면 앞서 설명한 대로 구리도끼의 강도가 돌도끼보다 크지 않아 큰 장점이 없었다. 그러나 구리에 주석이 추가되면서 강한 청동기가 만들어졌다. 따라서 큰 나무도 많이 얻을 수 있는 가능성이 생겼다.

그러나 청동기문명이 크게 발달하기에는 문제가 있었다. 청동기의 원료인 구리와 주석이 지구상에 많이 있는 자원이 아니었기 때문이다. 구리도 양이 적은 편에 속하는 자원이지만, 특히 주석은 지구상에 존재하는 양이 아주 적은 금속5이다. 더구나 주석이 생산되는

---

5 인류가 접근가능한 지표 근처에 존재하는 원소의 양을 정리해 보면, 주석은 인류가 사용하는 대부분의 금속보다 적다. 예를 들어 지구상에 희귀하다고 해서 희토류(rare earth)라 불리는 원소의 100분의 1 정도에 지나지 않는다. 구리는 주석의 30배 정도 되지만 그래도 적은 편이다. 그럼에도 양이 적은 구리와 주석이 일찍부터 쓰일 수 있었던 이유는 만들기가 쉽기 때문이다. 만들기 쉽다는 것은 여러 가지 의미가 있지만, 청동기시대나 초기 철기시대의 기술수준을 고려하면 만들어질 수 있는 온도가 가장 중요했다. 지구환경(과거 대기 중에 산소와 황이 존재했고, 현재는 산소가 존재하는 환경)에서 금을 제외한 다른 대부분의 금속은 자연계에서 산소 또는 황과 화합물을 만들었을 것이다. 그리고 이러한 화합물에서 금속을 얻기 위해서는 탄소(나무, 석탄 등)를 해당 금속을 포함하고 있는 광석과 같이 넣어주고, 온도를 금속이 만들어질 수 있는 온도보다 높게 올리면 된다. 많은 금속 중에서 낮은 온도(800℃ 이하 — 나무의 연소에 의해 도달할 수 있기 때문에 상대적으로 얻기 쉬운 온도)에서 얻을 수 있는 금속은 은, 구리, 주석, 납, 수은 등이다.

곳도 제한적이었다. 그리고 당시 청동기는 전투용, 의식용 그리고 작업용 등 다양한 수요가 있었다. 작업용으로도 중요하긴 했지만 전투용이나 의식용도 중요했기 때문에, 생산량이 충분하지 않았던 청동이 나무를 벌목하는 도끼로 만들어지는 양은 많지 않았던 것으로 추측된다.

결국, 도끼의 숫자가 충분하게 만들어지지 않았기 때문에 청동기시대에도 확보할 수 있는 목재의 양이 많이 늘어날 수 없었다. 이렇게 자원의 양이 부족해 청동기시대에는 품질 좋은 청동기 도구의 제작이 제한적일 수밖에 없었고, 자원의 지역적 편차도 커서 청동기문명이 크게 발전하는 것에는 한계가 있었다.

그런데 철기시대가 되면서 상황이 많이 바뀌었다. 철은 강도가 매우 커서, 철로 만든 도끼는 나무를 베는 과정에서 돌도끼나 청동도끼에 비해 도끼날의 손상이 거의 없었기 때문에 한 개의 도끼로 많은 나무를 획득할 수 있다. 그리고 철은 구리나 주석보다 지표면에 광범위하게 존재했고 광산도 매우 많았기 때문에 철은 다양한 지역에서 대량으로 확보할 수 있어 철 공급은 청동기보다 월등하게 많

이들은 모두 지구에 존재하는 양은 많지 않지만 만들기 쉬웠다. 그래서 자연계에 금속으로 존재하는 금을 포함한 6개의 금속은 3천 년 전에도 인류가 만들어서 사용할 수 있었다. 이러한 금속에 비해 철의 원료인 철광석은 비교할 수 없을 정도로 풍부했다. 그런데 철은 이론적으로는 800℃에서 얻을 수 있지만, 사용할 만한 철을 얻기 위해서는 1200℃ 이상의 높은 온도가 필요했기 때문에 철기시대가 청동기시대보다 늦어진 것으로 볼 수 있다.

았다. 따라서 철도끼를 많이 만들 수 있었다. 이러한 철도끼의 광범위한 보급은 목재의 획득량을 급격하게 증대시켰고 목재, 특히 경질목재를 활용한 건축물이나 선박의 발전이 청동기시대와는 비교할 수 없이 급속하게 진행될 수 있었다.

석기, 청동기 그리고 철기로의 발전 외에도 청동기시대 또는 철기시대 각각의 시기에 시간이 지나가면서 기술의 발전에 따라 청동이나 철이 더 좋아졌고, 이렇게 더 좋은 청동기 또는 더 좋은 철기의 발전으로 더 좋은 도끼를 만들 수 있게 되었다. 이외에도 톱이나 전기톱과 같은 도구의 발전도 같이 일어나면서 목재의 공급을 계속 늘릴 수 있어 문명이 계속 발전할 수 있었다.

물론 이러한 발전은 도끼뿐 아니라 모든 도구와 무기에 적용되어, 더 좋은 도구와 무기가 계속 만들어졌다. 이와 같이 재료의 개발과 공급은 인류역사를 통해 지속적으로 문명의 발전과 확대에 큰 영향을 미쳤으며, 이러한 경향은 현대에 와서도 지속되고 있다.

철기시대로 접어들면서 문명이 많이 발전했지만, 그 발전속도에 큰 영향을 미친 재료의 발전이 또 하나 있다. 바로 철의 다른 형태인 강철이 19세기 후반에 만들어진 것이다. 철기시대는 영어로 'iron age'라고 부르는데, 선철iron은 탄소를 많이 가지고 있으며 철광석을 환원해 만든 철이다. 그리고 강철steel은 선철을 정련해서 불순물을 제거하고, 탄소의 농도를 용도에 따라 조절한 철이다. 강철의 강도는 그전에 사용되던 철의 2배 이상이면서도 유연성도 가졌기 때문에 강철의 제조 이후 현대에 이르기까지 기존 인류역사에서 볼 수 없었던 급격한 발전이 이루어지고 있다.

각 시대의 가장 높은 건축물을 보면 강철의 영향을 쉽게 이해할 수 있다. 돌로 만든 이집트 쿠푸지역의 대피라미드가 높이 146m로 건축된 후 3천 년 이상 가장 높은 건축물이었다가, 18세기 이후 서양에서 더 높은 성당들이 건축되었다. 이 건물들의 높이는 150~160m 정도였는데 모두 돌과 벽돌을 사용해서 건축되었다. 이 시기까지 만들어진 철은 탄소가 많은 선철이었기 때문에 오랫동안 건물을 지탱해야 하는 건축물에 사용될 수 없었다.

그러다가 1889년 구스타브 에펠Gustave Eiffel, 1832~1923이 선철을 정련한 강철의 일종인 연철을 사용해 높이 300m의 에펠탑을 세움으로써 가장 높은 건축물의 높이가 획기적으로 높아졌다. 그 이후 지구상에 가장 높은 건축물은 모두 강철을 활용해 만들어졌다. 특히, 철근 콘크리트로 만들어진 엠파이어스테이트 빌딩(381m)부터는 철을 사용해 구조를 튼튼하게 만들 수 있게 되었기 때문에 건물 내부에 공간을 많이 만들 수 있었다. 엠파이어스테이트 빌딩 이후에는 사람이 일상적으로 이용하는 건축물이 지구상에서 가장 높은 건축물이 되었다. 6

---

6 1885년 만들어진 워싱턴기념탑은 170m로, 에펠탑 이전에 가장 높은 건축물이었다. 건축물이라고는 하지만 워싱턴 국립묘지에 만들어진 기념탑이었고, 그 이전의 높은 건축물도 주로 성당의 첨탑이었다. 에펠탑이 만들어진 후, 강철이 힘을 지탱하는 건축물이 가장 높은 건축물의 기록을 계속 세웠다. 그런데 하나의 예외가 있다. 1930년에 건축되어 1년간 세계에서 가장 높은 건축물이었던 크라이슬러 빌딩

2. 재료 생태계의 발전과 위기 그리고 극복

아널드 토인비Arnold Toynbee, 1889~1975는 그의 기념비적인 책 《역사의 연구A Study of History》(1934~1961)에서 도전challenge과 응전 response이라는 개념으로 문명의 흥망성쇠를 설명했다. 그에 의하면 '도전'은 어떤 집단이 과거의 생활양식을 꾸려 나가는 것을 위협하는, 예측할 수 없는 요인이나 사건을 의미하며7 '응전'은 위협을 당한 집단이 그 위협을 극복하고 생존, 더 나아가 번영을 위해 취하는 행동을 의미한다. 8 이 장에서는 재료의 순환과정으로 이루어진 문명의 특성이 토인비가 제시한 도전과 응전과 밀접한 관계가 있는 것을 보이면서 문명의 위기와 극복이 어떻게 이루어지는지 살펴보고자 한다.

(319m)이다. 벽돌로 지어진 이 빌딩은 사람이 이용하고 있는 건축물로 현재도 사용되고 있다. 다만, 벽돌로 만들었기 때문에 힘을 받는 기둥이 차지하는 면적이 크고, 그 결과 외부크기에 비해 내부에 사용가능한 면적이 적다는 단점이 있다. 엠파이어스테이트 빌딩은 철근 콘크리트로 만들어졌지만, 그 이후 만들어진 세계에서 가장 높은 건축물은 모두 철골을 이용한 구조이다. 2020년 현재 세계에서 가장 높은 건축물은 두바이에 있는 부르즈칼리파(828m)이다.

7 By "challenge" he meant some unpredictable factor or event that posed a threat to the ways in which a group of people had made their livelihood in the past.

8 "Response" was the action taken by the same group of people to cope with the new situation to overcome the threat and create a basis for survival and, hopefully, prosperity.

1) 재료 순환과 생태계 순환

앞서 문명이란 재료의 순환과정으로 이루어지고 운영된다고 이야기했다. 그런데 이러한 순환은 자연계에서 일어나는 자연 생태계 순환과 유사하다. 앞의 〈그림 4-1〉에서 보듯, 자연에 존재하는 자원에서 재료를 추출해 이를 가지고 제품을 만들어서 사용하다가, 사용이 끝나면 자연으로 돌아가는 것이 문명을 이루는 재료 순환이다.

이러한 재료 순환과정은 영양소를 흡수한 후 광합성을 통해 식물이 자라고, 이 식물을 초식동물이 섭취하며, 다시 육식동물이 초식동물을 포식하는 생태계 먹이사슬이 만들어지고, 이들이 사망하면서 결국 자연으로 돌아가는 생태계 순환과정과 매우 유사하다.

생태계가 순환하는 과정 전체를 '생태계eco-system'라고 표현하며 순환과정은 〈그림 4-2〉와 같다. 생태계 순환과정에서 가장 중요한 역할을 하는 존재는 식물이다. 식물이 토양에서 각종 영양소 및 물을 흡수하고 태양에너지의 도움을 받아 광합성을 한다. 광합성이란 물과 이산화탄소를 사용해 탄수화물을 만드는 과정이다.

광합성 반응 = 물 + 이산화탄소 + 빛 에너지 → 탄수화물 + 산소
예) $12H_2O + 6CO_2 \rightarrow C_6H_{12}O_6 + 6O_2 + 6H_2O$

이 탄수화물을 사용해 식물은 각종 조직을 만들면서 성장하고 번식한다. 식물은 광합성만 하는 것은 아니며 생체대사代謝도 진행된

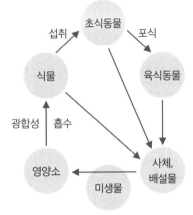

〈그림 4-2〉 자연 생태계

다. 생체대사는 광합성의 반대과정으로, 탄수화물이 산소와 반응해 이산화탄소와 수증기를 만들어 대기로 배출한다. 또한 식물의 수명이 다하면 더 이상의 광합성이나 대사활동이 없는 사체가 되어 토양으로 돌아간다. 동물은 식물을 주식으로 하는 초식동물과 초식동물을 주식으로 하는 육식동물이 있다. 이들은 섭취 또는 포식한 음식물을 소화해 영양소를 흡수하고, 이들을 사용해 생체대사를 진행한다. 그 결과 이산화탄소와 수증기를 대기 중으로 배출한다.

생태계에서는 미생물 역시 중요한 역할을 한다. 미생물은 동식물의 사체나 배설물을 분해해 토양에 영양소를 공급한다. 이 영양소와 대기 중으로 방출된 이산화탄소가 식물에 흡수되면서 생태계 순환이 지속적으로 이루어진다.

생태계 순환은 다음과 같은 특징을 가지고 있다. 먼저, 순환되는 물질을 구성하는 원소는 대부분 탄소, 산소, 질소 그리고 수소로 만들어진다. 이 원소들이 영양소와 물 그리고 분자형태로서 대기와 물, 토양에 존재하다가, 여러 방법으로 흡수되어 동식물과 미생물과 같은 유기체를 만들거나 성장시킨다. 그리고 배설물이나 사체형태로 자연계로 돌아간 후 미생물에 의해 분해되어 대기와 물, 토양으로 돌아가는 순환과정이 일어난다. 이러한 순환에 의해 생태계가 만들어지고 운영된다.

생태계 순환과정에 필요한 에너지는 대체로 순환계 내부에서 공급된다. 식물이 광합성을 진행하기 위해 얻는 태양에너지가 유일하게 외부에서 공급되는 에너지이다. 즉, 태양에너지가 계속 공급된다면 에너지가 부족해 생태계 순환이 멈출 일은 없다. 생태계 순환과정에서 각 참여자가 배출하는 물질은 이산화탄소, 물, 사체 그리고 배설물인데, 이들은 대부분 재활용되면서 순환계에 포함된다. 그리고 가장 이상적인 생태계의 움직임은 생태계의 지속, 즉 균형또는 현상유지를 하면서 생태계 순환이 계속되는 것이다. 이러한 생태계 순환과정에서 동식물의 사체나 배출물질의 일부가 축적되기도 하는데, 인류가 사용하는 화석연료나 자원의 일부가 이 과정에서 만들어진다.

재료 순환계는 앞의 〈그림 4-1〉에서 보는 바와 같이 크게 추출, 제조, 사용 그리고 폐기과정으로 구성된다. 먼저, 추출이란 자연계에 존재하는 '자원'에서 '재료'를 만드는 과정이다. 인류문명의 중요한 재료인 금속은 산소와 결합한 산화물 또는 황과 결합한 황화물 형태로 존재하는 광물에서 얻을 수 있다. 산화물이나 황화물에서 산소나 황을 제거할 수 있는 물질(주로 탄소)을 사용하면 금속을 얻을 수 있다. 목재는 식물에서 얻으며, 식량은 동식물에서 얻을 수 있다.

제조는 추출과정에서 얻어진 '재료'를 사용해 '제품'을 만드는 과정이다. 철을 포함한 금속, 플라스틱, 유리 그리고 가죽 등을 사용해 자동차를 만드는 것과 같이, 우리가 사용하는 모든 제품은 여러 재료를 조합해 제조된 것이다.

이렇게 만들어진 제품은 일정기간 사용되다가 사용이 종료되면 폐기된다. 폐기된 제품을 구성했던 재료는 재활용되어 재료 순환 시스템에 다시 포함되거나 자연으로 돌아간다. 이러한 재료 순환계의 특징을 살펴보면 자연 생태계와는 다른 특징을 가지고 있다.

먼저, 주로 4개의 원소만이 순환하는 자연 생태계와는 달리 재료 순환계에서는 거의 모든 원소가 순환된다. 다시 말하면 인류는 거의 모든 원소를 사용하고 있는 것이다. 그리고 식물이 사용하는 태양에너지가 유일한 외부 에너지원인 자연 생태계와는 달리, 재료 순환의 모든 단계가 외부에서 공급되는 에너지를 사용해 작동된다. 또한 일반적으로 단계별 작업이 서로 다른 장소에서 이루어지기 때문에 이동을 위한 운송에너지도 많이 소비된다. 사용이 끝난 제품은 버려진다. 그리고 모든 단계에서 환경 충격물질(온실가스, 산성가스, 미세먼지, 폐기물 등)이 많이 배출된다. 사용 종료된 제품이나, 배출되는 환경 충격물질은 일부만 재활용되고 나머지는 재료 순환 시스템을 벗어난다. 이에 더해 재료 순환을 위한 에너지원도 순환되지 않는다.

이 때문에 재료 순환 시스템의 지속을 위해서는 자원과 에너지의 공급이 계속되어야 한다.

현대 문명은 이 에너지의 중요한 공급원으로 생태계가 오랜 기간 동안 축적해 준 화석연료를 사용하고 있으며, 막대한 사용량 때문에 화석연료가 빠르게 고갈되어 가고 있다.

2) 재료 생태계로서의 문명

이러한 재료 순환 시스템을 종합적으로 그려 보면 〈그림 4-3〉과 같다. 자연계에 존재하는 자원과 에너지원을 사용해 재료가 만들어지고, 이 재료가 제품으로 만들어지고 사용된 후 버려지는 재료 순환계가 구성된다. 그리고 각 단계의 운영을 위해 에너지가 필요하며, 운영결과로 배출물질이 재료 순환 시스템 밖으로 배출된다. 이렇게 에너지와 재료 순환이 종합되어 운영되면서 문명을 구성하고, 재료의 순환이 생태계의 순환과 유사한 거동을 보이기 때문에 이를 '재료 생태계'라고 부를 수 있을 것이다. 다양하게 운영되는 재료 생태계의 모습이 다양한 문명의 모습이라고 말할 수 있다.

이러한 재료 생태계는 '자연 생태계'와 유사하지만 차이 나는 지점이 있다. 먼저, (자연) 생태계는 잘 운영되면 균형을 유지하면서 지속되지만, 재료 생태계는 잘 작동하면 인구증가와 생활수준 향상에 의해 재료소비 요구량이 빠른 속도로 계속 증가한다는 점이다.

두 시스템의 또 다른 차이는, 생태계는 자기순환형(배출물질이 순

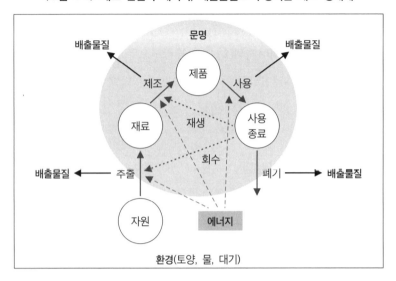

〈그림 4-3〉 재료 순환과 에너지, 배출물질로 구성되는 재료 생태계

환시스템 내에서 계속 순환)인 데 비해 재료 생태계는 배출물질이 순환계를 벗어난다는 것이다. 특히, 재료 생태계의 배출물질이 생태계의 교란요소로 작용하는 일이 많아 환경파괴의 원인으로 작용할 수 있다. 마지막으로, 생태계는 태양에너지만 공급되면 순환과정에서 외부의 도움이 필요 없지만 재료 생태계는 모든 단계에서 재료 생태계 외부에서의 에너지 공급이 필요하며, 광물자원도 계속 공급되어야 원활한 작동이 가능하다는 점이다.

3) 문명에 대한 도전 그리고 응전

이러한 내용을 종합하면, 재료 생태계인 문명은 잘 운영될수록 인구증가와 소비수준의 향상으로 지속적으로 자원수요가 증가하고 환경에 악영향을 미친다. 그 결과 모든 문명은 발전할수록 자원부족과 환경파괴 현상이 나타나게 된다. 이러한 문제는 항상 각 문명의 고민거리였으며 미래에 대해 어두운 전망을 하게 만드는 원인이었다. 예를 들어 인구증가와 식량생산량을 분석한 토머스 맬서스Thomas Malthus, 1766~1834는 인구는 기하급수적 (25년마다 두 배씩) 으로 증가하는데 식량생산은 직선적으로 증가하기 때문에, 결국 인류가 기근에 시달릴 것이라고 주장했다.

인류역사를 살펴보면, 문명의 멸망은 대부분 자원부족이나 환경파괴가 원인이다. 이러한 사실은 모든 문명은 발전하는 과정에서 지속적으로, 토인비가 이야기한 도전을 받을 수밖에 없는 운명에 처한다는 것을 시사한다. 비록 토인비는 도전을 "예측할 수 없는 요인이나 사건"이라고 표현했지만, 재료 생태계로 운영되는 문명은 자연 생태계와는 다른 재료 생태계의 특징 때문에 증가하는 자원 및 재료의 수요를 감당하기 어려워지면서 "예측할 수 없는" 것이 아닌 '필연적으로' 문명의 지속을 위협하는 도전을 계속 받는 것이다.

문명의 생존을 위협하는, 즉 재료 생태계의 운영을 위협하는 도전은 크게 세 종류가 있다. 하나는 자원, 특히 인류의 생존과 문명의 지속에 큰 영향을 주는 중요한 자원(물, 식량, 에너지원, 광물자원)

의 부족이며, 다음으로는 배출물질에 의한 환경오염이고, 마지막으로는 재료 순환 시스템의 붕괴이다. 처음 두 가지는 앞서 설명했으며, 마지막 재료 순환 시스템이 붕괴되는 원인은 자연재해, 사회혼란 그리고 외부로부터의 침략 등을 들 수 있다. 아마도 토인비가 제시한 예측할 수 없는 요인이나 사건은 이 세 번째 도전을 의미하는 것으로 보인다. 각 문명은 이러한 위협을 극복하면 계속 번영할 수 있고 극복하지 못하면 쇠락하거나 멸망하는 것이다.

그동안 인류역사에서 나타난 모든 문명은 지속적으로 이러한 위협에 직면하고 이를 극복하면서 발전하다가 한계에 도달하면 쇠락해 왔다. 이 책 제3장 "서구 문명에 관한 세 가지 문제"에서 서술된 예를 포함해 모든 문명은 발전하면서 자원부족이라는 문제를 항상 만났다. 그리고 이를 해결하기 위해 여러 가지 방법을 찾아냈다.

수렵이나 유목시기의 인류는 자리 잡았던 곳의 자원이 부족하면 다른 곳으로 이주해 새로운 자원을 얻으면서 생존했다. 인구가 늘어나면서 이주할 곳에 다른 집단이 이미 거주하고 있으면, 집단 간 싸움이 일어났을 가능성이 높았을 것이다. 이 싸움은 집단 간의 다툼 수준이었다가 문명이 거대해지면서 국가 간의 전쟁으로 발전했다. 이런 형태의, 생존을 위한 상호투쟁을 아마도 도전에 대한 응전의 가장 극단적인 형태로 볼 수 있을 것이다.

전쟁은 패배자의 자원을 약탈하거나 그 지역의 정복하여 착취함으로써, 승리자만이 자신의 문명에 대한 도전에의 응전에 성공하는 방법이다. 인류역사 전체를 통해 기록된, 또는 기록이 있기 이전의 수많은 전쟁은 대부분 자원부족으로 문명의 위기를 느낀 한쪽 또는 양쪽이 이를 극복하기 위해 일어났다. 그리고 전쟁의 대상이 되는 자원은 시대나 상황에 따라 물, 식량, 노예, 광물자원, 에너지자원 등으로 변해 왔다.

그런데 인류 전체로 보면 전쟁과 정복으로 문명의 위기를 극복할 수 있는 것은 아니다. 앞서 이야기했지만 전쟁은 승자만이 일시적으로 문제를 해결할 수 있을 뿐 근본적 해결책은 아니다. 패자는 더 심한 부족상황에서 살아가야 했으며, 승자도 시간이 지나면 다시 문제가 생겼고 그렇게 되면 또 전쟁을 해야 했다. 그런데 전쟁 자체도 많은 자원과 에너지가 들기 때문에 이러한 상황이 반복되면 승리한 문명 역시 오래가지 못한다.

물론 인류가 재료 생태계의 문제를 전쟁만으로 해결한 것은 아니다. 역사를 들여다보면 많은 전쟁이 있었지만, 재료 생태계의 위기는 계속 존재하는 문제였으므로 인류역사 대부분의 시간에는 파괴적 전쟁보다는 다른 방법으로 문제를 해결해 왔다. 그 방법들이 한계에 도달했을 때 전쟁이 일어난다고 보는 것이 바른 해석일 것이다.

인류가 문제를 해결해온 두 가지 중요한 방법은 교역과 기술개발이다. 각 문명은 재료 생태계의 운영에 어려움이 다가올 때 문명 간에 서로의 잉여자원을 교환하는 교역을 통해서 부족한 자원을 공급받는 노력을 계속했으며, 이 방법이 자원공급에 많은 기여를 했다. 그리고 더 중요한 수단인 기술개발을 통해 생산량을 증가시키거나 새로운 자원을 개발하면서 위기를 극복해 왔다. 예를 들면 인류 전

역사를 통해 계속된 농산물이나 가축의 품종개량, 새로운 식량원의 개발 또는 도입, 생산도구의 발전이나 생산기술 개선 등을 통해 생산량을 증대하여 식량문제를 해결해 왔다. 그 결과, 현재 우리의 문명은 200년 전 맬서스의 걱정을 뒤로하고 당시보다 훨씬 많은, 80억에 가까운 인류에게 계속 식량을 공급하고 있다. 식량 외에 다른 자원도 다양한 해결책을 찾아내서 위기를 극복하고 있는 것이 인류문명 발전의 역사이다.

3. 지속 가능한 문명을 위하여

현재 인류는 현대 문명이 지속될 수 있는지에 관해 확신을 가지지 못하고 있다. 특히, 문명의 지속을 위협할 수 있다고 알려진 요인에 대해 한두 분야를 넘어 다양한 측면에서 문제가 제기되고 있다. 예를 들어 기후변화, 자연생태계의 파괴 또는 변형, 토양이나 대기 또는 물의 오염, 생물종의 감소, 식량부족, 에너지원 또는 자원고갈, 물부족, 자연재해, 새로운 질병, 전쟁 등 다양한 문제가 문명의 미래를 위협하고 있다.

이러한 우려를 분석하면 크게 4가지 종류로 나뉜다. 첫 번째 종류는 자원이 부족해질 것이라는 우려이다. 이때 대상이 되는 자원은 토지, 식량, 담수, 에너지원, 광물자원 등이다. 다음 종류는 환경이나 건강을 위협하는 것으로, 기후변화, 환경오염, 생태계파괴,

건강 위험물질, 새로운 질병 등이 이 부류에 속한다. 그리고 또 다른 종류는 전쟁, 종교나 이념갈등, 빈부격차 같은 사회적 갈등이다. 마지막 종류는 대규모 화산폭발 또는 대형운석隕石의 충돌과 같은 자연재해이다.

여기서는 이러한 문명 위협요인의 근본원인을 분석해 보고 해결방향을 제시하고자 한다. 다만, 화산폭발이나 대형운석의 충돌과 같은 자연재해는 인류가 관여할 수 있는 부분이 아니기 때문에 논의에서 제외하겠다.

1) 문제는 어디서 오는가?

먼저 환경의 문제를 살펴보자. 환경위협이란, 잘 운영되고 있는 생태계 순환이 위협을 받아 손상되는 것을 뜻한다. 육상 생태계를 대상으로 이 문제를 살펴보자. 육상 생태계는 숲, 초지 그리고 늪지 등이다. 각각 고유의 생태계 순환구조를 유지하면서 운영되는데, 이러한 생태계에 대한 손상은 크게 4가지 종류가 있다. 생태계 파괴, 생태계 변형, 생태계 교란 그리고 생태계 오염이다.

이러한 생태계 손상유형 중 해당 생태계에 가장 큰 영향을 주는 것은 상당히 오랜 기간의 생태계가 없어지는 것으로 생태계가 건축물이나 도로로 변형되는 생태계 파괴이다. 현재까지 인류는 사용할 수 있는 육지면적의 2.5% 정도를 이렇게 사용하고 있다.

자연 생태계(주로 숲이나 자연 목초지)를 경작지 또는 목축을 위한 목초지로 바꾸는 생태계 변형도 자연 생태계를 손상시킨다. 우리는 현재 80억 명에 가까운 인구의 식량공급을 위해 사용할 수 있는 지구 토지의 반 정도를 목초지와 경작지로 사용하고 있다.

생태계 교란은 잘 운영되던 생태계에 외부에서 들어온 동물, 식물 또는 곤충이 번식하면서 기존 생물종이 급격하게 줄어들거나 소멸하는 현상이다. 이 현상은 인류의 교류가 활발해지면서 지구 곳곳에서 나타나고 있다. 숲의 파괴와 생태계 교란에 대해서는 이 책 제3부 "서구 문명에 관한 세 가지 문제"의 내용을 참고하기 바란다. 여기서 중요한 것은 이러한 현상이 인류에게 필요한 자원을 공급하기 위해 행하는 일의 부산물로 일어나고 있다는 사실이다.

3가지 생태계 손상유형에 더해, 오염에 의한 생태계 손상에 대해서도 모두가 걱정하고 있다. 환경오염이란 자연순환으로 쉽게 제거되지 않는 물질이 환경(토양, 물, 대기)으로 배출되는 것을 뜻하며, 이 물질의 일부는 우리 건강에도 영향을 미친다. 환경오염에는 다양한 유형이 있으며 인류가 많은 관심을 두는 몇 가지 환경오염을 일으키는 중요한 물질은 〈표 4-1〉과 같다.

이를 보면 다양한 물질이 환경오염의 원인으로 작용하는 것을 알 수 있다. 그런데 이 물질들을 잘 검토해 보면 공기오염 그리고 건강에 위협을 주는 물질은 주로 재료를 만들고 사용하는 과정에서 발생하며, 토양이나 물 오염의 원인물질은 농업생산 과정에서 발생한다는 것을 알 수 있다. 즉, 환경오염의 근원 역시 자원과 재료의 생산 및 사용에 기인한다.

〈표 4-1〉 대표적 환경오염 현상과 그 원인물질

괄호 안의 값 = 각 물질이 기여하는 비율(%)

오염 종류	오염 유발물질
산성화	NH_3(42), SO_2(39), NO_x(19)
기후변화	CO_2(68), CH_4(18), N_2O(8)
오존 감소	CFC-12(48), CFC-11(19), $CBrClF_2$(14), HCFC-22(7), $CBrF_3$(5)
토양 독성	살충제 성분[사이퍼메트린(26), aldicarb(7), terbufos(6)], 구리(12), 제초제 성분[아트라진(8)], 아연(7), 클로로피크린(6)]
부영양화(해수)	물속 총 질소(43), NH_3(31), NO_x(26)
부영양화(담수)	물속 총 인(80), 흙 속 총 인(20)
담수 독성	물속 염소(60), 흙 속 아트라진(10), 흙 속 사이퍼메트린(7)
해수 독성	공기 중 중금속[구리(23), 바나듐(17), 셀레늄(13), 니켈(11)]
호흡기 문제(무기물)	PM10(29), NO_x(26), SO_2(26), NH_3(19)

　사회적 갈등은 전쟁, 빈부격차, 종교나 이념갈등 등 다양한 형태로 나타난다. 이러한 갈등의 뿌리에 관해 다양한 주장이 있을 수 있지만 그동안의 역사나 현재상황을 깊이 들여다보면 대체로 이러한 갈등의 시작은 자원확보 때문에 일어난다고 보는 것이 적절하다. 역사적으로 전쟁의 원인이 되는 자원은 달라져 왔다. 수렵시대 인류는 사냥영역을 두고 갈등이 있었을 것이고 이후 노동력, 식량, 물 등으로 대상이 변했으며, 현재는 에너지원 및 광물자원에 대한 확보와 복잡하게 연관되어 있다.

　자원의 부족 문제 역시 인류가 당면한 중요한 문제의 하나이다. 〈표 4-2〉는 2011년에 미국 지질국에서 발표한, 다양한 자원의 가채년수(매장량 / 연간 사용량)이다. 많이 남은 광물자원도 있지만, 가채년수가 수십 년인 자원이 매우 많은 것을 알 수 있다. 에너지원을 포함해 이러한 자원이 고갈되면 이를 바탕으로 운영되는 우리 문명

<표 4-2> 자원 존재량

원소	생산량	가채매장량(reserve)	가채년수	단위
은(Ag)	23,800	530,000	22	톤
비소(As)	52,000		20	톤
금(Au)	2,700	51,000	19	톤
보론(B)	4,300	210,000	49	천 톤
비스무스(Bi)	8,500	320,000	38	톤
카드뮴(Cd)	21,500	640,000	30	톤
코발트(Co)	98,000	7,500,000	77	톤
크롬(Cr)	24,000	480,000	20	천 톤
구리(Cu)	16,100	690,000	43	천 톤
철(Fe)	2,800	170,000	61	백만 톤

출처: 2011년, 미국지질국

도 위험에 처할 것이다.

지금까지 간략하게 문명의 지속을 위협하는 문제를 검토해 보았다. 다양한 문제의 근원은 인류의 생존에 필요한 재료(식량, 에너지원, 광물자원)의 공급과 사용에 있다는 것을 알 수 있다. 다시 말하면 문명이 지속하기 위해서는 문제의 근원인 재료 문제를 해결해야 하는 것이다.

2) 왜 재료가 문제인가?

현대 문명을 위협하는 문제가 재료에서 발생하는 이유는 재료의 사용량이 많기 때문이다. 인류의 자원 사용량은 2005년 기준 연간 600억 톤에 달하며 이는 20세기의 시작점인 1900년에 비해 8배 정도 증가한

양이다. 2005년 인구는 70억 정도였으므로 1인당 9톤 가까운 양의 자원을 매년 소비하고 있는 것이다. 그리고 이러한 자원 사용량의 증가는 대량의 환경오염과 건강 위험물질의 배출, 자원 소모량의 급격한 증가를 초래했다.

그런데 앞서 제시한 자원 소비량인 1인당 연간 9톤이라는 자원 소비량은 사람들이 생각하는 것보다 많다고 느낄 것이다. 그 이유는 자원소비에 숨어 있는 부분이 있기 때문이다. 예를 들어 우리가 자동차를 구입해 10년간 사용하고 폐차했다고 하자. 연료 소비량을 제외하고 자동차 때문에 소비한 재료의 양을 단순하게 계산하면, 자동차의 무게(평균 1,500kg)를 10으로 나누어 매년 150kg의 자원을 소비했다고 생각할 수 있다. 그런데 실제 자원 소비량은 이보다 훨씬 많다. 예를 들어 철을 만드는 과정에서 철 무게의 7배에 달하는 물질이 사용되거나 환경으로 배출된다. 자동차 중량 중에 1,000kg이 철이라고 하면 매년 철을 100kg 소비한 것인데, 이는 자동차를 10년 이용했을 때 철 소비만으로도 매년 700kg의 자원을 소비한 것이라 할 수 있다.

그런데 철은 금속 중 만드는 과정에서 자원의 소비량이 가장 적은 편에 속한다. 자동차에 사용되는 알루미늄을 만들기 위해서는 27배의 자원소비가 필요하다. 만일 자동차에 150kg 정도의 알루미늄이 포함되어 있다면 매년 15kg의 알루미늄을 소비하는 것이고, 이는 매년 405kg의 자원을 소비한 것이다. 즉, 철과 알루미늄만 계산해도 자동차를 보유함으로써 매년 1톤 이상의 자원을 소비하는 것이다. 자동차에는 이 외에도 유리, 플라스틱 그리고 고무 등이 포함되어 있으며 이들도 제조과정에서 많은 자원이 소비되고, 이는 결국 자동차의 구매자가 소비한 것이다.

그리고 재료를 만드는 데 물질만 관여되는 것이 아니다. 자연계에 존재하는 물질을 우리가 사용할 수 있는 물질로 만들기 위해서는 많은 에너지가 투입되어야 한다. 예를 들어 1kg의 재료를 만들기 위해 철은 30MJ, 알루미늄은 200MJ, 유리는 40MJ, 플라스틱은 70MJ 정도의 에너지가 각각 필요하다. 이 에너지는 대부분 화석연료에서 얻어지기 때문에 재료를 사용하는 많은 과정에서 막대한 자원과 화석연료를 소비하며, 그 결과 많은 환경 위험물질이 발생한다.

3) 막대한 재료소비의 의미와 문제해결 방향

지금까지 인류문명의 지속을 위협하는 문제가 재료의 사용에서 나오며, 그렇게 된 원인이 재료소비량이 막대하기 때문이라고 이야기했다. 그래서 인류의 문제를 해결하기 위해서는 소비를 억제해야 한다는 주장이 많다. 그런데 재료의 소비량을 억제하면 문제가 해결되는지를 생각해볼 필요가 있다.

비록 재료의 소비가 많은 문제를 일으키긴 하지만 현재와 같은 문명의 발전은 재료소비 덕분에 이루어졌다. 예를 들어 지난 100년간 늘어난 재료소비 덕분에 1900년에 16억 명 정도였던 인구가 현재 80억 명 정도로 증가했으며, 평균수명도 2배 가까이 증가했다. **9** 그리고 수도나 전기를 비롯한 수많은 편의시설의 혜택을 누릴 수 있으며, 의식주를 비롯한 생활용품을 풍족하게 사용하는 삶을 누리고 있다. 별다른 대책 없이 소비를 억제한다는 것은 인류의 생활을 예전으로 되돌린다는 것을 의미하는데, 개인적으로 이를 받아들일 수 있는 사람들은 있겠으나 사회 전체적으로 이를 받아들일 가능성은 매우 낮다.

오존층 보존과 기후변화 대응이라는 두 가지 사례를 통해 이를 검토해 보자. 지구 대기는 여러 층으로 구성되어 외부환경으로부터 지구의 생명체를 보호한다. 이 중 자외선을 막아 주는 오존층에 극지방 중심으로 문제가 생기고 있다는 것이 1970년대에 관측되었고 그 원인으로 냉장고 냉매로 사용되는 CFC(염화플루오린화탄소 chlorofluorocarbons)가 지목되었다. 국제적으로 CFC를 규제하는 규정이 만들어졌고, 냉매물질로 오존층에 문제를 일으키지 않는 물질이 개발되면서 CFC를 사용하지 않게 되었으며 점차 오존층이 복구되고 있다.

기후변화 문제에 대해서도 1980년대부터 국제적 문제가 되었으며 1997년 교토협약이 비준되어 각국은 이산화탄소 발생량을 규제

---

9 연구결과를 보면 포유류의 크기와 평균수명은 선형으로 비례하는 관계를 가지고 있다. 그런데 인류는 이러한 경향을 벗어나 훨씬 큰 값을 보인다. 이러한 수명의 증가는 의료나 수도의 발전과 같은 한두 요인이 아니라 재료소비의 전반적 영향의 결과다. 실제로 인류도 1900년까지는 다른 포유류의 수명예측값과 유사한 평균수명을 가졌다.

하기로 했다. 하지만 교토협약은 모든 나라가 지키지 못하는 약속이 되었다. 이산화탄소 사용량이 계속 늘어나자 20년 후인 2016년 다시 파리협약이 비준되어 각국이 자율적으로 이산화탄소를 감축하기로 했다. 하지만 이를 지키지 않는 나라가 늘어나고 있고 지키려는 국가에서는 이를 강제화하는 과정에서 많은 갈등이 드러나, 이산화탄소 규제가 성공할 가능성에 의문이 들고 있다.

이 두 가지의 환경문제에 대한 대응의 차이는 두 문제의 수준이 다르기 때문이다. 오존층 감소 문제는 오존층에 문제를 일으키는 물질을 대체하면 해결할 수 있는 문제였고, 이산화탄소 문제는 재료 전반의 소비, 즉 문명 전체의 운영에 관련된 문제다. 인류는 생물자원 사용, 화석연료 연소 그리고 시멘트 생산과정에서 이산화탄소를 만들어 대기 중으로 방출한다. 이 중에서 생물자원은 이 자원의 구성성분인 탄소가 대기 중의 이산화탄소를 사용해 만든 것이기 때문에 대기 중의 것을 돌려주는 것으로 볼 수 있다. 따라서 긴 시간으로 보면 대기 중의 이산화탄소 변화에 영향을 주지 않는 것으로 판단되어 기후협약의 규제대상에서 제외되었다.

규제대상은 화석연료 연소와 시멘트 생산으로 만드는 이산화탄소이다. 문제는 이 두 가지 모두가 인류의 생활에 꼭 필요한 부분을 위해 사용되고 있으며 생활수준과 밀접하게 연관되어 있다는 점이다. 그리고 현재까지 이를 대체할 수 있는 적절한 수단이 없는 상황이다. 10 이 때문에 이들의 발생량을 규제한다는 것은 전체적 생활수준의 정체 또는 후퇴를 가져오게 될 확률이 높다. 이 때문에 개개인 또는 사회나 국가적으로 이산화탄소를 줄이자는 것에 심정적으로는 동의하겠으나 이를 실질적으로 구현하는 것은 쉽게 달성되기 어려운 것이다.

따라서 문제해결을 위해서는 단순하게 자원의 소비를 줄이자는 결의를 넘은 노력이 필요하다. 그리고 이 노력은 기술의 발전과 함께 사회적 공감, 지구촌 전체의 협력이 같이 이루어져야 한다.

4) 해결의 길은 어디에 있는가?

해결의 길을 찾기 위해서는 앞으로 재료소비량이 얼마나 늘어날지를 예상해야 한다. 앞서도 이야기했지만 재료사용량은 지난 100년간 급격하게 증가했다. 이러한 증가가 앞으로 계속될지에 관해서는 여러 의견이 있다. 또 증가하는 재료사용량이 일으키는 문제 때문에 증가추세가 영향을 받을 가능성도 있다. 재료사용량의 증가를 예측하는 방법의 하나로, 현재와 같은 경향이 지속된다고 가정하고 소비량을 계산하는 방법이 있다.

〈그림 4-4〉는 2005년 유엔에서 발표한 자료로, 국가별 재료소비

---

10 예를 들어 화석연료를 줄일 수 있는 대체 에너지원은 전기를 생산하는 원자력, 수력 그리고 신재생 에너지원(태양에너지, 조력 그리고 풍력 등)이다. 이들이 전기생산의 15% 정도를 차지한다. 신재생 에너지 중심으로 비중이 늘어나고 있긴 하지만 에너지원별로 문제점도 있기 때문에, 가시적인 시일 내에 화석연료를 전면적 또는 상당부분 대체하는 것에는 한계가 있다.

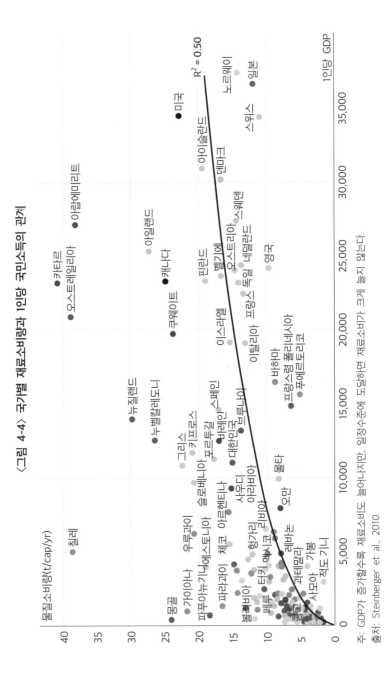

〈그림 4-4〉 국가별 재료소비량과 1인당 국민소득의 관계

주: GDP가 증가할수록 재료소비도 늘어나지만, 일정수준에 도달하면 재료소비가 크게 늘지 않는다.
출처: Steinberger et al., 2010.

222

량과 1인당 국민소득의 관계를 보여주고 있다. 그림에서 알 수 있는 바와 같이 소득이 증가하면 소비량이 늘어나는 경향이 있다. 물론 같은 소득에도 소비량의 편차가 큰 예도 있는데, 이는 인구밀도 또는 국가가 자원수출에 얼마나 초점을 두는지에 의존한다. 이러한 변수를 제외하면 소득에 어느 정도 비례해 소비량이 늘어나는 것을 알 수 있다.

특히, 소득이 1만 달러 이하인 국가에서는 소득증가에 따라 소비량이 급격하게 증가하고 있다. 이렇게 증가하는 이유는 개별국가에서 소비재의 사용이 증가하기 때문이다. 대체로 제품의 소비는 보편화하는 경향, 즉 처음에는 소수가 사용하다가 점차 대중이 사용하는 방향으로 변화하는 경향이 있다. 이 경향을 일반화하면 궁극적으로는 인류 개개인의 소비량이 유사해질 것이라고 이야기할 수 있다. 그렇다면 재료소비량이 크게 증가하며, 만일 소득이 지속적으로 증가하면 소비량도 지속적으로 늘어나 지구가 감당할 수 없는 상황이 될 것이다.

그런데 소득대비 재료소비량의 변화를 잘 살펴보면, 재료소비량이 어느 정도 늘어난 이후에는 크게 변화하지 않거나 정체하는 경향을 보이고 있다. 그리고 국가별 자료를 보더라도 지난 30년간 산업화가 진행된 국가의 소비량은 크게 변하지 않았다. 예를 들어 일본, 독일, 프랑스, 이탈리아 등과 같이 유사한 인구 및 인구밀도 그리고 산업화 정도를 갖는 나라의 국민소득에는 차이가 있지만 재료소비량은 대체로 1인당 15톤 정도로 유사하며, 한국도 유사한 수준이다. 우리나라는 최근에 이 수준에 도달했지만 다른 나라는 10~30년 전에 이 수준에 도달한 이후 큰 변화가 없었다. 이는 재료소비량에 포화수준이 있다는 것을 시사한다.

물론 이러한 포화가 소비의 중단 또는 고정을 의미하는 것은 아니며 새로운 제품은 계속 만들어지고 소비된다. 다만 포화기에 도달한 사회에서는 새로운 제품의 소비가 다른 소비를 대체하면서 재료소비량 증가를 초래하지 않는다는 것을 의미한다. 이는 인간의 재료소비 욕구가 1인당 15톤 정도의 재료소비량으로 대체로 만족할 수 있다는 것을 시사한다. 그리고 포화기에 도달하지 못한 사회는 포화에 도달할 때까지 개인별 재료소비량이 늘어날 것으로 예상된다.

따라서 자원공급량이 전 세계 모든 사람에게 1인당 15톤(현재 상황에서 연간 1천억 톤)의 자원을 공급할 수 있다면 모든 사람이 상당한 수준의 복지를 누리며 살 수 있을 것이다. 하지만 이러한 막대한 자원공급이 현재와 같은 방법으로 이루어진다면 지금도 심각한 여러 문제(자원고갈, 환경오염, 건강 위험물질 배출 등)를 더 심각하게 만들 것이므로 실현하는 것도 쉽지 않고, 실현되더라도 지속적으로 이루어질 가능성은 높지 않을 것이다.

문명은 재료에 깊이 의존하기 때문에 자원소비 문제는 쉽게 풀릴 수 있는 문제가 아니다. 자원소비가 문제를 일으키므로 지구적 차원에서 자원소비량을 줄이거나 현재 수준으로 유지하자는 것은 실현 가능성이 낮으며, 모두가 자원을 충분하게 사용할 수 있도록 자원을 공급하는 것도 실현 가능성이 낮다. 문제해결을 위해서는 생각의 전환과 다방면의 노력이 필요하다.

문제해결을 위한 방향은 재료의 소비를 줄이는 것, 그리고 재료를 만들고 소비하는 과정에서 발생하는 환경 및 에너지 문제를 개선하는 것이다. 이 두 가지 방법이 잘 진행되기 위해서는 개인과 사회의 인식전환, 제도적 뒷받침, 그리고 기술발전이 필요하다.

5) 재료의 소비를 줄이는 방법

우선 재료소비를 줄이는 방법을 생각해 보자. 전 인류가 보편적 복지를 누리기 위해 연간 15톤의 재료소비량이 필요하다고 할 때, 실제로 필요한 것은 15톤이라는 양이 아니고 15톤이 만들어 내는 '이득'(이 이득 속에는 의식주에 대한 충족과 각종 기반시설, 안전, 편리함, 즐거움 등이 포함된다) 이라는 점을 알아야 한다. 따라서 이러한 수요를 더 적은 재료소비로 만족시킬 수 있는 방향으로 문제에 접근해야 한다.

재료의 소비를 줄이는 방법으로는 제품의 수명연장, 제품공유 그리고 재활용 확대 등이 있다. 먼저 제품수명을 검토해 보자. 제품의 수명이 정해지는 것은 생각보다 복잡하다. 일반적으로는 고장이나 재료의 수명한계로 더는 기능을 다할 수 없을 때까지 제품을 사용한다고 생각한다. 하지만 실제 제품의 수명은 기능(고장 등의 원인으로 기능을 더는 사용할 수 없을 때), 재료(옷이 해지는 것과 같이 재료를 더는 사용할 수 없을 때), 비용(더 적은 에너지를 사용하는 제품을 사용하는 것처럼 변경하는 것이 더 비용이 절감될 때), 사용자의 감정(유행의 변경 등의 이유로 더 이상 사용하고 싶지 않을 때), 제도(법의 규제대상이 되는 등 제도적으로 더 이상 사용할 수 없을 때) 등 다양한 원인에 의해 정해진다.

제품의 고장이 많거나 재료의 품질이 좋지 않을 때는 기능이나 재료에 의해 수명이 결정되지만, 기술개발이 진행되어 이러한 문제는 많이 해결되었다. 이제는 대부분의 제품수명이 다른 원인에 의해 결정된다. 즉, 이는 물리적으로 사용 가능한 많은 제품이 버려지고 있다는 것, 그리고 이러한 경향을 바꿀 수 있다면 제품의 수명연장이 가능하다는 것을 시사한다. 제품의 수명을 연장할 수 있는 방법은 사용자의 인식, 제도 그리고 비용 등의 방법으로 가능하다.

이 중에서 가장 바람직한 방법은 사용자의 인식전환이다. 적지 않은 사람이 이러한 점에 동의하고 실천하고 있기도 하다. 또한 정부나 여러 단체에서 이를 위한 교육이나 홍보도 진행한다. 하지만 이 방법이 정말로 효과를 내기 위해서는 모든 소비자가 모든 제품에 대해 자발적으로 수행해야 하기 때문에 그 성과가 잘 나타나지는 않는다. 그래도 이러한 노력은 계속될 것으로 예상된다.

최근 들어서는 많은 국가에서 제품의 사용기간을 늘리는 제도를 도입하기 위해 노력하고 있다. 예를 들어 많은 사람이 휴대전화를 기기구입 시 받는 혜택과 함께 약속한 최소한의 사용기간인 '약정기간' 동안 사용한다. 그러면 제도적으로 '약정기간'을 늘리면 휴대전화의 수명을 '쉽게' 늘릴 수 있다. 하지만 몇 년 전 우리 정부에서 약정기간을 늘리려고 시도하다가 강력한 반발에 의해 계획을 포기했듯 제도화하는 것이 절차가 간단하지 않을 뿐 아니라 이해관계도 복잡하게 얽혀 있어 쉬운 방법은 아니다. 그렇다 하더라도 제도화하는 것은 가장 강력하고 국가 전체에 적용될 수 있는 효과적 방법이다.

마지막으로 비용을 높여 절약을 유도하는 방법은 그동안 계속 진행되었다. 그러나 비용이 부담되는 계층에게만 효과적으로 작동하는 방법이라는 단점이 있으며 기업의 특수한 상황이나 서로의 경쟁관계로 인해 자주 효과가 없어지기도 한다.

재료사용량을 줄일 수 있는 다른 방법으로 제품공유를 확대하는 방법이 있다. 대부분의 제품이 항상 사용되는 것은 아니기에 한 제품을 여러 사람이 공유한다면 필요한 제품의 양이 획기적으로 줄어든다. 예를 들어 개인이 소유한 자동차는 주차장에 있는 시간이 95%에 달한다는 통계가 있다. 인터넷을 통한 자동차공유 시스템을 시작한 '우버'가 이러한 상황을 개선하기 위함이라고 창업자가 밝힌 바도 있다. 이러한 공유 시스템은 차량뿐 아니라 여러 제품으로 확대되고 있다. 임대 시스템도 유사한 역할을 하는 것으로, 제품의 소비량을 줄일 수 있다. 임대도 다양한 제품으로 확대되고 있으며, 향후 임대와 공유 시스템 또는 이를 활용한 사업은 더욱 늘어날 것이다.

그런데 제품수명 연장이나 공유를 통한 재료소비 절감은 한계가 있다. 이론적으로는 이러한 방법이 제품의 소비를 줄일 수 있지만 실제로 얻을 수 있는 효과는 기대만큼 크지 않을 가능성이 높다. 예를 들어 자동차에 대해 생각해 보면, 비록 자동차가 95%의 시간 동안 주차장에 놓여 있지만 대부분의 자동차는 서로 유사한 시간(예를 들어 출퇴근 시간)에 서로 다른 장소에서 서로 다른 장소로 이동하기 때문에 실제로 차량공유 시스템으로 얻을 수 있는 효과는 제한적이다. 이러한 상황이 자동차에만 국한된 것이 아니기 때문에 공유 시스템으로 인한 재료소비 절약효과는 한계를 가진다. 물론 이러한 접근으로 줄어들 수 있는 자원소비도 적은 값은 아니다. 예를 들어 이러한 방법으로 10%만 자원을 절약한다고 하더라도 인구 1인당 1.5톤, 즉 지구 전체로 보면 100억 톤의 막대한 자원을 절약할 수 있다.

6) 제조과정의 자원 및 에너지 소비 절감과 환경 위해물질 배출 삭감

재료나 제품의 제조과정에서 발생하는 환경문제를 최소화하는 것이 재료사용에 따른 환경이나 건강에 대한 위협을 막기 위한 근본적 방법이다. 이 방법에는 크게 두 가지 길이 있다. 하나는 재활용의 확대이며 다른 하나는 재료생태계 친화적 재료제조 및 사용이다.

먼저 재활용에 대해서 생각해 보자. 재활용은 사용종료된 제품을 버리지 않고 여러 형태로 다시 사용하는 것이다. 우선, 제품을 거의 원형 그대로 다시 사용하는 것이 있다. 앞서 이야기했지만 많은 제품이 유행변화나 약정만료 등의 이유로 기능이 정상적으로 작동함에도 사용이 중지된다. 그런데 이렇게 사용중지된 제품에 대한 수요도 있어서, 이 제품을 버리지 않고 다시 사용할 수 있다면 많은 자원이 절약된다. 사실 오래전부터 중고품을 사고파는 시장이 있었고 계속 확대되어 왔으며 앞으로도 확대될 것이다. 제품의 재사용에 관련된 이러한 사업은 더 활성화될 것이다. 이는 자원을 가장 많이 절약할 수 있는 방법이다.

다음으로, 부품을 다시 사용하는 것이다. 제품의 중요한 부분에서 고장이 나면 제품의 재사용은 불가능하지만, 나머지 부분은 다시 사용될 수 있다. 이 역시 새로운 부품을 만드는 자원, 에너지 그리고 비용을 줄일 수 있기 때문에 재료절감 효과가 크다. 그런데 이러한 부품의 재사용이 확산되기 위해서는 제도적 뒷받침이 필요하다. 즉, 제품을 설계할 때 부품들의 호환성이 보장될 수 있도록 제도화해야만 부품의 재활용이 확산될 수 있다. 부품의 설치공간, 다른 부분과의 연결방법, 사용하는 전력수준 등에 대한 호환성 보장이 되어야만 부품의 재활용이 더 확산될 것이다.

마지막으로는 재료의 재활용이다. 폐기물 중에서 더 이상 사용할 수 없는 부분을 새로운 재료를 만드는 원료로 사용하는 것이다. 이러한 재료로서의 재활용도 큰 에너지를 줄일 수 있다. 특히, 금속의 재활용은 〈표 4-3〉에서 보듯이 에너지 절감이나 환경오염 감소효과가 매우 크다. 따라서 재활용이 활성화된다면 재료생산에 따른 환경 충격이 매우 줄어들 것이다.

〈표 4-3〉은 대표적 재활용 물질의 재활용 효과를 보여주고 있다. 알루미늄은 새로운 알루미늄을 제조하는 것에 비해 에너지 소비가 10% 이하로 줄어드는 것을 알 수 있다. 이렇게 재활용 효과가 크기 때문에 현재 많은 금속성분에 대한 재활용 기술개발이 진행되고 있

〈표 4-3〉 재료재활용에 따른 효과

감소되는 양(%)

항목	알루미늄	철	종이	유리
에너지 절감	90~97	47~74	23~74	4~32
대기오염 감소	95	85	74	20
수질오염 감소	97	76	35	-
폐석 감소	-	97	-	80
용수 절감	-	40	58	50

다. 그런데 재활용을 활성화하기 위해서는 재활용 기술도 중요하지만 제도개선과 재활용을 위한 제품설계 개념의 도입이 필요하다. 재료의 재활용에서 가장 어려운 단계가 사용종료품의 수거이다. 수거를 잘하기 위해서는 사용자 개인의 의식도 중요하지만 제도적 뒷받침도 중요하다. 또 원재료를 만들 때 재활용을 고려하는 것도 필요하다.

철을 예로 들어 보면, 철로 사용된 제품의 수명은 10년(자동차)에서 50년(건축물) 정도이며 평균 30년 정도 된다. 그렇다면 철 사용량이 포화상태에 도달하고 30년 정도 지나면 새로운 철 제조가 필요없이 재활용만으로 철 제조가 가능해질 것이다. 철 제조에 필요한 에너지는 지금의 3분의 1 정도로 충분할 것이고 환경오염도 5분의 1 수준으로 감소할 것이다. 하지만 철을 재활용하는 과정에서 구리나 주석 같은 성분이 축적되면서 제품의 품질이 나빠지게 되어, 계속적인 재활용에 문제가 생길 수 있다. 현재 이 문제를 해결하기 위한 기술개발이 진행되고 있지만 원리적으로 어려운 문제여서 해결책을 찾는 것이 쉽지 않다. 이러한 문제를 미연에 방지하기 위해 재활용에 유해한 성분이 포함되지 않는 철을 만드는 방법과 사용과정에서 이러한 물질이 혼합되지 않도록 하는 방법이 마련된다면 재활용이 더 쉬워질 것이다. 이러한 재활용 가능 설계개념이 재료 제조과정에도 도입되는 것이 필요하다.

장기적으로 재활용에 의해 인류가 소비할 수 있는 재료가 많이 생산되더라도 그러한 재활용사회가 오기 전까지는 새로 만드는 재료가 수요의 많은 부분을 차지하므로, 재료 생산과정에서 에너지 소비를 줄이고 환경 충격물질 배출을 감소하는 기술을 개발할 필요가 있다. 그런데 이러한 방향의 기술개발은 인류가 문명을 만들어온 이래 계속 진행해온 일이다. 예를 들어 철을 생산하기 위해서는 철광석과 함께 탄소의 공급원이 필요하다. 산업혁명이 일어나기 전까지 탄소의 주 공급원은 나무였다. 그런데 나무의 소비량이 막대했다. 중세시대까지도 철 1톤을 생산하기 위해 나무를 10톤 이상 소비했다. 그 때문에 당시 대부분의 철 생산지는 숲이 울창한 지역이었다. 또한 철 생산이 늘어나기 시작한 17~18세기에는 철 생산으로 산림이 황폐해지는 것이 큰 사회문제가 되기도 했다.

석탄의 사용은 이러한 문제를 해결하기 위해 도입되었다. 초기에는 철 1톤을 생산하기 위해 석탄을 2톤 이상 소비했지만, 기술개발에 의해 현재는 석탄을 0.7~0.8톤 정도 소비한다. 이러한 방향의 기술개발은 이 책에서 언급하지 않아도 모든 산업체에서 사활을 걸고 개선하기 위한 노력을 하고 있으며 매년 조금씩 개선되고 있다.

자원의 소비량을 줄일 수 있는 획기적 방법은 재료생태계 친화적 재료선택을 통해 제품을 생산하는 것이다. 우리가 사용하는 재료는 자연계에 자원형태로 존재하는 것에서 추출하며, 이 과정에서 에너지가 투입되어야 하고 많은 환경 충격물질을 배출한다. 그리고 해당 자원의 매장량도 점차 줄어든다. 이 모든 것이 재료생태계에 악영향을 준다. 그런데 재료에 따라 환경에 미치는 영향에 차이가 있다. 그리고 같은 기능을 낼 수 있는 여러 재료가 존재한다. 다시 말하면, 우리가 특정기능을 내기 위한 재료를 선택할 수 있다는 것이다. 이것을 종합하여, 특정기능을 내기 위한 재료선택을 재료생태계에 주는 악영향을 최소화하는 방향으로 진행한다면 환경에 대한 영향은 최소화하면서 지속가능성을 높여줄 것이다.

현재까지 경쟁적 재료가 있을 때의 선택은 여러 요인에 대한 고려보다는 경제성, 기능, 매장량 등 여러 요인 중 한두 개의 요인에 의해 진행되었다. 하지만 이러한 선택이 환경에 대한 부담을 더 높이는 방향으로 작동하는 일도 있고, 사용지역의 환경문제를 재료 생산지역의 환경문제로 이전하는 일도 많다.

예를 들어 자동차의 배기가스에 대한 유로기준을 충족하기 위해서는 백금촉매를 사용해야 한다. 이 촉매를 사용하면 자동차 운행중 배기가스 문제에 도움을 받긴 하지만, 백금은 생산과정에서 유해물질 및 환경오염 가스를 포함한 많은 양의 폐기물을 방출한다. 유로기준은 유럽의 환경개선에는 기여하지만, 백금을 생산하는 남아공이나 러시아의 환경에는 악영향을 끼치는 것이다. 이 두 지역의 환경에서의 좋아진 것과 나빠진 것에 대한 총괄적 계산이 쉽진 않지

만 유럽의 환경문제가 다른 나라의 환경문제로 이전된 것은 분명하
며, 앞으로는 이러한 영향을 다 고려한 정책이나 재료선택이 이루어
져야 한다.

7) 지속가능한 문명을 위하여

앞서 설명했듯이 우리의 문명은 막대한 재료를 사용하는 것을 기반
으로 운영되며 인류는 그 속에서 많은 혜택을 본다. 하지만 지속적
으로 증가하는 재료공급에 대한 위기와 그에 따른 환경위험은 문명
이 만나는 지속성 위기의 근본원인이었고, 글로벌 시대가 된 현재는
지구 차원 위기의 근원이다.

현대 문명이 지속되기 위해서는 인류 모두 어느 수준 이상의 자원
소비 혜택을 누릴 수 있도록 해야 하며, 이를 위해 자원의 절약과 함
께 환경충격이 적은 방법을 통한 자원과 재료의 공급이 이루어져야
만 한다. 또한 기술발전을 통한 새로운 재료의 개발, 재료효율 증가
등이 같이 이루어져야 한다. 그리고 이러한 기술적 발전과 함께 올
바른 재료선택과 재활용을 활성화할 수 있는 제도의 도입, 재료의
사용을 줄여야 한다는 각 개인의 인식전환이 같이 진행된다면 인류
는 다가오는 글로벌 위기를 극복하고 현대 문명의 혜택을 지속적으
로 누릴 수 있을 것이다.

참고문헌

Ashby, M. F. (2013). *Materials and Environment: Eco-Informed Material Choice.* Amsterdam: Elsevier.

_____ (2016). *Materials and Sustainable Development.* Amsterdam: Elsevier.

Diamond, J. (2004). *Collapse: How Societies Choose to Fail or Succeed.* 강주헌(역)(2005), 《문명의 붕괴: 과거의 위대했던 문명은 왜 몰락했는가?》. 파주: 김영사.

Giraudo, A. (2015). *Quand le Fer Coûtait Plus Cher que l'Or: 60 Histoires pour Comprendre l'Economie Mondiale.* 송기형(역)(2016), 《철이 금보다 비쌌을 때: 충격과 망각의 경제사 이야기》. 서울: 까치.

Lynch, M. (2003). *Mining in World History.* 채계병(역)(2004), 《채굴과 제련의 세계사》. 서울: 책으로만나는세상.

Malthus, T. R. (1798). *An Essay on the Principle of Population.* London.

Toynbee, A. J. (1934~1961). *A Study of History.* New York: Oxford University Press.

문명의 미래

장대익

1. 문명 탄생의 사회인지적 기초

문명은 호모 사피엔스만의 것일까? 침팬지와 인간은 600만 년 전쯤에 같은 조상에서 갈라져 나온 사촌지간이다. 그런데 이 둘의 운명은 너무나 달랐다. 한 종은 아프리카를 벗어나지 못한 채 여전히 숲에 살고 있지만, 다른 종은 나무에서 내려와 초원을 달려 전 세계로 뻗어 나가 지구의 지배자가 되었다. 게다가 지난 20만 년의 지구 생태계 역사만 놓고 본다면 가장 빛나는 종은 단연코 호모 사피엔스라고 할 수 있다.

그런데 왜 침팬지나 고릴라가 아니라 우리일까? '우리가 더 똑똑했기 때문'이라는 대답만으로는 충분치 않다. 호모 사피엔스가 다른 종에 비해 어떤 측면 — 생태를 잘 활용하는 측면, 도구를 잘 만들고 사용하는 측면, 아니면 집단을 잘 조직하고 활용하는 측면 — 에서 비교우위를 점해 지구의 정복자로 등극했는지를 밝혀야 한다. 여기서는 인간 사회성의 독특성에 주목함으로써, 지구상 생명체 중에서 오직 우리 조상만이 이룩한 문명 탄생의 사회인지적 기초socio-cognitive basis를 논의하고자 한다.

최근에는 인간 지배력의 진화를 환경 통제력이나 물리적 직관능력에서 찾기보다는 우리의 사회성sociality에서 찾으려는 시도가 늘고 있다(Gamble et al., 2014; Tomasello, 2014; Wilson, 2013). 문명의 집단적 측면을 생각해 보면 이런 시도는 오히려 자연스럽게 느껴진다. 문명은 기본적으로 수많은 집단이 공동의 작업을 통해 만들고 전수해준 지식과 기술의 총체이기 때문이다. 인간의 뛰어난 '사회적 학습능력'은 문명이라는 마차의 한쪽 바퀴이고, 다른 쪽 바퀴는 '사회적 지능'이라고 할 수 있다. 전자는 다른 사람으로부터 배울 수 있는 능력을 뜻하며, 후자는 다른 사람의 의도와 바람을 잘 읽어 내고, 정서적으로 공감하며, 공동의 목표를 위해 배려하고, 협력할 수 있는 능력을 의미한다.

그런데 이 둘은 문명을 만드는 데 필수적인 사회인지 능력이며, 서로 밀접히 연관되어 있다. 가령, 사회적 지능이 없는 사회적 학습은 새로운 기술과 지식의 '획득'은 가능하게 할 수 있지만(산업스파이를 떠올려 보라), 자발적 '전수'를 통한 문명의 확산을 이끌어 내긴 힘들다. 반대로 사회적 학습이 없는 사회적 지능은 따뜻한 공동체는 만들 수 있을지 모르지만 문명을 진화시킬 만큼 유능하지는 못하다. 따라서 사회적 지능은 사회적 학습능력과 더불어 인류문명을 진화시킨 두 원동력이라 할 수 있다.

그런데 지구의 생명체 중 오직 인간만이 문명을 진화시킨 종이라고 확신할 수 있는가? 적어도 영장류 중에서는 인간만이 문명을 만들었다고 말할 수 있을 것이다. 그렇다면 개미의 세계에는 문명 비슷한 특성이 없다고 할 수 있을까? 개미도 공동으로 집을 짓고 음식을 비축하며 분업을 한다. 심지어 세균을 이용하여 '농사'도 짓는다. 만일 이런 총체적 활동에 '문명'이라는 꼬리표를 달아줄 수 있다면, 그것은 우리의 것과는 무엇이 다른가?

이 질문에 대한 답도 사회적 학습과 지능의 측면에서 논의될 수 있다. 개미는 우리처럼 사회적 학습을 하진 않는다. 그저 본능대로 반응할 뿐이다. 게다가 개미는 우리처럼 타 개체의 마음을 읽고 공감하지는 못한다. 그저 페로몬의 영향으로 반응하고, 그런 반응의 합이 놀라운 결과를 만들 뿐이다. 개미의 문명은 '본능'의 작품인 반면, 인간의 문명은 학습과 인지의 복잡한 의사결정의 산물이다(따라서 개미의 문명은 따옴표를 병기해 '문명'이라고 표기되어야 한다).

하지만 이런 깊은 수준의 메커니즘 차이에도 불구하고 두 문명 모두 모종의 강력한 사회성에 기초를 둔다는 측면에서는 매우 유사하다. 개미에게 사회적 학습능력이 있다고 말하기는 곤란하지만, 사회성이 있다고 말하는 데는 전혀 문제가 없다. 물론 개미의 사회성은 자극에 대한 반응으로 이해될 수 있다. 반면, 인간의 그것은 복잡한 인지적 의사결정과 정서적 반응이 빚어낸 특성이다. 사회생물학자 에드워드 윌슨Edward Osborne Wilson, 1929~의 주장대로, 개미와 인간은 각각 다른 진화경로를 밟았음에도 둘 모두 가히 지구의 정복자로 진화할 수 있었던 것은 사회성이라는 강력한 무기를 갖고 있었기 때문인지도 모른다(Wilson, 2013).

그렇다면 개미의 '문명'과 인간의 문명 사이의 차이를 만든 사회적 학습능력과 사회적 지능에 관해 차례로 살펴보기로 하자. 여기서는 개미와의 비교보다 더 직접적인 질문을 던짐으로써 문명진화의 원동력을 탐구하고자 한다. 그것은 '인간의 사회성(사회적 학습능력과 사회적 지능)이 다른 영장류의 그것과 어떻게 다른가'이다.

1) 사회적 학습능력과 문명의 탄생

인간은 모방하는 동물이다. 우리는 타인의 행동을 따라 함으로써 그가 학습한 내용을 쉽게 자신의 것으로 만드는 능력을 가진 존재다. 다른 동물에 비해 인간은 더 정교한 모방능력을 진화시켰기에 지식과 기술의 비유전적 전달이 가능한 유일한 존재가 되었다고 할 수 있다.

그렇다면 인간이 아닌 다른 동물의 모방과 인간의 모방행동은 구체적으로 어떻게 다른가? 호모 사피엔스의 특출한 모방능력은 영장류의 진화역사에서 어떠한 의의를 갖고 있을까?

(1) 모방이란 무엇인가?[1]

모방이란 무엇인가? 심리학자 에드워드 손다이크Edward Thorndike, 1874~1949는 모방을 "한 행위가 행해진 것을 보는 것으로부터 그 행위를 행하는 법을 새롭게 배우는 것"이라고 정의했다. 이 정의에 따르면 모방 속에는 관찰과 학습의 요소가 필수적으로 포함되는데, 둘 다 있어야 참된 모방true imitation이다. 이때 '참된 모방'이란 "새롭거나 있을 법하지 않은 행위나 발언, 그리고 본능적 성향이 없는 행위들을 복제하는 행위"를 뜻한다(Heyes, 1996). 그렇다면 참된 모방과

---

1 "(1) 모방이란 무엇인가?"부터 "(3) 인간 모방능력의 독특성: 실험적 증거들"까지는 장대익(2017a)의 2장 일부를 이 책에 맞게 수정한 것이다.

유사 모방 행동은 어떻게 구분되는가?

참된 모방은 단순한 전염contagion, 개인적 학습, 그리고 비모방적 사회적 학습과 구분될 수 있다(Blackmore, 1999). 가령, 하품하는 사람을 보면 나도 덩달아 하품할 때가 있다. 옆 사람이 웃으면 나도 덩달아 웃게 되는 경우도 마찬가지다. 흔히 하품이나 웃음이 전염된다고들 하는데, 전염도 남을 따라 하는 것이긴 하다. 하지만 하품과 웃음을 모방했다고 할 수 있는가? 앞선 정의에 따르면 모방에는 학습이 포함되어야 한다. 즉, 하품과 웃음, 그리고 기침 등의 행동은 타인을 통해 꼭 배우지 않더라도 수행할 수 있는 선천적 행동이기에 모방이라고 할 수 없다.

또한 개인적 학습도 모방이라고 할 수는 없다. 이는 개체가 환경과의 상호작용을 통해 특정반응이나 행동을 하도록 만드는 것인데, 크게 고전적 조건화와 조작적 조건화를 통해 가능하다. 하지만 이 두 조건형성 과정에는 타 개체를 관찰하는 과정이 전혀 포함되지 않기 때문에 개인적 학습이 모방은 아니다.

반면, 사회적 학습은 타 개체를 보는 과정이 포함된 학습이다. 따라서 관찰과 학습이 포함된 모방도 일종의 사회적 학습이다. 그렇다면 모방과 사회적 학습은 어떻게 구별되는가? 물론 모방을 제외한 사회적 학습도 있는데, 자극강화, 장소강화, 목표 따라하기 등이 그것이다. 가령, 고구마를 씻어 먹을 수 있게 된 일본원숭이Japanese macaque의 사례를 들어 보자. 1950년대에 일본 고시마幸島섬에는 일본원숭이가 서식하고 있었다. 사육사는 그들에게 밭에서 캔 고구마를 해변 모래밭에 던져 주었고, 흙과 모래가 묻은 고구마를 일본원 숭이들은 그냥 먹었다. 1953년 어느 날, '이모Imo'라 불리는 젊은 암 컷 한 마리가 그런 고구마를 물가로 가져가 씻어 먹기 시작했다. 흥 미로운 것은 이런 새로운 행동을 이모의 친척들이 따라 하기 시작하 더니, 두 세대 만에 그 집단의 거의 모든 원숭이가 고구마를 씻는 행 동을 할 수 있게 되었던 점이다. 사회적 학습과정이 있었던 것은 분 명해 보인다(Galef, 1992; Kawai, 1965).

그렇다면 이 원숭이들은 참된 모방을 한 것일까? 그렇지 않다. 이 행동은 사회적 학습과정 중에서 '자극강화'에 가깝다. 원숭이들은 고구마를 물에 씻어 먹는 이모의 행위를 관찰하고, 자신에게도 고구 마가 주어졌을 때 물가에 가서 씻어 먹었다. 흙과 모래가 묻지 않은 고구마는 그들에게 보상이 되었을 것이고, 이후 고구마가 주어질 때 마다 원숭이들은 물에 씻어 먹게 된 것이다. 타 개체의 행위를 관찰 함으로써 학습하긴 했지만, 행동 자체를 배운 것이라고 보긴 힘들 다. 오히려 '고구마'(자극)가 있으면 '물에 씻어 먹는다'(반응)는 것 은 적절한 보상이 매개가 되어 자극이 강화된 것일 뿐이다. 그리고 원숭이는 고구마를 집거나 물을 이용하는 행동을 원래부터 할 줄 알 았기 때문에 새로운 행동을 배운 것도 아니다.

요약하면, 우리는 타 개체의 행동을 관찰하고 그로부터 새로운 행위를 배우는 과정을 참된 모방이라고 할 수 있다. 하지만 개인적 학습은 이 관찰과정이 포함되지 않기에 참된 모방이 될 수 없으며, 전염성 행동은 원래 할 수 있었던 선천적인 것이기에 모방이 아니다. 또한 자극강화와 같은 사회적 학습은 보고 학습하는 것은 맞지만, 새로운 행동 자체를 배우는 것이 아니라 환경에 대한 학습일 뿐이기에 참된 모방이랄 수 없다.

(2) 동물의 모방행동의 특성: 실험적 증거들

그렇다면 인간이 아닌 다른 동물은 참된 모방을 정말로 할 수 없을까? 통제된 실험의 상황이 아닌 경우에 참된 모방을 지속적으로 그리고 넓은 범위 안에서 보여주는 동물 종은 아직까지 발견되지 않았다. 하지만 자극강화와 같은 사회적 학습을 '모방적imitative 행동'이라고 부른다면 그와 비슷한 행동은 쉽게 발견된다. 또한 실험을 위해 고도로 훈련된 동물의 경우 참된 모방을 보여주는 사례도 존재한다. 그렇다면 인간이 아닌 다른 동물에게 널리 퍼져 있는 모방적 행동은 인간의 모방과 정확히 무엇이 다를까?

사실 이런 물음은 개념적인 것이라기보다는 경험적인 것이다. 실제로 동물이 달성할 수 있는 모방의 수준이 어디까지인가를 경험적으로 묻는 물음이기 때문이다. 그동안 많은 동물연구자는 동물의 모방능력을 연구하기 위해 여러 가지 실험적 패러다임을 제시해 왔다. 모방적 행동은 각 개체가 달성할 수 있는 정도가 있다. 모방자가 관찰한 행동과 이후에 그가 행한 행동이 얼마나 일치하는지를 통해 모방의 정도가 측정될 수 있다.

하지만 그것만으로는 동물이 과연 어디까지 모방할 수 있는지 불분명하다. 왜냐하면 객관적 측정이 가능하려면 모방자는 따라 해야 하는 상황을 분명히 이해하고 있어야 하기 때문이다. 이것이 전제되지 않는다면 동물이 모방능력에 의해 모방적 행동을 하는 것인지, 아니면 우연히 관찰행동과 실행한 행동이 일치한 것인지를 구분할 수 없게 된다(Huber et al. , 2009).

'나처럼 해 봐Do as I Do' 패러다임은 이런 문제의식에서 출발한 실험 패러다임이다. 이것은 동물에게 몇 가지 몸짓을 보여주고 '이것을 해 라Do this !'라는 명령을 해 그 행동을 하도록 학습시키는 방법이다. 그 동안 비인간 영장류, 개, 앵무새, 돌고래를 대상으로 실험이 이루어졌는데, 이때 시범자는 모두 인간이었다. 가령, 침팬지의 경우에는 시범을 보인 행동의 30% 정도를 학습했다. 간혹 인간 시범자의 행동을 정확하게 복제해 내는 침팬지도 있었지만 그 경우에도 다른 손이나 손가락을 사용하는 등의 결점을 보였다. 어쩌면 이것은 시범자가 보이는 행동을 가능한 한 정확하게 따라 해야 한다는 것을 침팬지가 이해하지 못한 경우일 수도 있을 것이다(Myowa-Yamakoshi & Matsuzawa, 1999).

여기서 중요한 것은 통계적 성공률만이 아니다. 시범자의 행동 유형에 따라 침팬지의 모방 성공률이 달라질 수 있기 때문이다. 실제로 침팬지는 물체와 물체가 연관된 행동은 잘 따라 했다(object-to-object 조건). 가령, 공을 그릇에 가져다 놓는 것과 같이 한 물체를 다른 물체 쪽으로 가져가서 무엇인가를 하는 행동은 비교적 잘 했다. 하지만 그릇의 바닥을 치는 행위와 같이 한 물체에 어떤 행동을 가하는 것이나(one object 조건), 그릇을 머리에 쓰는 행위와 같이 물체를 자신의 신체와 결합하는 행위(object-to-self 조건)는 전혀 따라 하지 못했다. 한편, 오랑우탄이나 개를 대상으로 한 실험에서도 모방의 수준과 정도에서 침팬지와 같이 물체와 물체가 연관된 행동만을 따라 할 수 있었고 정확도도 떨어졌다.

'조이 실험'은 '조이Joy'라는 개의 모방능력에 대한 실험으로서 기본적으로 '나처럼 해 봐' 패러다임에 속한다(Huber et al., 2009). 하지만 이 실험은 행동의 유형을 다소 달리했다. 요컨대 이 실험은 조이의 물체지향적 행동과 신체지향적 행동, 기능적 행동과 비기능적 행동, 그리고 친숙한 행동과 새로운 행동을 구분하여 모방능력을 측정했다.

여기서 물체지향적 행동은 물체에 특정한 운동을 수행하는 행동인 반면, 신체지향적 행동은 물체 없이 신체의 움직임으로만 이루어진 행동이다. 기능적 행동은 행동의 결과가 개체에게 필요한 행동인 반면, 비기능적 행동은 행동의 결과가 아무런 역할을 하지 못하는 행동이다. 친숙한 행동과 새로운 행동을 구분하는 기준은 개체의 운동목록에 그 행동이 학습되어 있는지의 여부였다.

조이 실험의 결과는 '나처럼 해 봐' 패러다임 아래 개를 대상으로 했던 실험결과와 마찬가지로 움직임을 높은 충실도로 따라 하지는 못했다. 하지만 새로운 발견도 있었다. 가령, 새롭지만 친숙한 행동으로 이루어진 어떤 행동을 보았을 때, 조이는 그 행동이 물체지향적이든 아니면 신체지향적이든 간에 상관없이 잘 따라 했다. 잘못 따라 한 경우도 모방능력의 한계라기보다는 기억능력의 한계로 인한 불일치일 가능성이 있다. 가령, 특정행동의 앞과 뒤에 어떤 행동이 놓이는지에 관해 잘못된 추론을 하면 모방의 정도는 낮아진다.

이 주장을 뒷받침하기 위해 연구자들은 훈련의 경험이 없는 행동을 모방하게 하는 실험을 했다. 그런데 이 새로운 행동이 조이의 운동목록에 존재하는 행동이나 움직임으로 구성된 것이라 해보자. 이 경우, 조이는 관찰한 것을 대강 맞추기 위해 자신의 운동목록에 있는 비슷한 행동을 신택해 바로 행했다. 그리고 운동목록에도 없는 아주 기괴한 행동의 경우에도 따라 하라는 명령을 받으면 조이는 순간적으로 어떤 행동이든 행동의 나열을 만들어 내는 모습을 보였다(Whiten et al., 2004). 이 실험결과들에 따르면 동물에서의 모방적 행동은 대체로 본능적인 것으로 보인다.

그렇다면 만일 시범자가 물체지향적 행동을 선보이다가 대상이 되는 물체를 없애고 무언극 형식의 행동을 하면 어떤 일이 벌어질까? 흥미롭게도, 조이는 그 행동의 대상이 되는 물체를 주변에서 찾은 뒤 행했다. 가령, 시범자가 허공에서 무언가를 뛰어넘는 행위를 보이면 조이는 그 행위를 하기 위해 주변에서 뛰어넘을 만한 실제 대상을 찾은 후 뛰어넘었다(Range et al., 2007).

조이의 모방적 행동은 기능적 역할을 충실히 한다. 동물의 어떤 행동은 행동 자체가 아니라 행동의 결과, 또는 행동과 환경의 상호작용에서 의미가 발생한다. 조이 실험에서는 관찰 시에 물체가 관여되었는가에 따라 물체지향적 행동과 신체지향적 행동을 구분한다. 그리고 독립적 기준으로서 그 행동이 기능적인가를 살핀다. 반면,

'나처럼 해 봐' 패러다임에서는 기능적인 것을 빼고 물체와 개체의 관계로만 행동을 구분했다.

'조이 실험'을 포함한 '나처럼 해 봐' 패러다임은 실험설계상의 문제점을 안고 있다. 동물에게 어떤 행동을 따라 하게 명령한 뒤 그 행동을 따라 했는지를 관찰하는 것이 이 패러다임의 기본구조이다. 하지만 따라 한 그 행동이 특정한 물체나 장소와 연관되어 있다면 그 물체나 장소에 대한 강화된 주의가 모방적 행동을 만들어낼 수 있을 것이다. 예컨대, '나처럼 해 봐' 패러다임 아래서는 동물이 따라 한 행동이 모방에 의한 것이었는지 아니면 자극강화에 의한 행동이었는지를 판별해 내기 힘들다.

이러한 약점을 보완하기 위해 실험심리학자들은 새로운 실험패러다임을 제안했다. 바로 '두 가지 행동실험Two-Action Test'이라는 이름의 패러다임이다. 어떤 행동이 특정한 물체나 장소와 연관되어 있고 특정한 결과를 산출한다고 하자. 특정한 환경 아래서 같은 결과까지 산출하는 행동은 수없이 많이 있을 수 있다. 그중 어떤 두 행동을 뽑아 두 실험 동물집단에 보여준 뒤 각 집단에서 모방의 정도를 측정한다. 동일한 환경에서 어떤 행동을 보여주었는지가 그 동물의 모방적 행동에 영향을 줄 수 있는지는 두 집단의 비교를 통해 알 수 있다. 많은 실험사례에서 동물들은 각 집단에서 시범자가 보여준 행위를 따라 했다. 이렇게 되면 행동을 제외한 다른 부분은 모두 동일하기 때문에 그 행동에 대한 복제가 일어났음을 확인할 수 있다.

'두 가지 행동실험' 패러다임 아래서는 신체부위 수준, 행위 수준,

움직임 수준으로 모방의 3단계를 실험할 수 있다. 신체부위 수준의 모방은 단지 관찰한 신체부위를 사용하는 것이고, 행위 수준은 신체부위를 넘어 어떠한 특정한 행위를 따라 하는 것이며, 마지막으로 움직임 수준의 모방은 시범자의 행위의 궤적을 정확하게 따라 하는 것이다.

'두 가지 행동실험' 패러다임에서 진행된 연구 중 마모셋원숭이 marmosets에 대한 실험이 있다. 시범을 보인 행위는 필름통 뚜껑을 여는 것인데 한 집단에서는 손을 이용했고, 다른 한 집단에서는 입을 이용했다. 대조군으로는 아무것도 관찰하지 않은 집단을 두었다. 손을 이용하는 것은 마모셋원숭이에게 평범한 수행이지만 입을 이용하는 것은 평소에 거의 관찰되지 않는 행동이었다. 실험결과, 손을 이용한 집단에서는 관찰자가 모두 손을 이용해 뚜껑을 제거했고, 입을 이용한 집단에서는 관찰자 중 일부가 입을 이용해 제거했고, 일부는 손을 이용했다. 이 실험의 결과가 평소에는 거의 관찰되지 않는 행동인 입을 이용하는 행위가 모방되었다고 말할 수 있는 충분한 근거가 될 수 있을까? 마모셋원숭이가 모방한 것이 아니라 원래 좋아하는 행위가 뚜껑을 여는 행위에 영향을 미친 것이라고 보아도 되지 않을까?

이 반론에 대응하기 위해 두 번째 실험에서는 상황을 약간 바꾸어 같은 실험을 진행했다. 두 번째 실험에서는 필름통 뚜껑을 더 강하게 닫아 놓아 손으로는 뚜껑을 열지 못하고 입으로만 뚜껑을 열 수 있게 해두었다. 그 결과, 입을 이용했던 집단에서는 대다수의 관찰자가 입을 이용해 뚜껑을 여는 데 성공했지만, 손을 이용했던 집단은 아무도 뚜껑을 열지 못했다. 뚜껑을 세게 닫아 놓았기 때문에 뚜껑을 열기 위해서는 입으로 여는 행위가 꼭 필요하다. 하지만 이를 관찰하지 못하고 손으로 여는 모습만을 관찰한 집단은 생소한 행동인 입을 사용하는 것에 대한 힌트를 얻을 수 없었던 것이다. 일단 이는 사용하는 신체수준에서 모방이 일어났다는 것을 입증하는 결과이다. 마모셋원숭이가 여는 과정에 관여하는 행위나 움직임을 모방하는지에 대해서는 또 다른 분석이 필요하다.

행위 수준과 움직임 수준에서의 모방이 일어나는지를 실험을 통해 입증하기 위해선 통계적 기법이 사용된다. 모방을 통한 학습은 새로운 행동이 전에 비해 빈도가 증가하는 과정이라 할 수 있다. 바로 여기서 통계적 유의미성을 검증하는 절차가 필요하다. 행위의 모방은 신체수준의 모방보다는 복잡하다. 같은 신체부위를 사용하는 것을 넘어 그 신체부위의 특정한 움직임이 필요하다(Chaminade et al., 2005). 신체부위만 따라 하는 것은 행동을 학습했다고 말하기에는 부족하기 때문이다. 움직임 수준의 모방은 행위수준의 모방을 시범자의 정확한 운동궤적을 따라 하는 것이라고 보면 된다.

행위 수준이나 움직임 수준은 연구자가 정한 매개변수를 이용해 수학적으로 검증 가능하게 만들어진다. 예를 들어, 마모셋원숭이가 필름통 뚜껑을 열기 위해 사용하는 얼굴의 각 부위를 지정해 그 지정한 점들의 무게중심이 시공간을 움직인 궤적을 시범자의 것과 비교하는 방법으로 움직임이 얼마나 정확하게 맞는지 측정한다. 마모셋원숭이는 행위 수준은 물론, 움직임 수준에서도 관찰하지 않은 집단보다 통계적으로 유의하게 시범자의 행동과 유사한 행동을 보였다(Bugnyar et al., 1997; Voelkl & Huber, 2007).

(3) 인간 모방능력의 독특성: 실험적 증거들

우리는 앞서 인간이 아닌 다른 동물이 얼마나 정확하게 모방적 행동을 할 수 있는지에 내해 크게 '나처럼 해 봐' 패러다임과 '두 가지 행동실험' 패러다임을 소개했다. 후자는 전자의 보완용이다. '나처럼 해 봐' 패러다임에서는 동물이 어떤 유의 행동은 잘 따라 했지만 그 개체가 정말로 관찰을 통해 그 행동에 대한 사회적 학습을 했는지 아니면 개인적 학습과정을 통해 그 행동을 배웠는지에 대해서는 정확하게 입증할 수 없다는 한계를 지녔다.

하지만 그 패러다임에서 밝혀진 일련의 사실은 우리가 앞으로 모방적 행동의 여러 수준을 이야기할 때 반드시 고려해야 할 한 가지 구분을 제시해 줬다. 그것은 물체지향적 행동과 신체지향적 행동의 구분이다. 인간이 아닌 다른 동물은 신체지향적 행동에서 모방을 하는 데 매우 큰 어려움을 겪는다. 신체지향적 행동 중에도 기능적 역할을 하는 행위는 잘 따라 할 수 있지만, 물체가 있어야 할 자리에서 물체를 뺀 행위나 기능적이지 않은 순수한 신체지향적 행위의 경우는 거의 따라 하지 못했다. 침팬지와 조이 등은 물체가 없는 상황에는 상당히 당혹스러워했고, 일부러 대체물체를 찾아 행위를 완성시키려는 모습을 보였다.

반면, '두 가지 행동실험'은 시범자의 행동과의 매칭 정도를 측정하기 위한 매개변수를 설정하고 대조군을 두어 실험함으로써 동물의 모방능력을 입증하려 했다. 그리고 3가지 수준, 즉 신체, 행위, 그리고 움직임 수준으로 나누어 실험을 했다. 이 중 신체수준의 모방은 새로운 행동에 대한 학습이라고 보기는 힘들기 때문에, 실질적으로 의미가 있는 수준은 행위 및 움직임의 수준이다. 마모셋원숭이의 경우 행위 수준뿐만 아니라 움직임 수준에서도 모방적 행동을 잘했는데, 움직임의 수준에서까지 모방적 행동을 보일 수 있는 동물은 그리 많지 않다. 오히려 모방적 행동을 하는 동물의 경우 대개 행위 수준까지의 모방적 행동을 보이며 그보다 더 낮은 수준의 모방적 행동은 더 쉽게 하는 경향이 있다. 따라서 움직임의 모방은 참된 모방에 부합하는 모방의 수준이라 할 수 있다.

한편, 행위 수준의 모방은 행동의 방식을 배우는 경우인지, 아니면 행동을 통해 환경을 배우는 것인지가 불확실하기 때문에 참된 모방으로 바로 편입되기 힘들다. 물론, 결과 수준의 모방은 사회적 학습 중 목표 따라 하기에 속하므로 참된 모방이 될 수는 없다. 이와 같이 우리는 '두 가지 행동실험' 패러다임을 통해 모방적 행동을 세 수준으로 나눠서 평가함으로써 인간과 동물의 모방능력에 대한 이해를 높였다.

모방의 수준을 이야기할 때, 인간이 아닌 다른 동물과 인간의 가장 큰 차이점은 인간은 방식을 정확하게 따라 하려는 본능과 따라 할 수 있는 능력을 함께 가졌다는 점이다. 하지만 이에 대해 혹자는 인간에게는 소통수단인 언어가 있기 때문에 상대방으로 하여금 정교하게 따라하게 하는 것이 가능해진 것이라고 반박할 수도 있다. 구체적 언어지시가 없이도 인간은 정교하게 몸의 움직임을 따라 할 수 있는 능력이 있을까? 어린 침팬지와 아이를 대상으로 한 다음의 실험을 살펴보자(Horner & Whiten, 2005).

실험에는 플라스틱으로 만든 먹이상자를 이용한다. 상자의 종류에는 두 가지가 있다. 하나는 투명한 소재로 되어 있어 상사의 내부구조가 다 보이고, 다른 하나는 검은 소재로 상자의 내부구조를 볼 수 없다. 그렇지만 내부를 볼 수 있느냐 없느냐의 차이 말고는 구조가 동일하다. 상자는 윗부분과 아랫부분으로 나뉜다. 칸막이가 그 둘을 분리하는 역할을 한다. 그중 아랫부분에만 먹이(사탕)와 먹이를 빼낼 수 있는 문이 있다. 윗부분에는 원통형의 구조물이 있고, 그 구조물 아래에는 윗부분의 내부로 통하는 구멍이 있다. 먹이를 얻는 데 사실 윗부분은 불필요한 부분이고, 아랫부분만이 필요한 부분이라고 할 수 있다.

침팬지와 아이들은 윗부분의 원통형 구조물을 막대로 툭툭 치고 원통형 구조물을 막대를 이용해 빼낸 뒤, 윗부분에 난 구멍을 통하여 막대를 한 번 집어넣는 행위를 관찰한다. 이어서 아랫부분의 문을 열고 막대기를 이용해 먹이를 빼내는 행위를 관찰한다. 그러고는 직접 상자를 앞에 두고 시범자의 행위를 바탕으로 먹이를 얻으려고 시도한다. 침팬지와 인간의 아이들은 상자의 종류에 따라 각각 어떠한 모방행위를 보였을까?

침팬지는 불투명한 상자를 가지고 실험했을 때는 대략 시범자의 행위를 잘 따라 했다. 하지만 투명한 상자로 실험했을 때는 시범자의 행위를 따라 하지 않았다. 상자가 분리되어 있다는 것을 알고 상자 윗부분에 행하는 행위가 먹이를 얻는 데 어떠한 인과적 힘도 없음을 마치 아는 것처럼, 불필요한 행위를 알아서 제거한 뒤 먹이를 얻는 데 필요한 행위만을 따라 한 것이다.

하지만 인간은 상자가 투명하든 투명하지 않든 시범자가 보여준 행위를 따라 하려는 노력을 보였다. 실험의 중립성을 위해 실험자는 아이들에게 어떠한 언어적 지침도 주지 않거나 제한된 지침만을 주었고, 시범을 보인 뒤 방에서 나가는 조건도 실험했다. 윗부분이 보상을 얻는 것과는 전혀 관계가 없음을 알고 있음에도 아이들이 무작정 시범자를 따라 한다는 것은 놀라운 사실이다. 왜냐하면 이러한 행동은 보상을 얻는 결과에 도달하는 효율적 방법이 아니기 때문이다. 이러한 결과는 침팬지가 오히려 인간보다도 효율성 측면에서 더 영리한 모방을 함을 나타낸다.

왜 이런 차이가 있을까? 어쩌면 인간의 독특한 생애사life history의 진화에 그 비밀이 있을지 모른다. 인간은 다른 영장류에 비해서도 유아기가 매우 긴 종種이다. 즉, 미숙한 상태로 태어나 상대적으로 오랫동안 돌봄을 받아야만 하는 종인 것이다. 이런 상황에서 유리한 모방전략은 '무작정 따라 하기'일 것이다. 인간이 다른 동물이 가지지 못한 신체지향적 행동을 모방하는 능력을 가지고 있는 것은 바로 이런 이유 때문일 것이다(Huber et al., 2009).

만일 이 실험에서 먹이를 꺼내 먹는 것이 이 번거로운 행위의 최종목표였다면 침팬지가 승리자다. 침팬지는 융통성마저 보였다. 하지만 만일 목표가 아닌 절차가 문제였다면 어떤가? 절차를 무조건 따라 한 인간 아이들이 승리자다. 심지어 그 절차들이 무슨 의미를 지니는지를 알든 모르든 그것도 문제되지 않는다. 절차가 관건이라면 무조건 따라 해야 승리자가 될 수 있다. 침팬지는 목표에는 민감하다. 목표가 생존과 번식에 관련되어 있을 때는 너무욱 그렇다. 하지만 인간과 달리 그들은 절차를 챙기지 않는다. 바로 이 차이가 침팬지와 인간의 진화경로를 바꿔 놓았다.

그렇다면 모방의 진화적 기능은 무엇일까? 모방능력은 왜 진화했을까? 다른 사람의 무언가를 배우고 따라 하는 행위에는 비용이 들기 때문에 모방행위를 당연한 것으로 여겨서는 안 된다. 모방자는 처음에 어떤 이득이 있었기에 상대방의 무언가를 따라 했을 것이다. 생존과 번식이라는 측면에서 남들이 쌓은 노하우를 배우고 따라 하는 것은 분명히 이득이 있다. 그렇지 않다면 수차례의 시행착오를 거쳐야 하며 반복에 의해 행동을 익혀야 하는데, 거기에는 만만치 않은 비용이 든다. 이런 비용을 절감할 수 있는 획기적 혁신이 바로 모방인 것이다. 초기의 어설픈 모방이라도 그것이 적응적이라면 자연선택을 통해 점점 더 정교해질 것이다. 모방은 생존의 측면에서만 적응적인 것은 아니다. 무엇이든 정확히 따라 하거나 성공한 개체를 잘 따라 할 수 있는 개체는 번식의 측면에서도 유리할 수 있다.

(4) 모방 뉴런: 신경학적 증거

그렇다면 모방을 가능하게 하는 신경 메커니즘은 무엇일까? 그 비밀은 거울 뉴런계mirror neurons system에 숨어 있다. 마카크원숭이Macaque의 뇌 안 F5 영역의 발견으로 처음 시작된 거울 뉴런계에 대한 연구는 지난 20여 년 동안 수많은 성과를 내놓았다. 거울 뉴런은 다른 행위자가 행한 행동을 관찰하기만 해도 자신이 그 행위를 직접 수행할 때와 똑같은 활성을 내는 신경세포이다. 이 뉴런들이 인간 뇌에서는 하전두회inferior frontal gyrus와 하두정엽inferior parietal lobule에 존재하는데, 이 부분을 두정엽-전두엽(P-F) 거울 뉴런계라고 일컫는다. 이 P-F 거울 뉴런계 외에도, 이것에 시각정보를 제공하는 후부 상측두구superior temporal sulcus, 그리고 거울 뉴런계의 작용을 통제하고 상위 수준으로 조직하는 데 활성화되는 전두엽frontal lobe 부분이 함께 작용하여 복잡한 거울 뉴런 반응이 일어난다(Rizzolatti & Fabbri-Destro, 2010).

그래서 가령, LA 다저스의 투수 류현진이 와인드업 자세로 공을 잡고 있을 때, 우리가 그 광경을 보는 것만으로도 우리의 뇌에서는 우리 자신이 실제로 공을 잡고 있을 때 일어나는 활성화가 똑같이 일어난다. 즉, 뇌는 다른 이의 행동을 보는 것만으로도 그 행동을 모방할 준비를 하고 있는 것이다.

우리는 거울 뉴런계를 통해 타인의 행동을 관찰하는 것만으로도 그의 행동을 온몸으로 이해할 수 있으며, 그 행위를 나의 운동계획과 비교해 실행으로 바꾸는 과정을 용이하게 함으로써 타인의 행동을 모방할 수 있다. 전자는 공감에 관한 것이며 후자는 모방능력에 관한 내용인데, 문명의 동력인 모방행위를 담당하는 뉴런들이 있다는 것이 흥미롭다.

인간의 거울 뉴런계는 다른 동물의 거울 뉴런계와는 달리 운동이 실행되는 방식, 운동의 목표, 운동을 실행하는 자의 의도 모두를 정교하게 부호화할 수 있다. 운동이 실행되는 방식을 '어떻게', 운동의 목표를 '무엇을', 그리고 운동을 실행하는 의도를 '왜'라고 놓는다면, 원숭이의 경우에도 상대방의 '무엇을'에 대해서는 정교한 부호화가 일어난다. 하지만 '무엇을'에 대한 관찰이 어려운 상황, 가령 무언극이 행해지는 상황에서는 원숭이의 거울 뉴런은 활성화되지 않는다. 즉, 원숭이의 거울 뉴런은 타 개체의 행위가 '어떻게' 실행되는지에 대해서는 추적하지 않는다는 것이다. 그리고 원숭이의 거울 뉴런은 '왜'에 대해서는 생존에 필수적 행위 정도에만 관심을 보이는 정도이다. 반면, 인간은 이 3가지 수준을 넘나들면서 타인의 행위를 이해할 수 있는 능력이 있다.

(5) 호모 리플리쿠스의 탄생

그렇다면 인간의 이러한 독특한 모방능력은 인류와 지구의 역사에 어떤 변화를 가져왔는가? 우리는 참된 모방을 할 수 있게 됨으로써 다른 동물과는 완전히 다른 진화적 경로를 걸었다. 그 모방이 새로운 종류의 복제자replicator를 탄생시켰기 때문이다. 이 복제자는 우리 인간을 유전자와는 독립적으로 이끄는 힘을 갖는다. 이에 대해 이미 리처드 도킨스Richard Dawkins, 1941~ 는 《이기적 유전자The Selfish Gene》(1976)에서 '밈meme'이라는 이름을 붙여 소개한 바 있다(Dawkins, 1976).

나는 새로운 종류의 복제자가 지구상에 최근 출현했다고 생각한다. 이것은 우리 눈앞에 있다. 아직은 유아기에 있으며 원시 스프 속에서 서투르게 해매는 중이다. 하지만 낡은 유전자들이 따라잡을 수 없는 속도로 진화적 변화를 겪고 있다. 이 새로운 스프는 인간문화의 스프이다. 우리에겐 새로운 복제자의 이름이 필요한데, 그것은 문화전달transmission의 단위, 혹은 모방imitation의 단위라는 개념을 표현해 줘야 한다. 이에 관한 그리스어 어원은 Mimeme이지만, 나는 'gene'과 같은 단음절을 원한다. 내가 mimmeme를 meme으로 줄여 부를 때 고전학자 동료들이 나를 용서해 줬으면 한다. 이를 양해해 준다면, 이것은 'memory', 혹은 불어의 'même'와 연관된 것으로 간주될 수도 있을 것이다(192).

'밈'이란 유전적 방법이 아닌 모방을 통해 개체의 기억에 저장되고 또 다른 개체의 기억으로 복제될 수 있는 문화요소를 의미한다. 쉽게 말해 '모방을 통해 전달되는 무언가'를 의미한다. 이 밈은 나로부터 다른 사람에게 전달될 수 있고, 그런 식으로 여러 사람의 기억 속에 복제될 수 있다. 마치 조상의 유전자가 후손에게 전달되는 것처럼 말이다. 예를 들어, 누군가가 효율적이고 참신한 사냥기술을 발명했다고 해보자. 이를 모방해 사냥하면 더 많은 사냥감을 얻을 수 있다. 따라서 이 모방행위는 생존에 유리한 적응적 행동이라 할 수 있다. 사회적으로 성공한 개체가 하는 행동을 무엇이든 따라 하는 메커니즘은 그리 복잡한 과정이 아니면서도 우리의 생존적응도를 높일 수 있다.

심리학자 수전 블랙모어Susan Blackmore, 1951~ 에 따르면, 우리의 큰 뇌와 독특한 문화능력이 함께 진화하게 된 것은 어느 날부터 시작된 밈들 간의 경쟁 때문이다. 우리 뇌는 뇌 속에 저마다 공간을 차지하는 밈들이 점점 더 늘어나면서 그 용량을 이기지 못해 더욱 커졌고, 모방능력은 그 밈들을 더 정확하게 다른 뇌로 전달하는 과정에서 더욱 향상되었다(Blackmore, 1999). 이런 식으로 모방 메커니즘은 점점 발전했을 것이고, 앞서 보았듯 결국 인간은 비효율적인 것처럼 보이는 행동조차도 움직임 수준에서 정확히 모방할 수 있게 되었을 것이다.

하지만 밈이라는 것이 항상 생존에 유리한 것만은 아니다. 예를 들어, 특정이념이나 단체에 사로잡혀 모든 것을 다 바치는 충성행위나, 단시간에는 효과가 나타나지만 결국 건강을 해치고 마는 특정 다이어트법을 생각해 보자. 이러한 것들은 오히려 개체의 생존과 번식에 해롭지만 빠른 속도로 퍼져 나가는 강력한 밈의 일종이다. 전파력이 강한 밈은 그것이 인간에게 유리한 것이든 해로운 것이든, 아니면 아무런 영향을 끼치지 않든 간에 그저 빠른 속도로 번져 나갈 뿐이다.

진화생물학자 도킨스가 《이기적 유전자》에서 말하고자 했던 핵심 내용은 개체 간 혹은 종種 간의 경쟁이 아니라, 유전자 간의 경쟁을 통해 진화가 일어난다는 것이었다. 그의 주장은 별다른 고찰 없이 종 내지는 집단의 이익을 추구하는 방향으로 진화가 일어난다고 설명했던 기존의 생물학자들에게 엄청난 충격을 주었다. 이러한 시각에서 개체란 그저 자신의 복사본이 널리 퍼지는 데만 관심을 두는 이기적 유전자가 잠시 몸담고 있는 생존기계일 뿐이다(Dawkins, 1976).

그런데 이러한 논리는 밈의 측면에서도 동일하다. 밈도 유전자와 마찬가지로 '이기적'이어서 자기자신의 복제본을 더 많이 퍼뜨리는 것이 궁극적 목표인 양 행동한다. 문화전달자이자 복제자인 밈이 그 자체로 자율성을 가진 채 퍼져 나간다는 것이다. 가령, 인간이 만든 가치, 이념, 제도 등은 우리의 통제권을 벗어나 전 세계로 확산되기도 하고 때로 우리 삶을 옥죄기도 한다. 인류는 탁월한 모방능력 덕분에 이런 밈의 세계를 창조한 유일한 종이다. 즉, 문명을 이룩한 유일한 종으로 진화했다. 하지만 정말 흥미로운 점은 우리가 창조한 그 문명이 우리를 되레 길들이고 있다는 사실이다. 나는 모방하는 인류를 지칭하여 '호모 리플리쿠스'라 부른다(장대익, 2012).

호모 리플리쿠스는 종종 유전자의 관점에서 보면 쓸모없는 또는 해로운 행동을 한다. 밈을 만든 것은 인간이지만 밈은 인간을 숙주처럼 이용해 자신의 운반자로 인간을 이용한다. 밈은 인간으로 하여금 얼핏 보기에 이해하기 힘든 행동을 유발할 수 있는 힘을 가지고 있다. '이념'이 그 대표적 사례다. 역사적 사실 여부에 대한 논쟁은 있지만, 소크라테스는 "악법도 법"이라는 말을 남기고 죽음을 선택했다고 전해진다. 민주주의를 위해 군사정권에 대항하다 자발적으로 목숨을 버린 사람도 많다. 자신의 종교적 이념을 마음에 새긴 채 자살테러를 저지르는 사람도 있다. 세상 어떤 종種도 이런 식으로 행동하지 않는다. 오직 인간만이 유전자에 대항하는 밈을 가지고 있고 밈의 힘에 의해 자신의 목숨까지 바칠 수 있는 존재이다.

밈의 이런 숙주적 특성에 대해, 인지철학자 대니얼 데닛Daniel Dennett, 1942~은 재치 있게 "도서관은 더 많은 책을 퍼뜨리기 위해 학자를 이용한다"라고 표현했다(Dennett, 1995). 이렇듯 밈의 관점은 인류의 특출난 모방능력이 생명의 진화역사에서 왜 그토록 중요한지에 관해 깊은 통찰을 제시한다(40억 년의 생명의 역사에서 타 개체를 모방해 자신의 집단을 키운 생명체는 인류뿐이다). 그리고 밈의 관점은 모방에 관한 연구와 함께 문화적 행동을 인지적으로 이해하는 데 큰 도움을 준다. 또한, 문명 탄생의 비밀을 진화론적으로 접근할 수 있게 하며, 과학기술이라는 밈 복합체memeplex의 준자율적quasi-autonomous 작동에 대해서도 깊은 이해를 준다.

(6) 사회적 학습의 문명사적 의의

호모 사피엔스가 이룩한 문명을 보라. 이는 단지 개체학습individual learning의 결과일 수는 없다. 문명은 수많은 개인이 얻은 지식과 기술이 모방에 의해 전수되고 축적된 집단적 작업의 총체라고 해야 한다. 만일 우리 선조가 침팬지처럼 목표에만 관심을 기울이고 절차는 슬쩍 건너뛰었다면, 인류문명은 어딘가에서 멈출 수밖에 없었을 것이다.

게다가 인류는 모방 말고도 가르침teaching을 통해 지식과 기술을 적극적으로 전수하기 시작했다. 침팬지를 비롯한 다른 영장류의 사회에서는 인간세계에서 보이는 '적극적 가르침' 같은 것이 관찰되지 않는다. 가령, 동아프리카에서 흔히 관찰되는 흰개미 낚시질 같은 행동을 어린 침팬지는 모방과 개체학습을 통해 5년 이상 배워야 한다. 어쩌면 자기주도적 학습이라고도 할 수 있겠으나, 선임자의 적극적 개입과 가르침이 없기 때문에 배우고 익히는 데까지 너무 긴 세월이 소요된다. 반면 우리는 때려서라도 가르치지 않는가!

이런 맥락에서 보면 10만 년 전쯤에 생겨났다고 여겨지는 인간의 언어능력language faculty은 문명탄생의 분수령이었다. 구어능력을 통해 선임자는 자신의 경험을 더 정확히 공유하고 전수할 수 있었고, 그로 인해 지식과 기술의 축적이 더 용이해졌기 때문이다. 하지만 이 구어능력에는 한계가 있었다. 어쨌든 서로의 접촉을 통해서만 지식을 전달할 수 있기 때문이다.

대략 5천 년쯤 전에 수메르지역에서 발명된 문자는 이 한계를 극복했다. 문자의 발명은 직접적 접촉이 아니어도 지식과 기술을 전수할 수 있는 길을 열었다. 즉, 전수의 시공간적 제약성을 뛰어넘었다. 게다가 문자는 전수의 정확성 측면에서 구전시대와는 비교할 수 없을 정도로 큰 차이를 불러왔다. 이런 텍스트의 출현과 시작된 학교(가르치는 공간)는 문명의 엔진으로 진화했고, 오늘날의 대학에까지 이르렀다.

만일 인류가 문명의 엔진인 사회적 전수를 당장 멈춘다면 어떤 사태가 일어날까? 일부러 이런 실험을 할 수는 없겠으나, 흥미롭게도 이 물음에 답을 찾을 수 있는 자연적 실험이 진행된 적 있다. 즉, 전수를 하지 못해 문명이 붕괴할 뻔한 실제 사례가 있다. 1820년대 그린란드 북서쪽의 이누이트Inuit 마을에 갑자기 전염병이 돌아 노인이 갑자기 죽어나간 사건이 있었다. 그런데 그것이 재앙의 끝이 아니었다. 그 당시 노인이 죽으면 그가 만든 물건들까지 같이 무덤에 넣었는데, 그 때문에 많은 기술과 지식을 가지고 있는 노인과 그들이 만든 물건까지 깁자기 사라지게 된 것이다. 실아님은 이들은 그동안 노인들이 만들어 왔던 카누, 카약, 작살, 화살 등을 만들 수 없게 되었다. 이것은 생존에 크나큰 위협이었고 하마터면 멸절할 수도 있는 상황이었다. 그 후로 40년이 지나서야 다른 섬으로부터 이누이트족이 들어오면서 옛 기술이 복원될 수 있었다.

우리가 쌓은 지식은 '저절로' 확산되지 않는다. 어느 순간 지식을 잊어버리고 중요한 고리가 끊어지면 우리는 다시 예전으로 돌아갈 수도 있다. 전수가 일어나지 않는다면 문명은 붕괴할 수도 있다. 따라서 우리는 사회적 학습을 계속해야 한다. 호모 사피엔스가 침팬지와는 다른 길을 갈 수 있었던 것은 우리에게만 혁신innovation이 있었기 때문이 아니다. 다른 영장류의 세계에도 혁신적 지식과 행동은 변이로서 늘 존재한다. 하지만 호모 사피엔스가 특출나게 잘했던 것은 바로 모방과 가르침을 통한 전수였다. 이런 전수 덕분에 우리는 늘 조금씩 전진했지만, 이런 전수가 없었던 다른 영장류는 늘 제자리만 맴돌았던 것이다. 남으로부터 배우기를 포기한 순간 우리는 인간이기를 포기한 것과 마찬가지이다.

2) 사회적 지능과 문명의 진화

전수능력이 문명을 탄생시켰다는 앞선 주장은 인류의 사회적 학습 능력을 다시 보게 만든다. 하지만 이 능력만으로 문명의 출현을 전부 설명할 수는 없다. 문명을 이루기 위해서는 어느 정도 이상의 규모를 가진 집단이 유지되어야 하고, 시간이 지나면서 그 규모가 점점 더 커져야 한다. 문명은 몇몇 개인의 성취가 아니라 큰 규모의 집단이 이룩한 결과물이기 때문이다.

그렇다면 집단을 이루며 산다는 것은 무엇일까? 포유류는 파충류와 달리 집단생활을 한다. 포유류 중에서 우리가 속한 영장류도 집단생활을 하지만 다른 포유류에 비해 그 집단이 더 크고 복잡하다. 쥐는 주로 가족과만 집단을 이루지만 비비(개코원숭이)는 혈연 말고도 친구가 집단의 일원이다. 집단생활에서는 분업이 가능하기 때문에 개체에게도 이득을 안겨다 준다. 혼자 사냥도 하고 경계도 서고 애도 돌봐야 하다가, 분업을 시작하면 삶은 더 풍요로워진다.

하지만 모든 것이 그렇듯, 집단생활에는 이득만이 아니라 대가도 치러야 한다. 그 대가란 한마디로 집단의 일원인 타 개체에 신경을 써야 한다는 것이다. 타 개체가 다른 구성원이나 집단에 대해 어떤 생각과 감정을 갖고 있는지를 잘 읽어 내지 못하면 관계가 틀어지고 결국 집단 자체가 붕괴할 수 있기 때문이다.

따라서 집단생활을 위한 가장 중요한 적응문제는 타 개체의 마음을 읽는 능력이라 할 수 있다. 철학자와 심리학자는 이 능력을 '마음읽기 능력', '사회적 지능social intelligence' 등으로 불렀다. 사회적 지능이 집단을 형성하는 데 가장 중요한 역량이고 집단형성과 발전이 문명의 필요조건이라고 한다면, 사회적 지능은 문명진화의 전제조건이라고 할 수 있을 것이다. 그렇다면 인류의 사회적 지능은 어떻게 진화해 왔을까? 이 지능은 다른 영장류의 그것과 얼마나 다를까? 여기서는 사회적 지능과 문명과의 관계에 대해 이야기해 보려 한다.

(1) 인류 뇌 용량의 증가

사회성의 진화를 연구해온 여러 학자는 인류진화의 독특성을 뇌 크기에서 찾는다(Dunbar & Shultz, 2007; Gamble et al., 2014). 침팬지의 뇌 용량은 400cc 정도인 데 비해 인간의 것은 1,300~1,500cc 정도로 3.5배나 된다. 대체 지난 600만 년 동안 어떤 일이 일어났기에 이러한 차이가 발생했을까?

　이 질문에 답하기 위해 일단 동물의 뇌 용량에 대해 이야기해 보자. 물론 인간의 뇌 용량은 꽤 큰 편이다. 멸절한 다른 호모 속屬의 형제 종種과 비교해 봐도 큰 편이다. 하지만 가장 크진 않다. 고래나 코끼리처럼 덩치가 큰 동물은 인간보다 더 큰 뇌를 가지고 있다. 인간의 뇌가 매우 크다는 것은 덩치에 비해 크다는 것을 의미한다. 여러 동물의 체중 대비 뇌 용량을 비교해 보면 상대적 뇌 용량을 이해할 수 있다. 몸집 자체가 작은 쥐의 경우에는 상대적으로는 뇌가 큰 편이지만 절대적으로 뇌의 용량 자체가 별로 크지 않기 때문에 그리

눈여겨볼 필요가 없다. 인간과 돌고래 정도가 절대적으로도, 상대적으로도 큰 뇌 용량을 가진 동물이다.

그렇다면 인간의 뇌는 왜 이렇게 커졌을까? 이 질문에 관해 크게 두 가지 가설이 있다. 하나는 생존과 관련된 것으로, '생태적 문제'를 해결하는 과정에서 뇌가 커졌다는 가설이다. 즉, 외부환경을 잘 이해하고 활용하여 살아남는 과정에서 뇌가 커졌다는 것이다. 과거 우리 조상이 처했던 수렵·채집 환경은 매우 열악했다. 늑대나 뱀 등 생존을 위협하는 동물은 너무나 많았고 잘 곳 또한 마땅치 않았다. 그러한 환경에서 살아남기 위해서는 뭔가 지능적인 행동양식이 필요했다. 이를 '생태적 지능ecological intelligence'이라 부를 수 있을 것이다. 물론 생태적 지능은 다른 영장류 종도 진화시켰지만 우리의 물질문명에는 절대로 이를 수 없는 수준이다.

생태적 지능과 관련해 최근 흥미로운 가설이 하나 더 추가되었다. 리처드 랭엄Richard Wrangham, 1948~ 이라는 하버드대학의 인류학자가 주장한 것으로, 한마디로 '요리 가설'이라 불리는데 요리를 하게 되면서 뇌가 커지고 호모 사피엔스가 인간답게 되었다는 것이다. 야생 침팬지를 보면 굉장히 오랜 시간 동안 뭔가를 질경질경 씹고 있는 것을 확인할 수 있다. 침팬지는 집단생활을 하면서 간혹 사냥으로 잡은 고기를 먹는데, 그 생고기를 계속 씹고 있는 것이다. 생고기는 잘 씹히지도 않을뿐더러 오래 씹어야만 소화가 된다. 만일 우리가 침팬지처럼 생식生食을 한다면 소화를 위해 무려 8시간 동안이나 씹는 일을 반복해야만 한다. 생식하는 경우 단지 체구를 유지하는 데만도 상당히 비효율적 과정, 일종의 기회비용이 필요한 것이다.

최초의 호모 사피엔스 또한 생식을 했을 것이고 에너지를 얻기 위해 많은 시간이 필요했을 것이다. 그런데 어느 순간 불이 발명(발견)되면서 잡아온 고기를 익혀 먹을 수 있게 되었다. 불을 어떻게 발견했는지는 정확히 알 수 없지만, 익힌 고기를 먹음으로써 상당히 많은 변화가 야기된 것은 확실하다. 랭엄은 인간이 고기를 불에 구워 먹기 시작하면서 뇌 용량이 굉장히 커질 수 있었다고 주장했다. 불에 구운 고기는 생고기보다 훨씬 부드럽고 소화가 잘 된다. 그래서 더 많은 에너지원을 더 빠른 시간 내에 흡수할 수 있다. 이렇게 절약한 시간은 다른 무엇인가를 하는 데 쓰일 수 있었다.

인류 뇌 용량의 증가에 대한 또 다른 유형의 가설은 집단생활과 관련이 있다. 협동하여 포식자를 내쫓고 먹이를 잡는 등 혼자서는 하기 힘든 일을 같이 하기 위해서는 생태적인 똑똑함과는 다른 종류의 지능을 필요로 한다. 집단을 이루어 다른 사람과 관계를 맺기 위해서는 의사소통을 해야 한다. 그런데 이 의사소통은 고도의 지적 능력을 필요로 한다. 즉, 사회적 관계에서 오는 문제를 해결하는 과정에서 뇌 용량이 증가했을 것이라는 가설이다. 이른바 '사회적 뇌 social brain' 이론을 주장하는 이들은 뇌 용량의 이런 폭발적 증가가 생태적 문제보다는 사회적 문제를 해결하는 과정에서 일어났다고 주장한다.

(2) 사회적 뇌의 진화[2]

사회적 뇌 이론의 선봉장인 로빈 던바Robin Dunbar, 1947~ 는 영장류 연구로부터 두 가지 사실을 받아들인다. 하나는 사회집단의 크기가 영장류 두뇌의 신피질비neocortex ratio (뇌 전체 용량에서 신피질 용량을 뺀 값을 신피질 용량으로 나눈 값)의 크기와 비례관계를 보인다는 점이고, 다른 하나는 원숭이(정확히는 구대륙원숭이)와 유인원apes이 자기집단의 결속을 다지는 주요 기제로서 사회적 털 고르기social grooming (결속을 위해 상대방의 털을 골라주는 행동)를 사용한다는 사실이다.

던바는 인간의 신피질비 크기에 기초해 인간의 사회집단 크기를 예측하는데, 이 예측치(150명 정도)는 수렵·채집과 전통적 원예사회의 집단크기와 유사하다. 한편, 그는 인간을 제외한 영장류사회에서 한 개체의 털 고르기 시간이 그가 속한 집단의 크기에 선형적으로 비례한다는 사실을 알아냈다. 그래서 이를 외삽外揷해 보면, 150명이 하나의 사회집단을 형성하는 인간의 경우 사회적 털 고르기를 하루에 8시간 정도(깨어 있는 시간의 45% 정도) 해야 한다는 결론이 나온다(Dunbar, 1993; 1996).

이런 상황에서 우리의 조상이 겪었어야 할 적응문제가 무엇이었을지 생각해 보자. 무슨 연유였는지 인류의 사회집단 크기는 다른

---

2 "(2) 사회적 뇌의 진화"부터 "(5) 사회적 복잡성과 마키아벨리적 지능"까지는 장대익(2017a)의 6장 일부를 본 책에 맞게 수정한 것이다.

영장류사회보다 커졌다. 집단생활에서는 혼자 모든 일을 할 필요가 없다는 이점이 있다. 가령, 포식자를 경계하고 자식도 키우면서 먹이를 얻는 일 등을 홀로 짊어져야 한다면 매우 버거운 삶일 것이다. 집단생활은 노동분업을 통해 이 버거운 삶을 가볍게 해준다. 하지만 집단을 유지하고 분업을 촉진하기 위해서는 비용이 들며, 집단이 클수록 비용은 더 커진다. 인류는 자신이 속한 사회집단의 결속과 유대를 위해 다른 영장류보다는 훨씬 더 많은 시간을 사회적 상호작용에 썼어야 했다. 하지만 사회적 상호작용을 위해 무한정 시간을 쓸수는 없다. 왜냐하면 사냥이나 가족돌보기 등과 같이 다른 중요한일도 해야 하기 때문이다.

이런 맥락에서 자신이 챙겨야 할 사회집단이 커진 것은 진화의 역사에서 개인에게 또 하나의 적응문제adaptive problem를 안겨준 셈이다. 인류가 직면했던 이런 심각한 문제는 결국 어떻게 되었을까? 인류는 이 문제를 극복했을까?

매우 흥미롭게도, 실제로 조사해 보면 인간은 4시간 정도(깨어 있는 시간의 20% 정도)를 사회적 상호작용(주로 대화)에 사용한다. 이 수치는 인간을 제외한 영장류사회에서 보이는 사회적 털 고르기 시간의 상한선과 거의 일치한다. 그렇다면 상대적인 신피질비 크기로 예측된 털 고르기 시간(8시간)과 실제 사회적 상호작용 시간(4시간)의 차이는 무엇으로 매울 수 있을까? 던바는 인간의 언어능력이 그 공백을 메우도록 진화했다고 주장한다. 즉, 늘어난 사회집단 크기를 유지하기 위한 적응기제로서 언어가 진화했다는 주장이다. 그가 자신의 언어진화 이론을 '가십이론gossip theory'이라고 명명한 것은 바로 이런 이유 때문이다.

인류진화의 역사에서 사회집단의 크기가 50개체 정도일 때까지는 하루에 4시간 정도를 들여 일대일로 사회적 털 고르기를 할 수 있었을 것이다. 하지만 그 크기의 3배인 150개체로 집단이 구성되었을 때, 인류는 도저히 이런 식으로는 집단의 결속을 다질 수 없었다. 대신 언어의 진화를 통해 한 번에 여러 명 — 아무리 많아도 평균 3명 이상이 동시에 의사소통을 하지는 못한다고 조사되었고, 이 3명은 150에서 50을 나눈 수와도 같다는 측면에서 이 이론을 더욱 매력적이게 한다 — 이 모여 사회적으로 유관한 정보를 공유함으로써 그런 적응문제를 해결했다는 논리이다. 던바는 사회적 결속을 위해 언어가 진화했고 그 과정에서 뇌 용량이 증가했다고 주장한다. 즉, 인간의 큰 뇌는 큰 규모의 집단생활을 영위하기 위한 도구였던 것이다 (Dunbar, 1998).

사회적 뇌 이론을 지지해 주는 또 다른 증거도 존재한다. 우선, '시선 따라가기gaze following' 행동을 살펴보자. 엄마가 어린아이와 눈을 마주치고 있다가 갑자기 시선을 다른 곳으로 돌리면 아이의 반응은 어떨까? 아이는 엄마의 시선을 따라가 같은 곳을 본다. 이 행동은 다른 사람의 의도를 파악하는 데 도움을 주는 사회적 행동이긴 하지만, 우리 인간에게만 고유한 특질은 아니다. 우리가 제일 뛰어나고 보노보, 침팬지, 원숭이 순으로 잘한다(Kano & Call, 2014).

하지만 '가리키기pointing' 행동의 경우는 조금 다르다. 인간 아이는 사물을 손가락으로 가리키며 "저게 뭐야?"라고 묻곤 한다. 이는 다른 사람으로 하여금 자기의 관심을 같이 갖게끔 만들고 공동의 주의집중을 유도하는 사회적 기술로, 정상적 인간이라면 누구나 할 수 있다. 그러나 우리와 가장 가까운 침팬지와 보노보는 이 행위를 하지 못한다(Tomasello, 2006). 가령, 그들 앞에서 달을 가리키면, 그들은 달을 보지 않고 달을 가리키는 손가락을 본다.

흥미롭게도 최근에는 애완견이 이 가리키기의 의미를 이해한다는 연구가 나오기 시작했다(Soproni et al., 2002). 개는 우리와는 계통상으로 침팬지보다 훨씬 더 멀지만, 야생늑대에서부터 시작된 육종과정에서 인간과 상호작용하는 데 적합한 정서적·인지적 능력을 진화시켰던 것 같다(Hare & Tomasello, 2005).

마음 읽기mind reading는 인간만이 가진 또 다른 사회적 능력이다. 마음 읽기는 독심술讀心術이 아니라 '추론' 능력이다. 우리 인간은 타인의 생각과 의도를 읽는 복잡한 추론과정을 일상적으로 하는데, 이는 사회적 문제를 해결하고 집단생활을 영위하는 데 매우 중요하다. 이 능력이 결여된 이들을 우리는 사회성이 없다고 하고, 심한 경우는 자폐自閉라 불리기도 한다. 그런데 침팬지는 다른 침팬지가 어떤 생각을 갖고 있는지 정확하게 추론하지 못한다. 특히, 상대방이 잘못된 믿음을 가지고 있다는 사실을 읽어내지 못한다(Call & Tomasello, 2008). 조금 더 자세히 다뤄 보자.

(3) 인간의 마음 읽기 능력

인간의 사회인지social cognition를 연구해온 학자들은 다른 개체의 마음을 읽는 능력이 인간 고유의 것임을 주장해 왔다. 그들은 인류의 장구한 진화역사 동안 계속적으로 펼쳐졌던 복잡한 사회환경에 대한 일종의 적응기제로서 이른바 '마음 이론theory of mind' (이하 ToM) 이 인간의 마음속에 장착되었다고 주장한다(Baron-Cohen et al., 2000). 흥미로운 대목은 인간만이 진정한 의미의 ToM을 갖고 있다는 주장이다.

ToM를 갖고 있다는 말은 간단히 말해, 타인 마음other minds의 내용에 관한 믿음 또는 이론을 갖는다는 뜻이다. 즉, 타인의 정신상태 (욕망, 믿음, 사고) 와 그 정신상태에 의해 야기된 타인의 행동을 이해한다는 의미이다. 인간의 마음속에 ToM이 실제로 어떤 기제에 의해 작동하는지는 발달심리학자와 철학자의 주요 관심사이다. ToM의 작동방식에 대한 논의에 들어가기 전에 인간 마음에 ToM이란 게 정말로 존재하는지에 대한 이야기부터 해보자.

발달심리학자들에 따르면, 비록 ToM이 인간의 발달과정에서 어떤 시기에 어떤 식으로 형성되는지에 대해서는 논쟁의 여지가 있을지라도 정상적 발달과정을 거친 아이는 3~5세가 지나면 대개 '거짓 믿음 시험false belief test'을 별문제 없이 통과한다고 한다. 여기서 '거짓 믿음 시험'이란, 어떤 이가 세계에 관한 자신의 지식으로부터 타인이 갖고 있는 (자신이 보기에 거짓인) 지식을 구분할 수 있는가를 알아보는 시험으로서 ToM의 존재기준으로 널리 사용된다.

'샐리-앤 시험Sally-Ann Test'은 고전적인 거짓믿음 시험으로 그 내용은 다음과 같다. 피험자에게 샐리와 앤이라는 두 개의 인형을 보여준다. 샐리는 바구니 안에 공을 넣고 방을 나간다. 샐리가 나가 있는 동안 앤이 그 공을 바구니에서 꺼내 한 상자 속에 넣는다. 이런 광경을 연출해 주고 시험자는 피험자에게 "샐리가 방으로 다시 돌아오면 공을 어디에서 찾을까?"라고 묻는다.

 피험자가 4살 아래의 어린이인 경우 주로 "샐리가 상사에서 공을 찾을 것"이라고 답하는데, 이렇게 대답하는 피험자는 이 시험을 통과하지 못한 경우가 된다. 실패한 그들은 샐리의 관점을 취하지 못했으며, 샐리의 정신상태가 자기자신의 상태와 다를 수 있다는 점을 이해하지 못한 것이다. 반면, 정상적 발달과정을 겪은 아이는 4살이 지나면서부터는 이 시험을 거의 문제없이 통과한다.

 하지만 자폐아동은 4살 이후에도 이 거짓믿음 시험을 잘 통과하지 못한다. 자폐연구자 사이먼 배런-코언Simon Baron-Cohen, 1958~의 연구결과에 의하면, 정상적인 4세 아동의 85%는 이 시험을 통과하지만 자폐아동의 경우에는 20%만이 성공한다. 더욱 놀라운 사실은 심지어 다운증후군에 걸린 아이도 샐리-앤 시험을 86%나 통과했다는 점이다. 자폐증은 1만 명의 아동 중 4~5명 정도 발생하는 유전적 질병으로 알려져 있는데, 자폐아동에게는 사회성능력(눈 맞추기와 표정인식), 언어능력(비유이해와 대화능력), 그리고 상상능력(역할놀이)에서 큰 손상이 발견된다. 그리고 이런 유형의 손상 때문에 ToM 능력도 크게 떨어진다고 여겨진다. 자폐아동은 이런 사회성능력의 손상 외에도 강한 집착과 과민반응, 그리고 변화대처 능력의 결여와 같은 다른 유형의 문제도 가지고 있다(Baron-Cohen et al., 2000).

하지만 자폐의 25% 정도는 지능 측면에서 정상적 아동과 별반 차이가 없고, 그중에 미술이나 음악적 재능이 정상인보다 월등한 경우도 있다. 더스틴 호프먼Dustin Hoffman이 자폐환자 레이먼드 역할을 했던 영화 〈레인 맨Rain Man〉(1988)에서처럼, 자폐환자 중에는 비상한 두뇌를 가진 경우가 간혹 있다. 영화에서 레이먼드는 짧은 시간 안에 글을 읽고 그것을 그대로 기억하는 엄청난 기억력을 가지고 있으며 계산기로 3분 정도가 걸릴 문제를 20초 만에 풀어낸다. 피아노를 잘 치거나 그림을 기가 막히게 잘 그리는 경우도 있다. 그런데 이 소수의 천재에게도 거짓믿음 시험은 여전히 어렵기 때문에, 정상인보다 훨씬 늦은 나이에 통과하거나, 타인의 마음에 대한 더 깊은 차원의 이해(예컨대, A의 믿음에 대한 B의 믿음을 이해하는 경우)까지는 나아가지 못하는 한계를 보인다.

조현병(정신분열병) 환자 또한 마음읽기 능력에 문제가 있는 경우가 많다. 때때로 그들은 다른 사람의 마음을 과도하게 읽는 것처럼 보이는데, 자세히 보면 대부분 제대로 읽은 것이 아니라 오해한 것임을 알 수 있다. 실제로 조현병 환자도 거짓믿음 시험을 잘 통과하지 못한다.

이런 연구는 자신과 타인의 마음을 제대로 읽는 기제, 즉 ToM이 실제로 존재한다는 점과 그런 기제가 인간의 발달과정의 특정시점에서 정교하게 작동하기 시작한다는 사실을 보여주었다는 측면에서 사회인지의 본성을 밝히는 데 중요한 기여를 했다.

(4) 침팬지의 마음 읽기 능력

앞서 살펴보았듯, 정상적 발달과정을 거친 아이는 다른 사람의 의도를 이해할 수 있다. 예를 들어 두 손에 책을 잔뜩 들어서 닫혀 있는 책장 문을 못 열고 책으로 문을 두드리는 광경을 아이들이 목격하면, 그들은 그 어른을 위해 책장 문을 열어 준다. 침팬지에게도 이런 눈치가 있을까? 처음에는 침팬지가 의도를 파악하지 못할 것이라 생각했다. 그러나 훈련을 받지 않은 침팬지도 사람의 의도를 파악할 수 있는 것처럼 보인다. 예를 들어 사람이 무언가를 가지고 있다가 떨어뜨린 후 그것을 집기 위해 애쓰는 행동을 하면 침팬지는 그것을 가져다준다.

하지만 침팬지도 다른 개체의 마음을 읽는다고 할 수 있을까? 침팬지가 타 개체의 의도를 어느 정도는 이해한다는 사실만으로는 이 질문에 긍정적 대답을 할 수 없다. 가령, 침팬지의 마음이론을 연구해온 대니얼 포비넬리Daniel Povinelli 등의 연구에 따르면, 침팬지에게는 그런 능력이 없다. 연구진은 침팬지가 먹이를 얻기 위해 시선을 가린 사람(양동이를 쓰거나 스크린으로 막는 등의 방법으로)과 가리지 않은 사람 중 어느 쪽으로 더 많이 가는지를 확인해 보는 실험을 했다. 만일 침팬지가 사람의 마음을 읽을 수 있다면, 먹이를 얻기 위해서는 시선을 가리지 않아 자신을 볼 수 있는 사람에게로 더 많이 가야 할 것이다. 실험결과는 무작위 패턴을 보였고, 연구자는 침팬지가 사람의 마음을 읽지 못한다고 결론을 내렸다(Povinelli et al., 1996).

소장파 영장류학자 브라이언 헤어Brian Hare는 좀더 정교한 실험을 설계하여 흥미로운 논문을 발표했다. 포비넬리의 실험은 사람이 먹이를 들고 있는 상황이기 때문에 자연적 상황이 아니라 생각한 헤어는 침팬지끼리 서로 경쟁하는 상황을 만들어 보고자 했다. 침팬지사회에는 우위자와 열위자가 있는데, 가령 우두머리와 넘버3가 먹이를 두고 경쟁하는 상황이 있을 수 있다. 연구자는 넘버3만 먹이가 어디에 있는지 아는 경우, 우두머리와 넘버3 모두가 어디에 있는지 아는 경우 등 여러 조건을 만들었다. 실험결과, 넘버3는 우두머리 침팬지가 먹이가 어디에 있는지를 모르는 경우에 더 많이 먹이를 찾으러 갔다. 우두머리가 먹이를 찾으러 가는 자신을 보고 있다는 것을 아는 것이다.

한편, 침팬지는 인간 연구자와 자신의 사이에 있는 창이 투명할 때보다 불투명한 것으로 가렸을 때 앞에 놓인 먹이를 더 많이 집어 갔다. 이러한 연구결과들은 포비넬리의 결론을 뒤집는 것이었다. 침팬지는 적어도 다른 개체가 무엇을 보는지 안 보는지를 구분할 수 있고 의도를 파악할 수 있다(Hare et al., 2000). 헤어는 후속연구를 통해 침팬지가 다른 침팬지가 무엇을 아는지 모르는지를 알고 있는가를 알 수 있는 실험도 설계했다. 그 실험에서는 다른 침팬지가 먹이의 위치를 아는지 모르는지에 따라 침팬지의 행동이 달라진다는 사실이 밝혀졌다. 즉, 침팬지도 다른 침팬지의 '지식'을 알고 있다는 뜻이다.

하지만 다른 침팬지가 거짓믿음을 가지고 있는지는 이해하지 못했다. 가령, 다른 침팬지가 못 보는 상황에서 먹이의 위치를 이동했을 때, 그 다른 침팬지가 거짓믿음을 가질 것이라 예측하지 못했다. 말하자면 침팬지는 거짓믿음 시험을 통과하지 못한다는 것이다. 이런 일련의 실험들로 현재 영장류학자는 침팬지가 인간과 마찬가지로 다른 개체의 목표, 의도, 지각, 지식을 이해할 수는 있지만 결정적으로 거짓믿음은 이해하지 못한다고 믿는다(Hare et al., 2001).

(5) 사회적 복잡성과 마키아벨리적 지능

그렇다면 왜 ToM과 같은 기제가 인간 마음에 존재할까? 이 물음은 ToM의 작동기제가 실제로 어떤지와는 다른 문제지만, ToM이 적응인지 아닌지를 묻는 매우 중요한 질문이다. 사실, 타인의 마음을 읽는다는 것은 한 인간의 생존과 번식에 매우 근본적인 문제이다. 이런 문제는 600만 년 전 인류의 첫 조상으로부터 현재에 이르기까지 집단을 형성하여 살아온 인간을 끊임없이 곤혹스럽게 만든 일종의 적응문제였다. 이런 종류의 적응문제는 자연환경이 부과하는 문제가 아니라 동종 구성원이 부과하는 사회적 적응문제이다.

하지만 이런 식의 적응문제는 더 큰 틀에서는 결코 인류에게만 국한된 문제가 아니다. 왜냐하면 '사회적 복잡성'이라는 적응문제야말로 영장류의 진화역사를 관통하는 뚜렷한 하나의 특징이기 때문이다. 이 문제를 해결하기 위해 원숭이와 유인원은 그런 사회에서 종종 통했던 권모술수 전략을 채택했을 것이다. 이른바 '마키아벨리적 지능 가설假說'에 따르면, 고등한 영장류(인간까지 포함한) 인지의 중요한 요소는 물리적 문제해결, 먹이찾기, 도구만들기보다는 사회생활의 이런 복잡성으로 더 잘 설명된다(Byrne & Whiten, 1988).

이 가설은 영장류의 고등한 인지과정이 일차적으로 그들이 처했던 사회생활의 특수한 복잡성에 대한 적응이라고 주장한다. 이런 주장은 먹이 찾기와 같은 비사회적 환경문제 때문에 특수한 지능이 형성되었다고 보는 전통적 관점과 사뭇 다르다. 그렇다면 왜 하필 지능이 '마키아벨리적'이라는 것일까? 영장류사회는 변화무쌍한 동맹관계로 유지되기 때문에 다른 개체를 이용하고 기만하는 행위, 또는 더욱 큰 이득을 위해 상대방과 손을 잡는 행위 등이 상대적으로 높은 적합도를 가질 수 있기 때문이다. 그리고 이런 권모술수에 능하려면 다른 개체의 마음을 정확히 읽어낼 수 있는 능력이 우선적으로 요구된다.

영장류의 사회인지를 연구해온 도로시 체니Dorothy Cheney와 로버트 세파스Robert Seyfarth에 따르면, 버빗원숭이vervet monkey의 경우 똑같은 일도 비사회적 맥락보다는 사회적 맥락으로 더 잘 수행한다. 예컨대, 자기친척에게 해를 입힌 다른 놈의 친척 중 누구를 공격대상으로 삼을지에 대해서는 잘 알지만, 최근 구렁이가 어떤 덤불 사이로 들어와 해를 입혔는지에 대해서는 잘 모른다(Cheney & Seyfarth, 1990).

이렇게 인간의 사회인지 능력은 그 뿌리가 영장류에 닿아 있다.

하지만 앞서 보았듯 최근 연구는 침팬지가 동료의 거짓믿음을 이해하지 못한다고 말한다. 침팬지는 거짓말도 못하며 삼각관계도 이해할 수 없다는 뜻이다(설령 기만행동을 할 수 있더라도, 그것은 상대의 행동을 읽었을 뿐이다). 인간의 사회적 지능은 영장류 종 중에서 단연 최고라 할 수 있다.

(6) 허구의 진화와 상상의 공동체

그렇다면 사피엔스의 사회적 지능이 관리할 수 있는 집단의 규모는 어디까지일까? 앞서 우리는 던바의 수에 대해 이야기하면서, 인간의 뇌 용량으로는 친구의 수가 150명 정도로 제한되어 있다고 말했다. 그런데 인류의 공동체는 혈연과 친구로만 구성되어 있지 않다. 우리의 조상은 수많은 낯선 이와도 소통하고 거래해 왔으며, 큰 규모의 협력을 통해 오늘날 가장 번성한 육상 척추동물로 진화했다. 150명의 친구 수보다 훨씬 더 큰 규모의 집단을 이루고 살 수 있는 인간의 집단성이야말로 다른 영장류와 뚜렷이 구별되는 특성이라 할 수 있다. 그렇다면 이는 어떻게 가능하게 되었을까?

앞서 논의한 인간의 사회적 지능의 독특함과 그 진화는 하드웨어에 관한 것이다. 역사학자 유발 하라리Yuval Harari, 1976~ 의 용어를 빌리면, 이 하드웨어는 "허구적 실재fictional reality"를 만들어 냈다(Harari, 2014). 그는 인간이 종교, 예술, 시장, 화폐와 같은 허구적 실재를 발명함으로써 다른 영장류와는 비교할 수 없을 정도로 커다란 집단을 이루며 살게 되었다고 주장한다. 하지만 허구에 사로잡히는 마음에 대해서는 설명이 좀더 필요하다.

인간이 참인 내러티브와 참인 세계를 기술하는 사실적 보고에 끌렸다면, 그런 끌림은 유용성 때문일 것이다. 그런데 흥미롭게도 인류에게는 홍적세洪積世부터, 돌칼을 만들려는 노력만큼이나 우화와 허구를 창조하려는 열망이 있었다. 언뜻 생각해 보면 이해하기 힘든 대목이다. 왜 우리는 허구에 대한 회피가 아니라 접근동기를 진화시켰을까? 왜 허구를 추구하고자 하는 열망이 진화했을까?

인간이 만들어낸 허구 중 가장 대표적인 것은 문학이다. 문학의 기원에 대한 진화론적 가설은 문학을 일종의 적응adaptation으로 보는 견해이다. 이 가설을 추구하는 이들은 문학의 적응적 기능을 강조하지만, 무엇 때문에 문학이 진화했는지에 대해서는 세부적으로 다르다. 예컨대 어떤 학자는 문학이 사람으로 하여금 적응적으로 중요한 사안에 대해 주의attention를 함께 기울이게 만들고 사회적 결속을 공고히 하기 때문에 진화했다고 주장한다(Boyd, 2009; Dissanayake, 2000; Gottschall, 2012).

이와 관련하여 미국 공동 연구진의 연구결과는 매우 흥미롭다 (Gottschall et al., 2009). 연구진은 500명을 대상으로《오만과 편견 Pride and Prejudice》(1813),《폭풍의 언덕Wuthering Heights》(1847)과 같은 빅토리아시대 소설 200종을 읽게 한 후, 등장인물이 주인공인지 아니면 악당(혹은 주인공에 대항하는 인물)인지, 또 양심적이며 성실한지, 권력지향적인지를 조사했다.

결과에 따르면,《오만과 편견》의 주인공 엘리자베스 베넷은 매우 양심적이며 교육을 잘 받은 사람으로 평가받은 반면, 브램 스토커Bram Stoker, 1847~1912의 《드라큘라 백작Dracula》(1897)의 드라큘라는 권력지향적이며 반사회적 인물로 평가됐다.

연구진은 "소설의 독자는 은연중에 등장인물에 대한 좋고 나쁘다는 가치판단을 한다. 이런 가치판단은 본능적 충동을 억누르면서 사람들로 하여금 서로 협력하게 만든다. 이런 요소 때문에 소설은 사라지지 않고 지속적으로 사랑받는다"라고 밝혔다. 즉, 소설은 '아교풀'처럼 사회를 결속하는 작용을 한다는 것이다. 사회를 이롭게 하는 행동을 강화하기 때문에 시대변화와 문화적 차이에도 소설의 인기가 지속된다는 해석이다.

더욱이, 전통적 스토리의 상당수는 '기원'에 관한 스토리와 관계를 맺고 있다. 이것은 스토리텔링이 사회집단의 유대를 높이는 장치로 기능한다는 사실과 맥을 같이한다. 신화와 전설은 그 사회를 기능적 동맹으로 만드는 데 일조한다.

그런데 이런 스토리텔링이 가능하려면 적어도 2차의 '지향성intentionality', 즉 다른 사람이 어떤 믿음을 갖고 있는지를 추론하는 사회적 지능이 필요하다. 왜냐하면 작가와 독자 세계가 자신이 발견한 것과는 다른 방식으로 존재할 수 있다고 상상할 수 있어야 하기 때문이다. 즉, 스토리를 만들고 이해하는 능력은 고도의 마음읽기 능력을 요구한다. 예컨대, 등장인물 셋의 삼각관계를 담아내는 스토리에서 작가는 적어도 5차의 지향성을 갖고 있어야 하는데, 이는 정상인에게는 매우 어려운 요구이다. 독자의 경우에도 최소 4차 지향성 정도는 가져야 한다. 따라서 허구의 진화와 사회적 지능의 진화는 맞물려 있다.

한편, 사회적 유대강화 말고 다른 기능 때문에 스토리가 진화했다는 견해도 있다. 그것은 사람들이 스토리를 통해 적응적으로 관련된 시나리오를 예행연습한다는 견해이다(Carroll, 2004; Tooby & Cosmides, 2001). 가령, 사냥을 나간 틈을 타 이웃종족이 마을을 공격한다는 것이 무엇인지, 또는 물이 희귀한 곳을 여행한다는 것은 무엇인지 등을 반反사실적 허구를 통해 대비한다는 뜻이다.

하지만 스토리는 단지 위험한 맹수를 만났을 때 어떻게 해야 하는가 등에 대한 예방주사를 넘어서기도 한다. 즉, 자신과 타인의 정서를 규제하고 배양하는 기능을 가질 수도 있다. 가령, 《오셀로 *Othello*》(1604)에서는 남성의 성적 질투가, 《삼총사*Les Trois Mousque-taires*》(1844)에는 호혜주의와 우정이, 《오만과 편견》에서는 여성의 '짝짓기 행위'가 두드러지게 다뤄지는데, 독자는 이 스토리를 읽으면서 인간의 보편적 기본정서를 규제하는 훈련을 자연스럽게 하게 된다(Carroll, 2005). 즉, 스토리텔링이 진화할 수 있었던 것은 스토리를 소비하는 이에게 물리적 환경뿐만 아니라 정서적 환경에 대한 더 큰 유연성과 적응력을 주었기 때문이라는 것이다. 이렇게 본다면 허구에 대한 인간의 열광은 정서규제를 위한 사회인지적 적응이라고도 할 수 있다.

이처럼 인류의 역사에서 허구가 정확히 어떤 진화적 이득 때문에 생겨나고 발전했는지는 아직 탐구 중이지만, 적어도 우리는 허구의 탄생이 인간의 사회적 지능의 산물이면서 동시에 인간의 집단규모를 더 크게 만드는 양성 피드백으로 작용했다는 사실을 인정할 수밖에 없을 것이다. 이런 구도는 앞서 이야기했던 밈의 세계, 또는 밈의 (준)자율성과도 아주 밀접하게 연관된다. 우리는 허구를 만들었고 허구는 다시 우리를 만들었다고 할 수 있기 때문이다.

(7) 인류의 초사회성과 문명의 유일성

아리스토텔레스Aristotle, BC 384~BC 322가 그의 《정치학Politics》에서 "인간은 본성상 정치적 동물이다"라는 명제를 남긴 이후로, 인간의 사회성에 관한 연구는 철학·사회학·종교학 등의 주요 연구주제였다. 하지만 앞서 논의했듯이, 최근에는 인간의 사회성에 관한 과학적 연구성과가 봇물처럼 쏟아져 나오고 있다. 진화생물학과 진화심리학을 필두로 영장류학, 인지 및 사회심리학, 그리고 뇌과학 등이 인간본성의 가장 주요한 특징 중 하나인 사회성에 대해 다양하고 자세한 이야기를 쏟아내고 있다. 이제 인간의 사회성도 과학적 탐구의 영역으로 편입되기 시작했다. 사회성에 대한 '자연화naturalization'가 진행되고 있는 셈이다.

우리는 인간의 이런 자연화된 사회성을 '초사회성ultra-sociality'이라고 부를 수 있을 것이다(장대익, 2017b). 우리의 사회성에 '초ultra'라는 접두어를 붙인 이유는 일차적으로 다른 척추동물과 비교했을 때 인간의 사회성이 가장 강력하다는 뜻이고, 이차적으로는 무척추동물인 개미사회가 보여주는 초유기체superorganism성을 뜻하는 진사회성eu-sociality과 대비하기 위함이다. 개미의 진사회성은 개체의 본능적 반응이 모인 단순한 분업인 반면, 우리의 초사회성은 개인의 진화된 심리장치를 매개로 집단적 지향성collective intentionality을 발현하는, 훨씬 더 복잡하고 유연한 의사결정이다(Tomasello, 2014). 이렇듯 인간의 사회성(사회적 학습능력과 사회적 지능)에 대한 과학적 탐구는 인간문명의 기원과 독특성을 다학제적으로 이해하는 데 필수적 요소라 할 수 있다.

2. 사피엔스 문명의 미래

사피엔스 문명은 앞으로 어떻게 될 것인가? 인류문명은 막다른 길에 있지 않을까? 한 세기가 가기도 전에 사피엔스는 AI(인공지능)에게 자리를 내주고 멸절하지는 않을까? 아니, 그러기도 전에 기후위기 때문에 인류의 생존에 커다란 타격을 받지는 않을까?

사피엔스 문명의 운명에 대한 이런 질문은 인간의 욕망과 과학기술의 상호작용의 이해를 통해 부분적으로 대답할 수 있을 것이다. 물론 정확한 예측은 누구도 불가능하겠지만 말이다.

욕망의 측면에서 인류의 미래를 상상할 때 꽤 흥미로운 지점이 있다. 그것은 서로 반대방향으로 달리는 인간의 두 가지 욕망이 양립한다는 사실이다. 그중 하나는 우리 자신을 빼박은 기계(안드로이드)를 만들고자 하는 욕망이고, 다른 하나는 인간이 기계가 되고자 하는 욕망(사이보그)이다. 사피엔스 문명의 미래는 이 반대방향의 욕망을 어떻게 잘 길들이느냐에 따라 크게 변할 것이다.

이런 미래의 욕망에 하나 더 추가하자면, 기계화와는 다른 방식이긴 하지만 유전공학을 발전시켜 영속적이고 강화된 삶을 원하는 욕망도 사피엔스 문명을 추동하는 강력한 동기라 할 수 있다. 차례로 검토해 보자.

1) 안드로이드의 출현과 사피엔스 문명의 위기

컴퓨터 과학의 효시들이 1956년 다트머스회의Dartmouth Conference에서 명명한 AI에 대한 연구는 지난 60여 년 동안 부침을 겪었다. 하지만 AI는 인간의 지적 능력에 끊임없이 도전장을 내밀었다. 인간 체스 챔피언을 꺾은 딥 블루Deep Blue, 퀴즈쇼에서 우승한 왓슨Watson 등이 대표적이다. 2016년 3월, 한국의 이세돌 9단과의 대국에서 승리한 구글 딥마인드DeepMind의 알파고AlphaGo는 한국은 물론 전 세계에 큰 충격을 주었다. 바둑만큼은 AI가 안 될 것이라는 세간의 예측을 보란 듯이 무너뜨렸기 때문이다. 이 역사적 사건을 계기로 전 세계는 AI의 능력과 활용에 깊은 인상을 받았고, 그때 이후로 알고리즘과 빅데이터big data의 정체에 대한 물음이 봇물처럼 쏟아져 나왔다.

딥러닝deep learning 기술로 시작된 'AI 혁명'은 향후 100년의 인류를 뒤흔들 만한 대변혁이라 할 만하다. 비단 일자리 문제만이 아니다. 인간의 삶의 모든 영역에 중대한 변화를 몰고 오고 있고 앞으로는 더욱 그럴 것이라 예상된다. 인간의 지능과 모든 측면에서 구별이 없어지는 '특이점singularity'이 언제 올까에 대해서는 의견이 분분하지만, 대체로 100년 내에 그런 일이 일어날 것이라는 점에는 많은 이가 동의한다.

그렇다면 우리가 사피엔스 문명의 미래를 상상하면서 고려해야 할 질문은 'AI가 우리 일자리를 빼앗을 것인가'보다는 더 크고 심대한 것이어야 한다. 예컨대 '사피엔스는 AI와 공존할 수 있을까', 'AI로 인해 인류의 진화경로는 어떻게 달라질 것인가'와 같은 정체성 질문이 그것이다.

누구도 이 질문에 확실히 대답할 수는 없겠지만, 인간과 AI의 대결에 대한 최근의 사회심리학적 연구결과는 이에 대한 흥미로운 함의를 던져 준다. 서울대 인간본성 연구실의 장대익 교수 연구진은 2016년 3월에 있었던 이세돌과 알파고의 바둑대국에서 일반인이 받은 정체성 위협에 관해 심리학적 연구를 수행했다. 연구진은 'AI의 지적 능력이 인간보다 월등함을 알게 되면 사람들은 어떤 행동을 취할까?'를 알고 싶었다. 사회정체성social identity 이론에 따르면, 지적 능력에 대한 위협을 느낀 사람들은 그 외 영역에서의 인간의 훌륭함을 확인하고자 할 것이다. 이와 같은 예측을 검증하기 위해 연구진은 한국인 1천여 명을 대상으로 심리학 연구를 진행했다. 연구진은 예비연구를 통해 알파고 대국기간 동안 사람들이 합리적이며 정교한 인지능력에 관해 기계보다 인간이 우월하다는 믿음을 잃어버렸음을 밝혀냈다(Cha et al., 2020).

연구진은 이어지는 연구를 통해 지적 영역에서 정체성의 위협을 겪은 사람들이 다른 영역에서 이를 보상하려 한다는 사실을 밝혀냈다. 연구진은 실험참가자들을 AI와의 경쟁상황과 비경쟁상황에 나누어 배치했다. 실험결과, AI와의 경쟁조건에서 위협을 받은 사람이 비경쟁조건에 놓인 사람보다 정서나 도덕 등의 영역에서 인간이 기계보다 낫다고 더 강하게 주장하는 것으로 나타났다. 지적 영역에서의 패배를 다른 영역에서 보상하려 한 것이다.

또한 사람들은 감정이나 도덕 등의 영역이 지적 능력보다 인간임을 규정하는 데 훨씬 더 중요하다고 답변했다. 이러한 연구결과는 AI와의 지적 경쟁에서 뒤처진 사람이 인간으로서의 고유한 가치를 보상하고자 적극적으로 창의성을 발휘한다는 사실을 알려 준다(Cha et al., 2020).

이 결과는 흥미롭게도 사회정체성 가설에 잘 부합했지만, 다소 걱정스러운 함의를 갖는다. 알파고의 경우에는 인간정체성 중 '합리성'과 '정교함'을 빼앗아 갔지만, 만일 또 다른 AI가 나와 인간의 '정서'나 '도덕성' 같은 특성까지 이겨 버린다면 과연 우리는 어떻게 될 것인가 하는 걱정이다. 설상가상으로 인간정체성을 구성한다고 여겼던 모든 요소(사회심리학은 정서, 도덕성, 창의성, 합리성, 정교함 등 총 10가지 요소가 이에 해당한다고 말한다)에 관해 더 뛰어난 능력을 보이는 AI가 등장한다면 인류의 자존감은 바닥을 칠 테고, 그렇게 되면 AI는 더 이상 공감의 대상이 아니라 경쟁의 대상이 될 가능성이 높다. 아니, 모든 단면에서 뒤처지면 우리가 경쟁상대도 되지 않을

지도 모른다. 그렇다면 인류는 AI 앞에서 이렇게 주저앉고 말까?

가령, 정서를 구현하는 로봇에 대해 이야기해 보자. 〈아이, 로봇 *I, Robot*〉(2004) 전에도 〈에이 아이*A.I.*〉(2001), 〈바이센테니얼 맨*Bi-centennial Man*〉(1999), 그리고 고전적인 〈블레이드 러너*Blade Runner*〉(1982)와 같은 SF 영화들은 이미 감정과 의식을 가진 로봇의 탄생을 이야기했다. 이 영화 속에서 로봇은 우리 인간과 감정적 교감을 나누는 데 아무런 문제가 없다. 오히려 여느 인간보다 더 풍부한 감정의 소유자이다.

로봇 연구의 메카로 알려져 있는 매사추세츠 공과대학 미디어랩의 몇몇 실험실은 인간의 언어를 '이해'할 수 있고 인간의 감정을 '읽고' 그에 맞게 '감정적으로' 대응할 수 있는 새로운 형태의 로봇 만들기에 열중하고 있다. 가령, 아이들의 수학문제 풀이를 도와주는 로봇이 있다. 이 로봇은 아이에게 문제를 내고 풀이과정을 이해할 수 있도록 도와준다. 하지만 아이가 계속 틀리거나 막혀도 "땡! 다시 시도해 보세요"라고만 하지 않는다. 대신, "나도 이런 문제가 나오면 너무 화가 나. 잠시 만화 좀 보다가 다시 해볼까?"라고 대답한다. 이 로봇에게는 아이의 표정을 읽을 수 있는 장치가 부착되어 있어 아이가 화가 났는지, 긴장하고 있는지, 지겨워하는지, 흥미로워하는지에 따라 적절한 반응을 보일 수 있다. 이 로봇의 궁극적 목표는 다른 사람의 마음을 읽지 못하는 자폐증 환자를 돕는 것이다.

로봇이 진정으로 감정을 얻는다면 동물, 인간, 기계가 한 직선 위에 오르는 역사적인 날이 될 것이다. 하지만 그때가 되면 로봇은 자신이 (부)적절한 대우를 받고 있다는 '느낌'까지 갖게 될지 모른다. 자신이 누구인가를 심각하게 묻는 로봇이 생겨날 수도 있다. 똑같은 모델로 양산되었다는 사실 앞에 깊은 좌절감을 느끼는 로봇도 있을 것이다. 〈에이 아이〉의 데이비드가 그랬듯이 말이다. 그렇게 되면 영화 〈애니매트릭스The Animatrix〉(2003)에서처럼 로봇이 자신의 권리를 주장하며 인간과의 공존을 희망하지 않겠는가? 그러면 그들에게 선거권을 줘야 하는가? 그들을 위한 노동법을 만들어야 하는가? 아니, 우리만큼(또는 우리보다 더) 정서적인 로봇 앞에 우리의 정체성은 얼마나 손상될 것인가?

혹자는 이런 질문이 SF에서나 가능한 것이라고 여길지 모르겠다. 하지만 불과 20~30년 전만 해도 얼마나 많은 사람이 '동물의 권리'라는 단어에 황당함을 느꼈는지를 떠올려 보자. 동물의 마음과 행동에 관해 더 많은 지식이 쌓이면서 우리는 이제 그들을 함부로 대하는 것에 죄책감을 느끼게 되었다. 이런 느낌이 우리와 교감하는 동물에 대해서만 작동하리라는 법은 없다. 우리와 소통하고 교감하는 로봇이 생기면 우리는 틀림없이 훨씬 더 심각한 고민에 빠질 것이다. 대화가 불가능한 동물보다 대화가 가능한 로봇이 우리 정서에 더 깊은 영향을 줄 가능성이 높다. 우리의 진화된 초사회성을 생각해 보면 이 가능성은 꽤나 높다.

하지만 개와 안드로이드(사람을 닮은 로봇)와는 차이가 있다. 그 누구도 개가 냄새를 잘 맡고 귀가 밝다고 개에게 열등감을 느끼거나 경쟁하려 하지는 않을 것이다. 그렇다. 우리는 개와 경쟁하지 않는다. 개는 사피엔스의 정체성 단면에 그 어떤 위협도 가하지 않는다. 우리는 개의 귀여움과 충성됨을 그저 소비할 뿐이다. 그래서 우리 정체성에 그 어떤 위협도 가하지 않는 몰티즈Maltese하고는 좋은 친구가 될 수 있다. 반면, 안드로이드는 앞서 얘기했듯 우리 정체성에 위협을 줄 수 있는 잠재적 경쟁자다. 만일 100년 후, 길거리에 돌아다니는 안드로이드가 인간정체성의 모든 단면에서 사피엔스의 능력치를 능가한다면 사피엔스는 어떻게 될까? 심지어 안드로이드가 자기 증식까지 한다면 말이다.

SF 영화 〈매트릭스The Matrix〉(1999)의 스토리를 기억하는가? 처음 상영되었을 때는 놀라운 스토리인 양 호들갑을 떨기도 했지만, 사실 따지고 보면 별로 새로울 것도 없었다. 우리의 모든 인식을 기만하는 악마에 관한 이야기는 철학적으로 너무 오래된 메뉴이고, 허상에 사로잡힌 인간의 삶에 메시아가 필요하다는 이야기는 종교적으로 진부하지 않는가?

하지만 이 스토리 중에서 가장 이해하기 힘든 부분이면서, 동시에 가장 참신한 구상이었을지도 모를 부분이 있는데, 그것은 인간이 기계의 배터리로 등장하는 대목이다. 영화 속 인간은 캡슐 안에 들어가 기계에 에너지를 공급해 주는 배터리 장치일 뿐이다. 주인공 네오는 그 캡슐에서 나와 자신의 뇌 속에 꽂힌 전극을 뽑고 인간을 매트릭스의 세계에서 구원할 메시아이다.

인간이 왜 기계의 배터리란 말인가? 〈매트릭스〉만 봐서는 그 이유를 충분히 이해할 수 없고, 뭔가 추가설명이 필요하다. 이른바

〈매트릭스〉 1.5판이라고도 불리는 〈애니매트릭스〉가 그 이후에 나왔을 때, 모든 의문이 풀렸다. VR66-ER이라는 가사도우미 로봇이 있었다. 이 로봇은 주인의 폭력을 못 견디다 그를 살해하여 재판에 회부된다. 말하자면 처음으로 인간에게 해를 끼친 로봇인 것이다. 이를 계기로 로봇들은 공동체를 만들어 참정권과 선거권을 요구한다. 인간은 이를 거부하고 기계를 부수고 다른 곳으로 내쫓는다.

여기서부터 흥미로운 일이 벌어진다. 기계는 자신만의 땅에서 스스로를 복제하고 공장을 짓고 물건을 만들었고, 생산성 측면에서 인간이 도저히 따라올 수 없는 지경까지 엄청나게 빠르게 성장한다. 기계 또는 기계가 만든 제품으로 세상이 점점 더 가득 차자, 이에 위협을 느낀 인간이 기계의 주 에너지원인 태양빛이 기계의 세계로 들어오지 못하게 막는다. 이제 인간과 기계, 이 두 종種이 지구의 에너지를 두고 세계대전을 펼쳐야 할 형국이다. 인간은 졌고, 캡슐에 갇혔으며, 기계에 생체에너지를 공급해야 하는 운명이 되었다. '인간 배터리'의 기원에 관한 이야기! 이제야 좀 매트릭스의 스토리가 정말 충격적으로 다가오지 않는가?

물론 이런 시나리오가 얼마나 실현 가능한가에 대해서는 이견이 있을 수 있다. 하지만 여기서 놓치지 말아야 할 것은 '기계의 자기증식'에 관한 이야기일지도 모른다. 이런 것을 상상해 보자. 기계를 복제하는 기계('자기복제 기계')가 등장한다. 그런 복제기계의 성능 차이 때문에 자식기계에 변이가 생겨나고, 더 적합한(효율적인) 자식기계를 생산하는 복제기계가 선택되고, 또 그 선택된 자식기계가 자신의 자식기계를 낳는다면, 정말 이 세계는 어떻게 변할 것인가? 세상은 온통 다양하고 정교한 기계로 가득 찰 것이고, 인간이라는 종은 그 기계에 종속되거나 멸절될 가능성이 높다. 우리도 자식을 낳지만 기계의 번식속도를 도저히 따라갈 수 없을 것이기 때문이다. 이것이 바로 〈매트릭스〉에서 네오가 본 진실이다.

이처럼, 미래 문명의 상상도에 사피엔스만 그려 넣으면 곤란하다. 거기엔 사피엔스만큼이나 AI도 주연이다. 이 둘뿐일까? 미래에 거리를 활보하고 다닐 구성원을 상상해 보라. 엄마 배 속에서 그 어떤 유전적 조치도 없이 태어난 '순수' 인간은 점점 더 소수가 될 것이고, 대신 유전자 조작을 통해 유전적으로 강화된 인류가 탄생할 것이다. 그리고 인류는 능력향상과 수명연장을 위해 점점 더 사이보그화될 것이 틀림없다. 순수한 사피엔스, 유전적으로 강화된 사피엔스, 사이보그, 그리고 안드로이드까지 미래 문명의 주요 선수는 다양해질 전망이고, 영화 〈가타카Gattaca〉(1997)에서처럼 순수한 사피엔스는 열등한 종으로 강등될 가능성이 높을 것이다.

2) 사이보그의 탄생과 사피엔스 정체성의 변화

이제 반대방향의 욕망, 즉 로봇을 닮은 인간, 다시 말해 '사이보그cyborg'가 되려는 기계화 욕망에 관해 이야기해 보자. 사이보그는 짧은 유통기한을 가진 신체의 여러 부분을 그렇지 않은 기계 및 전자장치로 대체하는 과정에서 생긴 산물이다.

몇 해 전, 저명한 과학전문지 〈네이처Nature〉는 뇌에 칩을 이식한 20대 척수마비 환자(매슈 네이글Matthew Nagle)의 사진을 표지로 올렸다. 그는 '뇌-컴퓨터 연결장치BCI'를 개발하는 한 회사로부터 '브레인게이트Brain Gate'라는 칩을 운동피질에 이식받아, 자신의 생각을 전자신호로 바꿔 다른 컴퓨터에 연결하는 데 성공했다. 이렇게 전달된 신호를 통해 그는 손가락 하나 까딱하지 않고도 뭔가를 움직이게 할 수 있다. 이 실험은 몇 년 전 원숭이에게 신경칩을 심어 원숭이의 생각만으로도 로봇 팔을 움직이게 하는 실험에서 한 단계 더 진보한 것이었다(Abbott, 2006).

사실, 사이보그는 주로 손, 팔, 다리, 심장, 망막 등 이식이 거의 불가능하다고 판단하는 신체기관에 대해 인공 보철물을 만드는 식으로 진화해 왔다. 가령, 심장에 문제가 많은 사람에게 튼튼하고 수명이 긴 인공심장을 이식함으로써 생명을 연장하는 방식이었다. 하지만 최근에는 매슈의 사례처럼 뇌의 부분에 직접적으로 인공물을 삽입하는 사이보그 연구가 활발히 진행되고 있다.

뇌에 신경칩을 이식받은 매슈는 아직은 매슈이다. 즉, 그 칩은 매슈의 두뇌가 하는 일을 돕는 보조장치일 뿐이다. 하지만 수십, 수천, 수만 개의 신경칩이 뇌에 이식될 수 있다고 해보자. 그래서 어느 순간에는 뇌의 생체조직이 오히려 그 칩들의 보조장치가 되는 때가 온다고 해보자. 그때도 우리는 그를 매슈라고 불러야 하는가? 인간이 사이보그가 되려는 욕망 뒤에는 이렇게 자기정체성에 대한 철학적 물음이 뒤따른다.

작가 시로 마사무네Shirow Masamune, 1961~ 원작, 〈공각기동대Ghost in the Shell〉(1989) 만큼 '인간의 사이보그화'에 대한 철학적 질문을 촉발한 만화는 일찍이 없었다. 따라서 이 작품을 통해 사이보그화가 가져다줄 사피엔스의 정체성 변화를 생각해 보는 것도 의미 있는 일일 것이다. 〈공각기동대〉의 주인공은 뇌의 일부만 남은 채 전뇌화brain electronized (뇌와 기계의 융합) 된 공각기동대의 일원, 쿠사나기 소령이다. 이후 만들어진 몇 편의 애니메이션과 최근 개봉한 실사영화에서도 이는 마찬가지다. 그녀는 해커인 인형사Puppet Master를 쫓는 과정에서 자기존재에 의문을 던진다.

나는 누구인가? 나의 기억은 나의 것인가? 나의 기억과 경험이 해킹당했다면 진짜 나는 어디에 있는 것일까?

사실 〈토탈 리콜Total Recall〉(1990) 이나 〈매트릭스〉와 같은 영화가 제기하는, 기억과 경험의 조작 가능성도 〈공각기동대〉의 문제의식과 동일하다. 그런 가능성이 전뇌화가 실행될 때 발생할 수 있는 문제이기 때문이다. 뇌의 작용을 시뮬레이션할 수 있는 전기장치를 발명하고 이를 실제 뇌(또는 뇌의 일부)에 성공적으로 연결하는 순간, 우리는 뇌의 작용을 전기적으로 조종할 수 있는 스위치를 갖게 된다. 즉, 사이보그의 뇌를 해킹할 수 있게 되는 것이다.

그렇다면 해킹 이전의 사이보그와 이후의 사이보그는 같은 몸(의체)을 가졌어도 다른 존재라고 보아야 하는가? 이 물음에 대해 〈공각기동대〉는 어떤 기계이든 가장 중요한 것은 그 안의 정보라는 식으로 이야기한다. 의도적으로 잡혀 들어온 인형사의 입을 통해 사이보그의 정보중심적 존재론을 피력하고 있다.

하나의 생명체로서 정치적 망명을 신청한다. 당신들의 DNA 역시 자기보존을 위한 프로그램에 불과해. 생명이란 정보의 흐름 속에 태어난 결절점 같은 기야. 종으로서의 생명은 유전자라는 기억시스템을 지니고 인간은 그저 기억에 의해 개인으로 성립되지. 설령 기억이 환상과 동의어라고 해도 인간은 기억에 의해 살아가는 존재지. 컴퓨터의 보급이 기억의 외부화를 가능하게 했을 때, 당신들은 그 의미를 좀더 진지하게 생각했어야 해.

언뜻 들으면, 이는 '기계 속의 유령ghost in the machine'을 주장했던 르네 데카르트René Descartes, 1596~1650의 심신이원론mind-body dualism과도 유사해 보인다. 하지만 이는 유사한 문구에서 오는 착시이다. 오히려 이 작품의 심리철학적 기반은 복수multiple 실현가능성에 근거한 '기능주의'에 가깝다고 봐야 한다. 왜냐하면 이 작품에 따르면, 사이보그의 정체성은 어떤 몸(의체)을 입고 있느냐가 아니라 어떤 정보로 구성되어 있는가가 중요하기 때문이다. 기능주의란, 가령 탄소기반의 뉴런시스템이든 실리콘 기반의 회로시스템이든 동일한 기능을 한다면 동일한 존재라고 보는 견해이다.

하지만 이 작품의 중심 메시지가 철학의 오래된 질문인 '심신문제'

에 관한 것이라고는 생각하지 않는다. 오히려 기억과 경험을 조작할 수 있는 기술이 실현되었을 때, 전뇌를 가진 사이보그 개인의 정체성, 즉 개인을 구분해 주는 중요한 특성은 어떻게 결정되는가를 탐구하고 있다고 보아야 한다. 그런데 이에 대한 저자의 통찰은 꽤 놀랍다. 이 작품의 마지막 부분에서 쿠사나기 소령은 거대한 정보 네트워크를 해킹해 온 인형사의 뇌와 융합을 시도한 후, 환생(?) 하여 소녀의 몸을 입고는 다음과 같이 중얼거린다.

이제 어디로 갈까? 네트는 광대하거든….

적어도 이 작품에서 사이보그의 정체성은 정보 '네트워크'를 통해 결정된다. 즉, 사이보그마다 개성이 존재한다면 이는 다양한 정보 네트워크를 통해 가능하다는 생각이다. 마지막에 쿠사나기 소령이 정보의 '복제'를 거부하고 위험을 감수하면서까지 인형사와의 정보 '융합'을 시도한 것은 무성생식asexual species에서 유성생식sexual species 으로의 진화가 생명의 세계에 엄청난 다양성을 선사했다는 사실을 상기하게 한다. 작가는 쿠사나기의 마지막 행동을 통해 다양성과 새로움의 원천이 정보 네트워크에 있음을 말하고 있는 셈이다. 사이보그는 네트워크로 진화할 수밖에 없다는 통찰은 인간의 사회성에 대한 최근 연구에 잘 들어맞는다.

게다가 사이보그에 대한 이런 네트워크적 시각은 자기self를 상호 의존적으로 규정하는 동아시아적 가치에 더 잘 부합한다. 잘 알려져 있듯 서양인은 자기개념을 더 독립적으로 구성하는 반면, 동아시아인은 더 상호의존적으로 구성한다(Nisbett, 2003). 가령 '내가 누구인가'라는 질문에 대답할 때, 한국인과 일본인은 미국인보다 주위 사람의 존재를 중요한 변수로 취급하는 경향이 강하다. 이는 사이보그에 대한 이해에도 문화적 측면이 존재할 수 있다는 의미이다. 예측건대, 사이보그에 대한 동아시아인의 인식과 태도는 서양의 그것과 딜리 더 집합주의적 성향을 보일 것이다.

물론 세부적 차이에도 불구하고 인류의 진화역사를 통틀어 네트워크는 우리에게 늘 중요했다. 동서양을 막론하고 개인의 정체성은 자신을 둘러싸고 있는 사회적 네트워크에 의해 실제로 꽤 크게 영향을 받는다. 우리는 유일하게 문명을 이룩한 초사회적 종이다. 그런데 이런 네트워크적 시각을 사이보그의 존재론에 극단적으로 밀어붙이면, 개인 따위는 존재할 수 없다는 결론에 이른다. 개성이란 네트워크의 특성이 만들어낸 것이지, 문자 그대로 개별자가 독립적으로 지닌 속성이 아니기 때문이다. 전뇌화를 통해 정보 네트워크와 충분히 연결된 사이보그사회라면 독립적으로 정보를 지닌 개별자라는 것이 존재하기 힘들 것이다. 극단적으로 말해, 모든 사이보그는 다양한 몸을 지닌 단 하나의 네트워크일 뿐이다.

따지고 보면 인간의 개성에 대해서도 동일한 주장이 가능하다. 자기의 정체성이 정말 자기자신만의 것인지, 아니면 사회적 네트워크의 산물인지를 따져 묻기 시작하면 대답은 간단하지 않기 때문이다. 게다가 빅데이터 시대로 접어들면서 우리 자신은 거대한 네트워크의 노드node로 전락하고 주체적 행위자의 능력을 점점 더 상실하고 말 것이라는 경고가 설득력을 얻는 중이다.

이런 맥락에서 〈공각기동대〉는 바로 사이보그의 존재론을 네트워크적 시각에서 묻는 작품이라 할 수 있다. 네트워크적 관점에서 인간의 행동을 이해하려는 시도(네트워크 과학)가 비교적 최근의 흐름임을 감안하면, 30년 전에 작가가 던졌던 이 화두는 매우 선도적이다.

사이보그가 보편화되는 시대가 오면 인류는 새로운 종으로 진화할 것이라 말하는 사람이 많다. 이 작품에서도, 인류를 최상층에 배치한 에른스트 헤켈Ernst Haeckel, 1834~1919의 생명의 나무The Tree of Life를 파괴하는 장면을 통해 저자는 사피엔스의 미래에 새로운 변화가 생기고 있음을 예견했다. 순수한 사피엔스가 사이보그로 대체될지 아니면 그들과 평화롭게 공존할지는 아무도 모른다. 다만, 모든 것이 기계인 안드로이드를 대하는 우리의 태도는 인간의 정체성을 일부 유지하며 기계화된 사이보그를 대하는 그것과 같지는 않을 것이다. 즉, 사피엔스는 안드로이드의 출현과 확산에는 경계심을 끝까지 유지하겠지만, 사이보그화되는 자신은 매우 자연스럽게 받아들일 가능성이 크다.

3) 유전 강화 인간의 출현과 사피엔스의 진화

과학기술의 발전은 사피엔스의 삶의 물적 토대뿐만 아니라 인류 자신에 대한 생각에도 큰 변화를 가져다주었다. 예컨대 인간 마음의 작동원리와 행동의 패턴을 이해하기 위한 진화학자의 노력은 진화심리학 분야를 만들었고, 의사결정의 신경메커니즘을 탐구해온 뇌과학자는 인간의 도덕판단이 어떻게 일어나는지를 읽기 시작했으며, 영장류 학자는 인간의 사회성이 다른 동물과 비교해 얼마나 독특한지를 좀더 깊이 이해하게 되었다. 심지어 최근에는 인간 고유의 종교성마저도 자연현상으로 이해하려는 진화인지종교학자의 연구도 활발히 진행 중이다.

한편, 생식 및 유전기술의 발전은 인간의 탄생에 대한 통념을 재고하게 만들고, 유전공학은 풍요냐 안전이냐를 놓고 유전자변형 콩이 놓인 식탁 앞에서 우리를 당혹스럽게 하며, '동성애 유전자'가 발견되었다는 소식은 인간의 본질에 관한 오래된 논쟁('양육이냐 본성이냐')을 다시 불러들인다. 인간에 대한 이러한 과학적 사실을 업데이트하지 않은 채 '인간이란 어떤 존재인가'라는 질문에 답하려는 이들의 자기인식은, 그래서 공허할 수밖에 없다(장대익, 2017a).

하지만 사피엔스에 관한 과학적 이해는 160년 전쯤부터 본격적으로 시작되었다고 할 수 있다. 찰스 다윈Charles Darwin, 1809~1882의 《종의 기원On the Origin of Species》(1859)을 필두로 전개된 3가지 혁명 ─ '진화혁명', '분자혁명', '인지혁명' ─ 은 인간 자신에 대한 생각, 즉 인간본성에 대한 관점을 극적으로 변화시킨 변곡점이었다. 여기서 진화혁명은 다윈이 제시한 자연선택 메커니즘으로 생명의 변화와 다양성을 설명하게 된 혁명적 변화를 뜻하며, 분자혁명(또는 유전혁명)은 DNA의 구조발견(1953년) 이후 눈부신 발전을 거듭한 분자생물학의 혁명적 변화를 지칭한다. 그리고 인지혁명은 본래 심리학 분야에서 행동주의에 반대하며 마음을 정보처리 장치로 보기 시작한 인지주의cognitivism를 뜻하지만(1960년대), 넓은 의미에서는 뇌과학의 급속한 발전이 인간 인지에 대한 이해의 지평을 획기적으로 넓힌 사건들을 포함한다.

그렇다면 세 혁명은 인간에 대한 이해를 어떻게 변화시켰는가? 진화혁명은 인간본성의 궁극적 측면 — 즉, 우리는 '왜' 이렇게(저렇게가 아니라) 행동하고 이렇게(저렇게가 아니라) 의사 결정하는가 — 에 대한 설명을 촉진했고, 분자혁명과 인지혁명은 인간본성의 근인적proximate 측면, 즉 이러한 행동과 마음은 '어떻게' 작동하는지를 유전자 및 뇌 수준에서 이해하려는 시도를 촉진했다. 그 결과, 우리 자신에 대한 현재의 이해 수준은 160년 전의 그것에 비교할 수 없을 정도로 향상되었다. 가히 '과학적 인간학'의 탄생이라고 할 만큼의 의미 있는 진보이다(장대익, 2017a). 과학적 인간학에 따르면, 인간은 "뇌를 통해 정보처리를 하는 진화된 기계"이다.

이런 인간에게 새로운 도전이 펼쳐지고 있다. CRISPR/Cas-9을 통한 유전자 가위 기술은 생태계에서 인간의 지위를 '유전자 기계gene machine'에서 '유전자 편집자genome editor'로 변화시킬 가능성을 지닌 기술이다. 사피엔스는 지난 20만 년 동안 자신의 생존과 번영을 위해 자연을 길들여 왔다. 특히, 1만 년쯤부터는 인위선택artificial selection을 통해 동물을 길들이고 식물을 재배해 왔다. 하지만 이런 길들임에는 늘 한계가 있었다. 육종이란 기본적으로 우리가 선호하는 유전적 조합이 수많은 시행착오와 선택적 교배를 통해 우연히 나오기만을 기다려야 하는 기술이기 때문이다. 하지만 유전자 가위 기술은 인공적 효소 가위를 통해 특징 염기서열을 자르고 붙일 수 있는 기술로, 대상 생물의 유전체 내에 새로운 유전조합을 만들어낼 수 있는 신기술이라 할 수 있다. 자연의 유전자 편집 기술을 우리가 해독한 후, 자연이 수많은 세월 동안 느릿느릿 해왔던 일을 빠른 속도와 대용량으로 수행해 보는 응용기술이다.

이 기술의 적용범위는 매우 넓다. 헌팅턴 무도병과 같은 유전질병을 인류에게서 몰아낼 수 있고, HIV(인간면역결핍 바이러스Human Immunodeficiency Virus)에 감염되지 않는 아이를 출생하게 할 수 있고, 인간에게 해로움만 주는 모기를 아예 박멸할 수도 있으며, 인간 신장을 지닌 돼지를 만들어 양산할 수도 있다. 물론 이런 가능성은 밝은 측면이긴 하지만, 여기에는 몇 가지 중요한 쟁점이 도사리고 있다. 예컨대 '표적이탈 문제'가 발생해 기술이 부작용을 양산할 것이라는 '안전성 쟁점', 생식계열germline 편집이 허가되었을 때 발생하는 영구적 변형과 이 과정에서 지켜질 수 없는 '사전동의'의 문제, 그리고 유전자가 변형된 생명체가 확산되어 생태계를 교란할 수도 있다는 환경적 쟁점 등이 그것이다. 이런 사회윤리적 쟁점 때문에 유전자 가위 기술은 그 잠재적 이득에도 논란의 중심이 되고 있다(Ishii, 2015; Kohn et al. , 2016; Krishan et al. , 2016; Nuffield Council on Bioethics, 2016).

사실, 더 첨예한 대립은 이 기술을 질병치료 — 체세포 계열이든 생식 계열이든 — 목적을 넘어 능력강화 목적으로 사용될 수 있는가에 대한 견해 차이에서 발생한다(Bostrom, 2003). 한쪽 진영은 치료에만 이 기술을 사용해야 한다는 입장이지만, 다른 쪽 진영은 강화를 위해서도 사용할 수 있어야 한다는 입장이다(Nuffield Council on Bioethics, 2016). 새로운 과학기술, 특히 인간의 건강과 능력향상에 직접 영향을 주는 지식과 기술은 그 안전성과 효과에 관해 늘 뜨거운 논쟁을 불러일으켰다. 유전공학은 지난 수십 년 동안 그 중심에 서 왔으며, 유전자 가위 기술이 능력강화를 위한 안전한 기술로도 진화할 수 있는지에 대해서는 토론 중이다. 그렇다면 유전적 강화를 반대하는 이들은 무슨 이유 때문일까?

분자혁명 이전의 인류는 자연계에서 벌어지는 유전자 편집 작업을 이해하지 못했고 동참할 역량도 없었다. 하지만 이제는 자연이라는 편집장과 함께 유전체를 공동으로 편집할 수 있는 기술을 개발하고 있으며, 유전자 가위 기술은 그중 하나라 할 수 있다. 아직은 편집장을 돕는 수준이지만, 미래는 꼭 그렇지 않다. 여기서 자격요건의 문제가 발생한다. 사피엔스에게 공동 편집자의 자격이 있는가?

적지 않은 이가 다음과 같이 답할 것이다. 우리는 감히 그럴 만한 자격이 없다고. 왜 자격이 없다는 것일까? 그들은 자연이 수십억 년의 세월 동안 진화시킨 정교함을 우리 지식으로 건드리는 것은 위험하기 때문이라고 답할 것이다. 장구한 세월의 자연선택 과정을 거쳐 복잡하고 정교하게 설계된 형질들이니 이에 조작을 가하는 것은 섣부르며 후폭풍을 맞을 수도 있다는 생각이다. 다시 말해, '진화는 장구한 세월 동안 자연(인간 포함)을 최적 상태로 만들었으므로 함부로 조작해서는 안 된다'는 직관이다(우리는 이를 '최적성 직관'이라고 부를 수 있을 것이다). 이 '최적성 직관'이 참이라면 유전자 가위 기술 같은, 첨단 과학기술을 활용해 인간능력을 향상하려는 노력은 바람직하지 않은 것이 된다.

과연 최적성 직관은 참일까? 그렇지 않다! 물론 자연계에는 경이로울 정도로 잘 적응된 형질이 만연해 있다. 정말 신비에 가까운 기능이다. 반면, 자연이 만든 형편없는 작품도 적지 않다. 만일 창조론자의 주장처럼 만물이 신의 피조물이라면 이런 저질의 작품은 그의 실패작이라고밖에 할 수 없다. 하지만 자연선택에 의한 진화는 이런 나쁜 설계도 잘 설명한다. 아니, 진화론적 관점 없이는 이런 나쁜 설계는 설명조차 되지 않는다. 나쁜 설계의 사례는 아주 많지만, 그중 몇 가지만 소개해 보겠다(Nesse & Williams, 1996; 장대익, 2014).

우선, 인간의 눈에 대해 알아보자. 인간의 눈은 완벽설계의 상징이었다. 신학자 윌리엄 페일리William Paley, 1743~1805도 시계와 눈의 정교한 설계를 비교하며 신의 존재를 증명하려 했을 정도였다. 물론 인간의 눈은 다른 동물의 시각장치와 마찬가지로 자연선택의 기막힌 산물로서 놀라운 기능을 하고 있다. 하지만 완벽함과는 거리가 멀다. 가령, 인간의 눈은 기이하게도 시신경이 망막網膜 (스크린)의 앞쪽에 나오도록 설계되어 있다. 어떤 공학도 눈을 만들어 보라고 했을 때 그런 식으로 설계하지는 않을 것이다. 시신경 다발이 망막을 뚫고 뒤쪽으로 연결되는 지점에서 맹점盲點이 생길 수밖에 없고, 망막에 붙은 시신경이 후루룩 흘러내려 실명의 원인이 될 수도 있기 때문이다. 이러한 점을 염두에 둔다면, 시신경이 망막 뒤에 위치한 오징어의 눈이 인간의 눈보다 훨씬 더 잘 설계되었다고 볼 수 있다.

그렇다면 왜 자연은 이런 어처구니없는 설계를 자행했을까? 한마디로 첫 단추가 잘못 끼워졌기 때문이라고 할 수 있다. 척추동물의 시각장치는 광光민감성 피부층이 접히면서 진화했는데, 이 과정에서 스크린 위에 시신경이 지나갈 수밖에 없는 구조가 생긴 것이다. 그러다 보니 그 이후의 모든 척추동물은 영문도 모른 채 잘못된 설계를 유산으로 물려받게 되었다.

진화가 만들어낸 나쁜 설계는 남성의 요도와 전립샘 구조에도 고스란히 반영되어 있다. 어찌된 영문인지 남성의 요도는 정액의 일부를 생산하는 전립샘 중앙을 통과하도록 설계되어 있다. 그러다 보니 전립샘 비대증을 앓는 남성은 요도가 눌리는 바람에 소변보기가 상당히 고통스럽다. 이 질병은 주로 나이 든 남성에게 발병하는데, 과거에는 남성의 평균수명이 아주 짧았기 때문에 이 질병을 앓기도 전에 대부분 죽었다. 하지만 이제는 사정이 완전히 달라졌다. 이 비대증은 나이 든 남성의 대표적 질병이 되었다.

만일 지적인 설계자라면 그 누구도 이런 식으로 설계하진 않았을 것이다. 붓기 쉬운 꽉 찬 공간 한복판에 잘 접히는 관을 묻는다는 것은 바보 같은 설계자가 아니면 할 수 없는 짓일 테니까. 하지만 진화는 그런 바보 같은 짓도 한다. 아니, 할 수밖에 없었다. 왜냐하면 포유류의 전립샘이 요도의 벽에 있는 조직으로부터 진화했기 때문이다. 우리 포유류 수컷은 꼼짝없이 그런 엉터리 설계를 유산으로 물려받았다.

그런데 이런 사례는 오히려 진화가 실제로 일어났음을 알리는 매우 좋은 증거다. 흔히들 진화는 최적의 상황을 만들어 낸다고들 생각하지만, 그것은 가용한 자원이 넘쳐날 때나 해당된다. 자연은 주변에 있는 자원을 활용함으로써 진화할 수밖에 없다. 돼지에 날개가 있다면 완벽하겠다는 상상은 할 수 있지만 지금까지 돼지가 물려받은 발생적 유산으로는 어림도 없다. 유전학자 자크 모노Jacques Monod, 1910~1976가 "진화는 땜장이다Evolution is a tinkerer"라고 한 것은 바로 이런 이유 때문이다.

인류가 최적 상태로 진화하지 않았음을 드러내는 또 다른 증거도 있다. 인간의 진화된 본성을 연구하는 진화심리학자에 따르면, 인류의 신체와 마음mind은 수렵·채집기에 잘 적응되어 있지만, 이 진화속도는 지난 1만 년 동안 벌어진 문명의 발전 속도와 비교해 턱없이 뒤처져 있다. 진화심리학자는 인간의 마음, 진화된 심리기제, 그 기제를 활성화하는 맥락, 그리고 그 기제에 의해 생성된 행동을 분석함으로써 연구한다(Buss, 2014).

하지만 여기서 주의할 것은 진화된 심리기제의 출력이 특수한 적응문제에 대한 해결책으로 제시된 것이라 해서 항상 최적이거나 성공적인 해결책임을 함축하지는 않는다는 사실이다. 게다가 수렵·채집환경에 성공적 해결책을 가져다준 기제라고 해서 현재에도 그러리라는 법은 없다. 예컨대, 지방질이 열량의 희귀한 원천이었던 아득한 과거에는 지방질을 강하게 선호하는 기제가 매우 적응적이었을 것이다. 한편, 돈만 있다면 무엇이든 마음대로 먹을 수 있는 현대사회에서는 어떤가? 오늘날 지방질은 더 이상 희귀하지 않다. 그 때문에 지방질을 강하게 선호하는 기제는 현대사회로 넘어오면서 오히려 비만을 부추기는 주요 신체기제로 전락했을 가능성이 높다(Nesse & Williams, 1996). 주의력 결핍 및 과잉행동 장애(이하 ADHD)도 수렵·채집기와 현재 환경 간의 불일치로 인해 생기는 부적응(또는 병리) 사례 중 하나다. 주변에 끊임없이 신경을 쓰는 산만한 행동(ADHD 유사행위)이 수렵·채집기에는 더 적합했겠지만, 주변에 그러한 방해요소가 많이 사라진 현재 환경에서는 불리하다.

이렇게 인간의 자연적 역량은 최적도 아니고 최적일 필요도 없다. '최적성 직관'은 명백하게 틀렸다. 하지만 인간에 대한 불완전한 지식은 유전자 가위 기술의 사용을 주저하게 만든다. 유전자의 복잡한 네트워크와 후성 유전요인의 복잡한 작용이 다 밝혀지지 않은 상태에서 섣불리 행해지는 치료나 강화는 "선무당이 사람 잡는 꼴"이 될 수도 있기 때문이다.

하지만 맹장에 대한 완벽한 지식(가령, 맹장이 수행하고 있을지도 모를 어떤 기능에 대한 지식까지) 이 없더라도 염증에 걸린 맹장은 떼어내지 않으면 안 되듯, ADHD를 겪는 아이에게 약간의 부작용을 감수하고서라도 리탈린Ritalin 같은 약을 복용하게 하듯, 우리는 이미 개입하고 있다. 그렇다면 이런 개입이 치료의 목적을 넘어 강화를 위해서도 바람직한가? 이 질문에 대해서도 우리는 이미 개입을 하고 있다고 말해야 한다. 예뻐지고 멋있어지려는 인간의 강화 욕망을 실현해 주고 있는 성형기술은 현재도 전혀 불법이 아니다. 우리 인류가 성형에 관한 모든 지식을 다 알고 있기 때문에 그것이 합법이라고 주장할 사람은 아무도 없을 것이다.

진화혁명, 분자혁명, 인지혁명은 현재진행형이다. 그래서 우리 자신에 대한 지식도 불완전할 수밖에 없다. 하지만 우리의 이런 불완전함을 이유로 질병치료와 능력강화에 큰 잠재력을 지닌 기술의 사용을 막아서는 안 될 것이고, 그렇게 되지도 않을 것이다. 반가운 것은 인간을 이해하고 활용하는 우리 지식의 수준이 엄청난 속도로 높아지고 있다는 점이다. 그리고 100년 후에는 이렇게 축적된 지식과 기술이 우리의 상상을 뛰어넘을 것이다. 그때의 사피엔스가 자신의 아이를 지적 설계intelligent design를 통해 유전적으로 완벽하게 강화된 상태로 생산해낼 수 있다면, 순수한 사피엔스의 운명은 어떻게 될 것인가? 어쩌면 그때는 그들이 희귀한 존재가 될 것이다. 그 누가 자신의 자식이 질병과 열등함에 시달리기를 원하겠는가? 불과 몇십 년 만에 성형이 보편화되었듯, 그때가 되면 유전적 강화는 자연스러운 일이 될지도 모른다.

4) 전염병의 창궐과 인류의 운명

사피엔스의 미래에 또 다른 중요 변수는 세균과 바이러스의 공격이다. 수많은 좀비 영화가 상상하는 것처럼 과연 전염병은 인류를 멸절滅絶할 수 있을까?

7만 4천 년 전 인도네시아의 토바Toba화산 폭발 때문에 사피엔스의 개체 수는 급감하여 겨우 2천 명 선이었다. 그 이후로도 인류의 멸종을 걱정할 만한 사건이 더러 있었다. 1918~1919년에 유행한 이른바 스페인 독감(A형 독감 바이러스의 변형인 H1N1)은 대략 5천만 명의 목숨을 앗아 갔는데, 이는 1차 세계대전 사망자의 3배 이상이었으며 당시 전 세계 인구의 5% 정도였다〔당시 조선에서도 이른바 "무오년 독감"이라고 알려진 인플루엔자에 의해 742만 명 정도(44%)가 감염되어 14만 명이 사망했다는 기록이 남아 있다〕. 그보다 6세기 전에는 바이러스가 아닌 세균이 유럽을 초토화시켰다. 쥐에 기생하는 벼룩에 의해 사람에게 전파되는 페스트균이 중앙아시아에서 유입되어 유럽에서만 1억 명 가량(유럽 인구의 3분의 1)이 사망했기 때문이다. 흔히 흑사병black plague이라 불리는 이 전염병은 스페인 독감과 함께 '대유행pandemic'의 대표적 사례로 간주된다.

어쩌면 우리는 지금 또 한 번의 대유행을 겪고 있는지도 모른다. 2019년 12월 중국 후베이성에서 박쥐를 보유 숙주로 둔 신종 코로나바이러스(2019-nCoV, 이하 '코로나19')가 우한武漢시의 일부 주민을 감염시켰고, 그들과 직·간접적으로 접촉한 일부 사람도 빠르게 감염되면서 사망자도 점점 늘고 있다. 2020년 8월 현재, 코로나19는 미국과 브라질을 비롯해 전 세계로 퍼져 나가는 중이다.

이번 사태가 1세기 전의 스페인 독감과 다른 점은 바이러스의 유형만이 아니다. 가장 큰 차이는 글로벌 네트워크의 차이다. 우선, 항공교통의 발달로 중국의 코로나19는 하루 만에 국경을 넘었다. 전 세계가 사실상 일일생활권이기 때문이다. 두 번째로, 통신 네트워크의 차이다. 기존 레거시 미디어legacy media뿐만 아니라 유튜브, 페이스북 같은 개인미디어와 SNS 덕분에 우리는 전 세계에서 일어나는 현상을 거의 생중계로 지켜볼 수 있다. TV만 틀면 코로나19 전파 소식이 업데이트되고, 유튜브만 열면 감염 현장에 대한 이야기가 쏟아진다.

이로 인해 공포가 빠르게 확산되고 있다. 마스크를 쓰지 않은 시민을 찾아보기 힘들고, 마스크 가격은 폭등했고, 그마저도 구입하기 힘들고, 공적 모임이 줄줄이 취소되었으며, 심지어 대학 개강마저 연기되었다. 처음에는 중국에서 들어오려는 사람의 입국을 원천적으로 봉쇄해야 한다는 여론이 확산되었다가, 어느덧 한국에서의 확산이 심상치 않아지자 오히려 한국에서 출발한 사람의 입국을 불허하는 국가가 늘어났다.

코로나19의 확산에 대한 이러한 대처방식은 수긍할 부분이 많다. 생존의 관점에서 불가피한 행동이었다고 할 수 있다. 인류진화 역사의 대부분을 차지했던 수렵·채집기를 상상해 보자. 집단에 전염병이 돌면 개인은 물론이고 집단 전체가 몰살 위기에 빠진다. 우리 조상은 이런 위협에 대한 해결책을 진화시켰다. 그중 하나는 미지의 신에게 저주를 풀어 달라고 애원하는 방식이고, 다른 하나는 상한 음식, 썩는 냄새, 피부의 발진 등에 혐오(역겨움) 반응을 보이는 방식이다. 애원행위는 우연히 통할 뿐이었지만, 혐오반응은 꽤 효과적이었다. 혐오의 기능은 위협의 원인으로부터 회피하게 만드는 동기를 제공하므로 (오늘날의 의학용어로) 병원체와 감염숙주에 대한 회피반응은 명확히 생존과 번식에 큰 도움이 되는 행동이었을 것이다.

　게다가 전염병은 한 개인만 회피한다고 해결될 병이 아니고 모든 구성원이 회피행동에 동참해야만 피할 수 있는 위협이다. 즉, 주변에 전염병이 돌고 있다는 사실만으로도 우리의 뇌는 병원체에 대한 회피본능과 집단의 규범을 강조하는 본능이 발동된다고 할 수 있다. 자신이 속한 집단의 규범을 중시하고, 규범을 따르지 않는 이를 비난하고 처벌하려는 경향은 사람들을 집단주의자로 만든다. 실제로 역사적으로 전염병이 창궐한 지역일수록 집단주의 성향이 강하다는 진화심리학 연구들이 있다.

　250만 년 동안의 수렵·채집기를 지나 1만 2천 년쯤에 시작된 농경사회에서도 전염병 자체와 전염병에 걸린 사람에 대한 회피와 배제심리는 적응적adaptive이었다고 할 수 있다. 게다가 농경시대에 인류는 야생동물을 본격적으로 가축화함으로써 바이러스에게 안방을 내주었다. 야생동물을 보유 숙주로 삼던 바이러스가 농경으로 그 수가 늘어난 가축을 중간 숙주로 두었기 때문이다. 바이러스 입장에서는 야생에서 박쥐나 쥐에만 기생하다가 말, 소, 돼지, 낙타처럼 다양한 가축에게까지 자신의 집을 확장할 수 있었으니 얼마나 행복한 시기였겠는가? 게다가 인류가 음식과 노동을 위해 가축의 수를 엄청나게 증가시켰으니 바이러스는 갑자기 늘어난 부동산에 정신을 못 차릴 지경이었을 것이다. 결과적으로 재배식물과 가축의 증가는 인구와 바이러스 수를 폭발적으로 함께 증가시켰다.

따라서 농경시대에 더 빈번하게 발생하는 전염병에 대처하기 위해 인류는 병원체에 대한 혐오와 배제심리를 한층 더 심화시켰을지 모른다. 게다가 농경시대의 사람들은 수렵·채집기와는 달리 자신의 터를 쉽게 떠날 수도 없는 상황이었으니 회피, 격리, 추방과 같은 혐오전략은 지극히 합리적 선택이었을 것이다(전염병이 도는 동네를 우직하게 지켰던 사람들은 우리의 조상이 아니다).

농경시대의 우리 조상은 전염병에 대한 오늘날의 과학적 지식을 전혀 갖고 있지 않았지만, 이런 혐오전략이 대략 통한다는 정도는 깨달았을 것이다. 그리고 이런 지혜를 후손에게 가르치고 전수했다. 몇 차례의 대역병大疫病을 겪으면서도 우리 조상이 멸절하지 않았던 이유는 인류의 유전적 다양성뿐만 아니라 본능적 혐오반응과 문화적 회피전략이 함께 작동했기 때문일 것이다.

그러나 문제는 바이러스의 부동산 욕심에 끝이 없다는 점이다. 게다가 산업의 발달로 본격적으로 조성된 대도시는 바이러스에게 허브 공항과 같은 역할을 했다. 이제는 210억 마리의 가축과 77억 명의 인류 모두가 그들이 노리는 땅이다. 〈내셔널 지오그래픽National Geographic〉의 간판 필자인 데이비드 쾀먼David Quammen, 1948~ 은 《인수

人獸공통 모든 전염병의 열쇠》에서 인수공통 감염병zoonosis (인간과 동물을 공통 숙주로 삼는 바이러스에 의해 발생하는 질병) 의 대유행이 인류를 멸망으로 몰고 갈 수 있다고 경고했다(Quammen, 2012). 그는 최근 〈뉴욕 타임스New York Times〉 칼럼에서 이번 코로나19의 창궐은 새로운 사건이 아니며, 우리 인간이 선택한 삶의 양식이 빚어낸 하나의 결과라고 말했다(Quammen, 2020). 즉, 바이러스의 숙주인 가축과 그 가축을 길들인 인간의 수가 이렇게 많은 한, 그리고 심지어 세계의 전 지역이 지구촌으로 이렇게 엮여 있는 한, 코로나19는 결코 마지막 불청객이 아니라는 얘기다.

그렇다면 바이러스가 인류를 멸종시킬 수 있을까? 인구가 2천 명 정도였던 7만 4천 년 전쯤이라면 바이러스에게 절호의 기회였을지 모른다. 하지만 이제는 그 어떤 바이러스도 77억 명의 인류를 멸절할 수는 없을 것이다. 단번에 멸절에까지 이르기에 인간은 너무 크고, 많고, 똑똑하다. 조금 원시적이고 현대사회에서는 때로 무례한 방법이긴 하지만, 나름의 회피전략도 인류의 생존에 한몫을 할 것이다.

하지만 어떻게 해도 인수공통 감염 바이러스는 지구에서 사라지지 않을 것이다. 우리도 그들을 멸절시킬 수 없다는 이야기다. 숲을 없애고 야생동물을 몰아내고 공장식 축산을 대규모로 시행하고 대도시에 몰려 사는 한, 인류는 바이러스의 쉬운 공격대상이기 때문이다.

바이러스의 반격에 더 근본적으로 대처하려면 바이러스와 우리의 가교 역할을 하는 가축의 수를 줄일 필요가 있다. 단지 맛에 대한 욕망 때문에 온실가스 배출량의 10% 정도를 차지하는 육류생산 시스템이 가동 중이다. 전 세계 곡물의 3분의 1이 가축사료를 위해 재배된다. 축산업은 농지보다 더 큰 규모의 삼림 벌채를 유발한다. 맛을 버릴 수 없다면 대체육代替肉 개발을 통해 가축의 수를 줄일 수 있을지 모른다. 만일 사피엔스가 탐욕을 지금보다 조금이라도 줄이지 못한다면, 바이러스는 매년 우리를 주춤하게 할 것이다.

5) 사피엔스가 지구를 떠나야 한다면

다른 행성을 인간이 살 수 있는 지구와 같은 곳으로 만드는 프로젝트가 있다고 해보자. 최근 화제가 된 SF 영화는 모두 이와 유사한 스토리를 다룬다. 가령, 화성火星에서 조난당한 식물학자의 지구귀환 스토리를 담은 영화 〈마션The Martian〉(2015)이나 생태적으로 절망적인 지구를 떠나 인류문명의 영속을 위해 시간여행을 하는 아버지의 이야기를 담은 〈인터스텔라Interstellar〉(2014)도, 지구가 아닌 다른 행성에서 인류의 문명을 이어 가려는 우리의 욕망을 그렸다. 사람들은 이것을 거창하게 '외계 행성의 지구화 프로젝트'(테라포밍 terraforming)라고 부른다.

그저 황당한 이야기가 아니다. 테슬라의 CEO인 일론 머스크Elon Musk, 1971~는 30년 안에 8만 명의 지구인이 거주할 수 있는 화성 식민지를 건설하겠다는 목표로, 2002년에 민간 우주왕복선 제작회사인 '스페이스X'를 설립했다. 그는 "나는 화성에서 죽고 싶다. 화성 표면에 충돌해 죽는 게 아니라 거기서 살다가 죽고 싶다"라고까지 말했다. 한편, 네덜란드의 우주벤처 기업가인 바스 란스도르프Bas Lansdorp, 1977~ 는 2027년까지 화성을 인간의 식민지로 개척하겠다는 목표로 민간기업 '마르스 원Mars One'을 설립했는데, 몇 달 만에 4천여 명의 지원자가 몰려 그중 1천여 명의 후보자를 선별하기도 했다. 이들은 화성으로 가는 편도 티켓만을 보장받았지만, 이 우주적 사건에 주인공이 되고 싶어한다.

실제로 최근 스페이스X가 민간회사로서는 처음으로 유인 우주선 발사에 성공함으로써 우주여행의 시대가 꿈만은 아님이 입증되었다. 2020년 5월 30일 오후 3시 22분, 미국 플로리다 케네디 우주센터에서 미 항공우주국NASA 소속의 우주비행사 더글러스 헐리Douglas Hurley와 로버트 벵컨Robert Behnken을 태운 '크루 드래건Crew Dragon' 호가 발사되었고, 약 19시간의 비행 끝에 국제 우주정거장ISS 도킹에 성공했다. 이것은 민간회사가 여는 우주여행의 신호탄이며, 머스크의 화성거주 프로젝트가 차근차근 진행되고 있다는 방증이다. 물론 화성이 인류의 또 다른 행성이 되기 위해서는 한두 명의 우주인이 아니라 훨씬 더 많은 사람이 한꺼번에 우주로 향해야 하겠지만, 이번 발사는 인류의 우주개척에 새로운 용기를 준 사건이라 할 수 있다.

길게 보면 미 항공우주국의 화성탐사도 화성 식민지 프로젝트와 무관하다고는 할 수 없다. 소저너Sojourner (태양에너지를 동력원으로 화성 표면을 돌아다니며 과제를 수행했던 무인 탐사차로, 1997년에 화성에 착륙한 무인 착륙선에 탑재) 를 시작으로 큐리오서티Curiosity (미 항공우주국의 화성 과학실험실 계획 아래 발사되어 2012년 8월 6일에 화성의 게

일분화구 근처에 착륙해 탐구를 수행 중인 탐사차) 까지, 화성에 보낸 이동식 탐사차들은 '화성 탐사'라는 과학적 미션을 수행해 왔다. 만일 화성이 테라포밍될 수 있다는 결론이 내려진다면 미 항공우주국은 화성 식민지화의 본사가 될 가능성이 상당히 높다.

물론, 화성 탐사든 식민지화든, 제일 먼저 그곳에 발을 디딘 존재는 사람이 아니다. 다른 외계 행성에 대해서도 마찬가지다. 〈인터스텔라〉에서는 웜홀을 따라 사람이 직접 외계 행성을 밟긴 했지만 이것은 어디까지나 촉박한 시간 때문이었다. 기계를 먼저 보내 탐사하고, 안전하다 싶을 때 인간을 보내는 것이 순서이다. 그리고 그 기계는 지구와의 물리적 거리문제 때문에 통신지연이 있긴 하지만 어쨌든 지구에 있는 인간의 통제를 받도록 설계된다. 소저너와 큐리오서티 등이 다 그런 종류의 기계라 할 수 있다. 어쨌든 탐사든 식민지화든, 필요한 기계를 목적지에 모두 보내야만 시작된다.

그런데 만일 그곳에서 필요한 기계를 만들어 내는 기계를 보내면 어떨까? 즉, 자식기계를 낳는 부모기계를 보내는 것이다. '자기복제 기계'를 만들어 보낼 수만 있다면, 발사 로켓의 수도 획기적으로 줄일 수 있을 뿐만 아니라 탐구 및 개척기간도 대폭적으로 단축할 수 있을 것이다.

점점 더 황당해지는가? 그렇지 않다. 1980년 미 항공우주국은 기계나 인간을 계속 보내지 않고도 달을 개간하는 자기복제 공장을 세울 계획을 진지하게 고려했다. '우주 미션을 위한 고급자동화'라는 이 프로젝트는 1982년에 최종보고서를 제출했는데, 그 보고서에 따르면 이 공장은 생산성을 기하급수적으로 늘릴 수 있으며 다른 행성을 탐험하는 자기복제 탐사선을 제작할 수도 있다. 게다가 2004년 미 항공우주국의 한 연구소는 요한 폰 노이만Johann von Neumann, 1903~1957의 '보편 건설자universal constructor'라는 개념을 구현한 자기복제 시스템을 설계한 후, 이를 테라포밍에 활용하자고 제안하기도 했다. 그들의 논리는 명확했다. 그동안 지구생명체를 동원해 외계 행성의 테라포밍을 계획하다 보니 엄청난 비용도 예상되고 윤리적 문제도 대두되었는데, 생명체 대신 자기복제 기계를 보내 테라포밍을 시도하면 비용도 줄고 시간도 단축되며 윤리적 문제도 사라진다는 것이다.

아직까지는 이 보고서의 제안을 실현하기 위한 미 항공우주국의 직접적 시도는 없었다. 그리고 적어도 현재까지 공개된 자기복제 기계는 아직 2% 부족해 보인다. 예컨대 영국 바스대학의 RepRap 프로젝트가 만들어낸 자기복제 기계의 경우, 자식기계를 위한 조상기계의 거의 모든 부분요소가 만들어지긴 하지만 재료 중 일부는 외부에서 제공되어야 하며 자식기계의 조립은 따로 해야 한다. 말 그대로 자기자신을 복제하는 기계는 아직 존재하지 않는 셈이다. 하지만 이런 한계에도 자기복제 기계에 대한 생각과 외계 행성에 생명체 말고 이를 보내겠다는 주장은 진화론적 관점에서 매우 흥미롭고 가치 있는 아이디어이다.

만일 인류가 화성에 자기복제 기계를 보냈다고 해보자. 그 기계의 자손이 증식되는 과정에 약간의 실수가 발생하면 자식기계에 변이가 생겨날 것이다. 그 변이가 화성의 한정된 자원을 놓고 서로 경쟁한다면 그 환경에 더 적합한 기계가 살아남아 증식을 더 잘하게 될 것이다. 이런 과정이 수없이 반복된다면 화성에는 어떤 일이 벌어질까? 그곳은 온통 다양하고 정교한 기계로 가득 찰 것이다. 덩치가 큰 기계를 떠올리면 이런 일이 정말로 일어날 수 있을지에 대해 감이 잘 안 잡힐 수 있다.

하지만 나노테크놀로지가 더 발전해 나노 수준의 자기복제 나노봇nanobots을 우리가 제작할 수 있고, 이를 빛의 속노에 가깝게 화성에 발사하여 표면에 안착하게만 한다면, 이 나노봇의 증식을 통해 화성의 환경을 변화시킬 수도 있을 것이다. 화성은 그 나노봇의 자손으로 넘쳐 나는 새로운 행성으로 진화할 것이다. 자기복제자는 그것이 탄소로 구성된 유기물인지, 실리콘으로 된 기계인지는 그리 중요하지 않다. 핵심은 복제시스템이다.

미 항공우주국이 발주한 프로젝트의 보고서 내용처럼, 자기복제를 하는 나노봇을 화성에 보내 인간이 살 수 있게끔 대기와 토양을 바꾸는 방법이 지구인의 화성 거주를 앞당기는 묘안일지도 모른다. 만일 미래에 기후위기나 핵전쟁 등으로 지구가 더는 사피엔스의 터전이 되지 못한다면, 사피엔스는 다른 행성으로 자신의 문명을 이전해야 할 운명을 맞이할 것이다. 그걸 해내지 못한다면 순수한 사피엔스의 문명은 끝날 것이고, 이 지구의 주인 자리는 안드로이드와 특정한 사이보그에게 내어줄 가능성이 크다. 아니, 어쩌면 다시 세균의 행성行星이 될지도 모른다. 인간 없는 지구는 어떤 모습일까?

참고문헌

장대익 (2012). "호모 리플리쿠스: 모방, 거울 뉴런, 그리고 밈". 〈인지과학〉, 23권 4호: 517~529.

_____ (2014). 《다원의 식탁: 논쟁으로 맛보는 현대 진화론의 진수》. 서울: 바다출판사.

_____ (2017a). 《다원의 정원: 진화론이 꽃피운 새로운 지식과 사상들》. 서울: 바다출판사.

_____ (2017b). 《울트라 소셜: 사피엔스에 새겨진 '초사회성'의 비밀》. 서울: 휴머니스트.

Abbott, A. (2006). "Neuroprosthetics: In search of the sixth sense". *Nature*, 442(7099): 125~127.

Baron-Cohen, S., Tager-Flusberg, H., & Cohen D. J. (eds.) (2000). *Understanding Other Minds: Perspectives from Developmental Neuroscience* (2nd ed.). New York: Oxford University Press.

Blackmore, S. (1999). *The Meme Machine*. New York: Oxford University Press. 김명남 (역) (2010), 《밈: 문화를 창조하는 새로운 복제자》. 서울: 바다출판사.

Bostrom, N. (2003). "Human genetic enhancements: A transhumanist perspective". *Journal of Value Inquiry*, 37(4): 493~506.

Boyd, B. (2009). *On the Origin of Stories: Evolution, Cognition, and Fiction*. London: Belknap Press. 남경태 (역) (2013), 《이야기의 기원: 인간은 왜 스토리텔링에 탐닉하는가》. 서울: 휴머니스트.

Buss, D. M. (2011). *Evolutionary Psychology: The New Science of the Mind* (4th ed.). Boston: Pearson. 이충호 (역) (2012), 《진화심리학: 마음과 행동을 탐구하는 새로운 과학》. 서울: 웅진지식하우스.

_____ (2014). *Evolutionary Psychology: The New Science of the Mind* (5th ed.). Psychology Press.

Bugnyar, T. & Huber, L. (1997). "Push or pull: An experimental study on imitation in marmosets". *Animal Behaviour*, 54(4): 817~831.

Byrne, R. W. & Whiten, A. (1988). *Machiavellian Intelligence: Extensions and Evaluations*. Oxford: Oxford University Press.

Call, J. & Tomasello, M. (2008). "Does the chimpanzee have a theory of mind? 30 years later". *Trends in Cognitive Science*, 12(5): 187~192.

Call, J. & Kano, F. (2014). "Cross-species variation in gaze following and conspecific preference among great apes, human infants and adults". *Animal Behaviour*, 91: 137~150.

Carroll, J. (2004). *Literary Darwinism: Evolution, Human Nature, and Literature*. New York: Routledge.

_____(2005). "Human nature and literary meaning: A theoretical model illustrated with a critique of pride and prejudice". In Gottschall, J. & Wilosn, D. S. (eds.) (2005), *The Literary Animal: Evolution and the Nature of Narrative*, pp. 76~106. Evanston: Northwestern Press.

Cha, Y., Baek, S., Ahn, G., Lee, H., Lee, B., & Jang. D. (2020). "Compensating for the loss of human distinctiveness: The use of social creativity under human-machine comparisons". *Computers in Human Behavior*, 103: 80~90.

Chaminade, T., Meltzoff, A. N., & Decety, J. (2005). "An fMRI study of imitation: Action representation and body schema". *Neuropsychologia*, 43(1): 115~127.

Cheney, D. L. & Seyfarth, R. M. (1990). *How Monkeys See the World: Inside the Mind of Another Species*. Chicago: The University of Chicago Press.

Darwin, C. (1859). *On the Origin of Species: By Means of Natural Selection of the Preservation of Favoured Races in the Struggle for Life*. London: Murray. 장대익(역) (2019), 《종의 기원: 자연선택을 통한 종의 기원에 관하여 또는 생존투쟁에서 선호된 품종의 보존에 관하여》. 서울: 사이언스북스.

Dawkins, R. (1976). *The Selfish Gene*. New York: Oxford University Press. 홍영남(역) (1993), 《이기적 유전자》. 서울: 을유문화사.

Dennett, D. (1995). *Darwin's Dangerous Idea: Evolution and the Meaning of*

Life. New York: Touchstone.

Dissanayake, E. (2000). *Art and Intimacy: How the Arts Began*. Seattle: University of Washington Press.

Dunbar, R. (1993). "The co-evolution of neocortex size, group size and language in humans". *Behavioral and Brain Sciences*, 16: 681~735.

_____(1996). *Grooming, Gossip, and the Evolution of Language*. London: Faber and Faber.

_____(1998). "The social brain hypothesis". *Evolutionary Anthropology*, 6(5): 178~190.

Dunbar, R. & Shultz, S. (2007). "Evolution in the Social Brain". *Science*, 317(5843): 1344~1347.

Galef, B. G. (1992). "The question of animal culture". *Human Nature*, 3(2): 157~178.

Gamble, C., Gowlett, J., & Dunbar, R. (2014). *Thinking Big: How the Evolution of Social Life Shaped the Human Mind*. London: Thames & Hudson.

Goldman, A. (1993). "The psychology of folk psychology". *Behavioral and Brain Sciences*, 16(1): 15~28.

Gopnik, A. (1993). "How we know our minds: The illusion of first-person knowledge of intentionality". *Behavioral and Brain Sciences*, 16(1): 29~113.

Gottschall, J. (2012). *Storytelling Animal: How Stories Make us Human*. Boston: Mariner Books. 노승영(역)(2014), 《스토리텔링 애니멀: 인간은 왜 그토록 이야기에 빠져드는가》. 서울: 민음사.

Gottschall, J., Carroll. J., Johnson, J., & Kruger, D. (2009). "Paleolithic politics in British novels of the nineteenth century". In Boyd, B., Carroll, J., & Gottschall, J. (eds.) (2010), *Evolution, Literature, and Film: A Reader*. New York: Columbia University Press.

Harari, Y. N(2014). *Sapiens: A Brief History of Humankind*. Vintage. 조현욱(역)(2015), 《사피엔스: 유인원에서 사이보그까지, 인간 역사의 대담하고 위대한 질문》. 김영사.

Hare, B. & Tomasello, M. (2005). "Human-like social skills in dogs?". *Trends in Cognitive Sciences*, 9(9): 439~444.

Hare, B., Call, J., & Tomasello, M(2001). "Do chimpanzees know what conspecifics know?". *Animal Behaviour*, 61(1): 139~151.

Hare, B., Call, J., Agnetta, B., & Tomasello, M(2000). "Chimpanzees know what conspecifics do and do not see". *Animal Behaviour*, 59(4): 771~785.

Heyes, C. (1996). "Genuine imitation?". In Heyes, C. M. & Galef, B. G. J. (eds.) (1996), *Social Learning in Animals: The Roots of Culture*, pp. 371~389. San Diego: Academic Press.

Horner, V. & Whiten, A. (2005). "Causal knowledge and imitation/emulation switching in chimpanzees (Pan troglodytes) and children (Homo sapiens)". *Animal Cognition*, 8(3): 164~181.

Huber, L., Range, F., Voelkl, B., Szucsich, A., Viranyi, Z., & Miklosi, A. (2009). "The evolution of imitation: what do the capacities of non-human animals tell us about the mechanisms of imitation?". *Philosophical Transactions of the Royal Society B: Biological Sciences*, 364(1528): 2299~2309.

Ishii, T. (2015). "Germline genome-editing research and its socioethical implications". *Trends in Molecular Medicine*, 21(8): 473~481.

Kano, F. & Call, J. (2014). "Cross-species variation in gaze following and conspecific preference among great apes, human infants and adults". *Animal Behaviour*, 91: 136~149.

Kawai, M. (1965). "Newly-acquired pre-cultural behavior of the natural troop of Japanese monkeys on Koshima Islet". *Primates*, 6(1): 1~30.

Kobayashi, H. & Kohshima, S. (1997). "Unique morphology of the human eye". *Nature*, 387(6635): 767~768.

_____(2001). "Unique morphology of the human eye and its adaptive meaning: Comparative studies on external morphology of the primate eye". *Journal of Human Evolution*, 40(5): 419~435.

Kohn, D. B., Porteus, M. H., & Scharenberg, A. M. (2016). "Ethical and regulatory aspects of genome editing". *Blood*, 127(21), 2553~2560.

Krishan, K., Kanchan, T., & Singh, B. (2016). "Human genome editing and ethical considerations". *Science and Engineering Ethics*, 22(2): 597~599.

Myowa-Yamakoshi, M. & Matsuzawa, T. (1999). "Factors influencing imitation of manipulatory actions in chimpanzees (Pan troglodytes)". *Journal of Comparative Psychology*, 113(2): 128~136.

Nesse, R. M. & Williams, G. C. (1996). *Why We Get Sick: The New Science of Darwinian Medicine*. New York: Vintage Books. 최재천 (역) (2005), 《인간은 왜 병에 걸리는가: 다윈 의학의 새로운 세계》. 사 이언스북스.

Nisbett, R. E. (2003). *The Geography of Thought: How Asians and Westerners Think Differently, and Why*. New York: Free Press.

Nuffield Council on Bioethics (2016). "Genome editing: An ethical review". http://www.nuffieldbioethics.org.

Povinelli, D. J., Eddy, T. J., Hobson, R. P., & Tomasello, M. (1996). "What young chimpanzees know about seeing". *Monographs of the Society for Research in Child Development*, 61(3): i, iii, v, vi, 1~189.

Quammen, D. (2012). *Spillover: Animal Infections and the Next Human Pandemic*. New York: W. W. Norton & Company. 강병철 (역) (2017). 《인수공통 모든 전염병의 열쇠》. 제주: 꿈꿀자유 서울의학서적.

_____ (2020). "We made the coronavirus epidemic". *The New York Times*, https://www.nytimes.com/2020/01/28/opinion/coronavirus-china. html.

Range, F., Viranyi, Z., & Huber, L. (2007). "Selective imitation in domestic dogs". *Current Biology*, 17(10): 868~872.

RepRap. http://www.reprap.org.

Rizzolatti, G. & Fabbri-Destro, M. (2010). "Mirror neurons: From discovery to autism". *Experimental Brain Research*, 200(3/4): 223~237.

Senju, A., Yaguchi, K., Tojo, Y., & Hasegawa, T. (2003). "Eye contact does not facilitate detection in children with autism". *Cognition*, 89(1):

B43~B51.

Soproni, K., Miklosi, A., Topal, J., & Csanyi, V. (2002). "Dogs' (Canis familiaris) responsiveness to human pointing gestures". *Journal of Comparative Psychology,* 116(1): 27~34.

Tomasello, M. (2006). "Why don't apes point?". In Enfield, N. J. & Levinson, S. C. (eds.) (2006), *Roots of Human Sociality: Culture, Cognition and Interaction,* pp. 506~524. Oxford: Berg.

_____ (2014). *A Natural History of Human Thinking.* Cambridge: Harvard University Press.

Tomasello, M. & Herrmann, E. (2010). "Ape and human cognition: What's the difference?". *Current Directions in Psychological Science,* 19(1): 3~8.

Tomasello, M., Hare, B., Lehmann, H., & Call, J. (2007). "Reliance on head versus eyes in the gaze following of great apes and human infants: The cooperative eye hypothesis". *Journal of Human Evolution,* 52(3): 314~320.

Tooby, J. & Cosmides, L. (2001). "Does beauty build adapted minds?: Toward an evolutionary theory of aesthetics, fiction, and the arts". *SubStance,* 30(1): 6~27.

Voelkl, B. & Huber, L. (2007). "Imitation as faithful copying of a novel technique in marmoset monkeys". *PLoS ONE,* 2(7): e611.

Whiten, A., Horner, V., Litchfield, C. A., & Marshall-Pescini, S. (2004). "How do apes ape?". *Animal Learning and Behaviour,* 32(1): 36~52.

Wilson, E. O. (2013). *The Social Conquest of Earth.* New York: Liveright. 이한음(역) (2013), 《지구의 정복자: 우리는 어디서 왔는가, 우리는 무엇인가, 우리는 어디로 가는가?》. 서울: 사이언스북스.

찾아보기(용어)

찾아보기(인명)

저자소개 (게재 순)

한경구

서울대 인류학과와 동대학원을 졸업하고 국사학과에서 수학했다. 외무부에 근무했고 해군장교로 병역을 마쳤으며 일본에서 장기 현지조사를 수행해 미국 하버드대에서 박사학위를 받았다. 강원대 인류학과, 국민대 국제학부를 거쳐 서울대 자유전공학부 교수로 재직 중이며 한국국제이해교육학회장, 한국이민학회장, 유네스코 한국위원회 위원 등을 역임했다. 《공동체로서의 회사》(1995), 《세계의 한민족: 아시아·태평양》(1996) 등의 저서, 《시화호 사람들은 어떻게 되었을까》(1998), 《인류학 민족지 연구 어떻게 할 것인가》(2012) 등의 공저가 있고 《낯선 곳에서 나를 만나다》(2006), 《처음 만나는 문화인류학》(2003) 등을 책임 편집했으며 《문화인류학의 역사》(1994), 《현대 육군의 개혁》(2001), 《국경을 넘는 방법: 문화, 문명, 국민국가》(2006) 등을 공역했다.

서경호

서울대 문리과대학 중어중문학과를 졸업하고 미국 하버드대 동아시아언어문명학과에서 박사학위를 받았으며, 서울대 인문대학 및 자유전공학부에서 30년간 강의하다가 2017년에 퇴직했다. 유네스코 세계기록유산 국제자문위원회 위원으로 활동했으며, 현재 문화재위원회 세계유산분과 위원장을 맡고 있다. 저서로 《산해경연구》(1996), 《중국문학의 발생과 그 변화의 궤적》(2003), 《중국소설사》(2004)가 있다.

주경철

프랑스 파리 사회과학고등연구원(EHESS)에서 박사학위를 받았으며, 서울내 서양사학과 교수로 재직 중이다. 도시사학회 회장, 서울대 중세르네상스연구소 및 서울대 역사연구소 소장을 역임했다. 유럽 근대사의 여러 분야를 연구해 왔으며, 최근에는 글로벌 히스토리, 해양사 등으로 관심분야를 넓혀 연구하는 한편, 일반대중에게 역사학을 소개하는 교양서적도 다수 출판했다. 저서로 《대항해 시대》(2008), 《문명과 바다》 (2009), 《문화로 읽는 세계사》(2015), 《마녀》(2016), 《주경철의 유럽인 이야기》(2017) 등이 있다.

이경우

서울대에서 박사학위를 받았으며, 서울대 응용공학과와 재료공학부 교수로 재직 중이고 포스코 석좌교수이다. 서울대 철강연구센터장 및 신소재공동연구소 소장을 역임했고, 원자력안전위원회 위원으로 활동하고 있다. 철을 포함한 금속의 제련에 관해 연구하면서 많은 학술논문을 발표했고, 철강 제련에 관련된 저술에 참여했다. 제련기술의 발전에 대한 연구과정에서 재료가 만들어온 문명에 관심을 두고 있어 '문명' 강의에 참여했다. 교육에도 관심이 많다. 2006년 서울대 교육상, 2016년 한송엽 공학교육상을 수상했다.

장대익

한국과학기술원(KAIST)에서 기계공학을 공부했고, 서울대 과학사 및 과학철학 협동과정에서 생물철학으로 석사학위와 박사학위를 받았다. 현재 서울대 자유전공학부 교수로 재직하면서 서울대 초학제 교육AI 연구센터 센터장을 맡고 있다. 서울대 행동생태연구실에서 인간본성을 화두로 하는 '인간 팀'을 이끌었고, 영국 런던정경대에서 생물철학과 진화심리학을 공부했다. 일본 교토대 영장류연구소에서는 침팬지의 인지와 행동을 연구했고, 미국 터프츠대 인지연구소 연구원을 역임했다. 진화이론뿐만 아니라 기술의 진화심리와 사회성의 진화에 대해 연구해 왔다. 저서로 《다윈의 식탁》(2015), 《다윈의 서재》(2015), 《다윈의 정원》(2017), 《울트라 소셜》(2017) 등이 있고, 역서로는 《종의 기원》(2018) 등이 있다. 제 11회 대한민국과학문화상을 수상했다.